大学赤本シリーズ

175

海上保安大学校 気象大学校

JN085119

教学社

は　し　が　き

　おかげさまで，大学入試の「赤本」は，今年で創刊 70 周年を迎えました。
　これまで，入試問題や資料をご提供いただいた大学関係者各位，掲載許可をいただいた著作権者の皆様，各科目の解答や対策の執筆にあたられた先生方，そして，赤本を使用してくださったすべての読者の皆様に，厚く御礼を申し上げます。

　以下に，創刊初期の「赤本」のはしがきを引用します。これからも引き続き，受験生の目標の達成や，夢の実現を応援してまいります。

　本書を活用して，入試本番では持てる力を存分に発揮されることを心より願っています。

編者しるす

＊　　　＊　　　＊

　学問の塔にあこがれのまなざしをもって，それぞれの志望する大学の門をたたかんとしている受験生諸君！　人間として生まれてきた私たちは，自己の欲するままに，美しく，強く，そして何よりも人間らしく生きることをねがっている。しかし，一朝一夕にして，この純粋なのぞみが達せられることはない。私たちの行く手には，絶えずさまざまな試練がまちかまえている。この試練を克服していくところに，私たちのねがう真に人間的な世界がはじめて開かれてくるのである。

　人生最初の最大の試練として，諸君の眼前に大学入試がある。この大学入試は，精神的にも身体的にも，大きな苦痛を感ぜしめるであろう。あるスポーツに熟達するには，たゆみなき，はげしい練習を積み重ねることが必要であるように，私たちは，計画的・持続的な努力を払うことによって，この試練を克服し，次の一歩を踏みだすことができる。厳しい試練を経たのちに，はじめて満足すべき成果を獲得できるのである。

　本書は最近の入学試験の問題に，それぞれ解答を付し，さらに問題をふかく分析することによって，その大学独特の傾向や対策をさぐろうとした。本書を一般の参考書とあわせて使用し，まとはずれのない，効果的な受験勉強をされるよう期待したい。

（昭和 35 年版「赤本」はしがきより）

挑む人の、いちばんの味方

赤本創刊70周年

1954年に大学入試の過去問題集を刊行してから70年。赤本は大学に入りたいと思う受験生を応援しつづけてきました。これからも，苦しいとき落ち込むときにそばで支える存在でいたいと思います。

そして，勉強をすること，自分で道を決めること，努力が実ること，これらの喜びを読者の皆さんが感じることができるよう，伴走をつづけます。

そもそも赤本とは…

受験生のための大学入試の過去問題集！

70年の歴史を誇る赤本は，500点を超える刊行点数で全都道府県の370大学以上を網羅しており，過去問の代名詞として受験生の必須アイテムとなっています。

………… なぜ受験に過去問が必要なのか？ …………

大学入試は大学によって問題形式や頻出分野が大きく異なるからです。

赤本の掲載内容

傾向と対策

これまでの出題内容から，問題の「**傾向**」を分析し，来年度の入試に向けて具体的な「**対策**」の方法を紹介しています。

問題編・解答編

- 年度ごとに問題とその解答を掲載しています。
- 「**問題編**」ではその年度の試験概要を確認したうえで，実際に出題された過去問に取り組むことができます。
- 「**解答編**」には高校・予備校の先生方による解答が載っています。

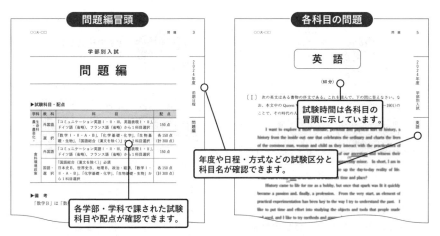

他にも，大学の基本情報や，先輩受験生の合格体験記，在学生からのメッセージなどが載っていることがあります。

2024年度から見やすいデザインに！

● 掲載内容について ●

著作権上の理由やその他編集上の都合により問題や解答の一部を割愛している場合があります。なお，指定校推薦入試，社会人入試，編入学試験，帰国生入試などの特別入試，英語以外の外国語科目，商業・工業科目は，原則として掲載しておりません。また試験科目は変更される場合がありますので，あらかじめご了承ください。

受験勉強は 過去問に始まり，

STEP 1
なにはともあれ

まずは解いてみる

しずかに…
今，自分の心と
向き合ってるんだから

ムーン

それは
問題を解いて
からだホン!

過去問は，**できるだけ早いうちに解くのがオススメ!**
実際に解くことで，**出題の傾向，問題のレベル，今の自分の実力が**つかめます。

STEP 2
じっくり具体的に

弱点を分析する

分析の結果だけど
英・数・国が苦手みたい

スリー

必須科目だホン
頑張るホン

間違いは自分の弱点を教えてくれる**貴重な情報源。**
弱点から自己分析することで，**今の自分に足りない力や苦手な分野**が見えてくるはず!

合格者があかす
赤本の使い方

傾向と対策を熟読
(Fさん／国立大合格)

大学の出題傾向を調べるために，赤本に載っている「傾向と対策」を熟読しました。

繰り返し解く
(Tさん／国立大合格)

1周目は問題のレベル確認，2周目は苦手や頻出分野の確認に，3周目は合格点を目指して，と過去問は繰り返し解くことが大切です。

過去問に終わる。

STEP 3 （志望校にあわせて）

苦手分野の重点対策

明日からはみんなで頑張るよ！
参考書も！問題集も！
よろしくね！

呼んだ？

なにを!?どこから!?

グッ　グッ

参考書や問題集を活用して，苦手分野の**重点対策**をしていきます。**過去問を指針**に，合格へ向けた具体的な学習計画を立てましょう！

STEP 1 ▶ 2 ▶ 3

実践を繰り返す

（サイクルが大事！）

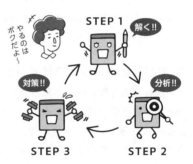

やるのはボクだよ～

STEP 1　解く!!

分析!!

STEP 2

対策!!

STEP 3

STEP 1～3を繰り返し，実力アップにつなげましょう！
出題形式に慣れることや，**時間配分を考える**ことも大切です。

目標点を決める
（Yさん／私立大合格）

赤本によっては合格者最低点が載っているので，それを見て目標点を決めるのもよいです。

時間配分を確認
（Kさん／私立大学合格）

赤本は時間配分や解く順番を決めるために使いました。

添削してもらう
（Sさん／私立大学合格）

記述式の問題は先生に添削してもらうことで自分の弱点に気づけると思います。

新課程入試 Q&A

新課程も赤本で ばっちり！

2022年度から新しい学習指導要領（新課程）での授業が始まり，2025年度の入試は，新課程に基づいて行われる最初の入試となります。ここでは，赤本での新課程入試の対策について，よくある疑問にお答えします。

使える？

Q1. 赤本は新課程入試の対策に使えますか？

A. もちろん使えます！

OK

旧課程入試の過去問が新課程入試の対策に役に立つのか疑問に思う人もいるかもしれませんが，心配することはありません。旧課程入試の過去問が役立つのには次のような理由があります。

● 学習する内容はそれほど変わらない

新課程は旧課程と比べて科目名を中心とした変更はありますが，学習する内容そのものはそれほど大きく変わっていません。また，多くの大学で，既卒生が不利にならないよう「経過措置」がとられます（Q3参照）。したがって，出題内容が大きく変更されることは少ないとみられます。

● 大学ごとに出題の特徴がある

これまでに課程が変わったときも，各大学の出題の特徴は大きく変わらないことがほとんどでした。入試問題は各大学のアドミッション・ポリシーに沿って出題されており，過去問にはその特徴がよく表れています。過去問を研究してその大学に特有の傾向をつかめば，最適な対策をとることができます。

出題の特徴の例	・英作文問題の出題の有無 ・論述問題の出題（字数制限の有無や長さ） ・計算過程の記述の有無

新課程入試の対策も，赤本で過去問に取り組むところから始めましょう。

Q2. 赤本を使う上での注意点はありますか？

A. 志望大学の入試科目を確認しましょう。

　過去問を解く前に，過去の出題科目（問題編冒頭の表）と 2025 年度の募集要項とを比べて，課される内容に変更がないかを確認しましょう。ポイントは以下のとおりです。科目名が変わっていても，実際は旧課程の内容とほとんど同様のものもあります。

英語・国語	科目名は変更されているが，実質的には変更なし。 ▶▶ ただし，リスニングや古文・漢文の有無は要確認。
地歴	科目名が変更され，「歴史総合」「地理総合」が新設。 ▶▶ 新設科目の有無に注意。ただし，「経過措置」（Q3参照）により内容は大きく変わらないことも多い。
公民	「現代社会」が廃止され，「公共」が新設。 ▶▶ 「公共」は実質的には「現代社会」と大きく変わらない。
数学	科目が再編され，「数学 C」が新設。 ▶▶ 「数学」全体としての内容は大きく変わらないが，出題科目と単元の変更に注意。
理科	科目名も学習内容も大きな変更なし。

　数学については，科目名だけでなく，どの単元が含まれているかも確認が必要です。例えば，出題科目が次のように変わったとします。

旧課程	「数学Ⅰ・数学Ⅱ・数学 A・数学 B（数列・ベクトル）」
新課程	「数学Ⅰ・数学Ⅱ・数学 A・**数学 B（数列）・数学 C（ベクトル）**」

　この場合，新課程では「数学 C」が増えていますが，単元は「ベクトル」のみのため，実質的には旧課程とほぼ同じであり，過去問をそのまま役立てることができます。

Q3. 「経過措置」とは何ですか？

A. 既卒の旧課程履修者への対応です。

　多くの大学では，既卒の旧課程履修者が不利にならないように，出題において「経過措置」が実施されます。措置の有無や内容は大学によって異なるので，募集要項や大学のウェブサイトなどで確認しておきましょう。

○旧課程履修者への経過措置の例

- ●旧課程履修者にも配慮した出題を行う。
- ●新・旧課程の共通の範囲から出題する。
- ●新課程と旧課程の共通の内容を出題し，共通範囲のみでの出題が困難な場合は，旧課程の範囲からの問題を用意し，選択解答とする。

　例えば，地歴の出題科目が次のように変わったとします。

旧課程	「日本史 B」「世界史 B」から 1 科目選択
新課程	**「歴史総合，日本史探究」「歴史総合，世界史探究」から 1 科目選択**※ ※旧課程履修者に不利益が生じることのないように配慮する。

　「歴史総合」は新課程で新設された科目で，旧課程履修者には見慣れないものですが，上記のような経過措置がとられた場合，新課程入試でも旧課程と同様の学習内容で受験することができます。

要チェックだホン

新課程の情報は WEB もチェック！
より詳しい解説が赤本ウェブサイトで見られます。
https://akahon.net/shinkatei/

科目名が変更される教科・科目

	旧 課 程	新 課 程
国語	国語総合 国語表現 現代文A 現代文B 古典A 古典B	現代の国語 言語文化 論理国語 文学国語 国語表現 古典探究
地歴	日本史A 日本史B 世界史A 世界史B 地理A 地理B	歴史総合 日本史探究 世界史探究 地理総合 地理探究
公民	現代社会 倫理 政治・経済	公共 倫理 政治・経済
数学	数学 I 数学 II 数学 III 数学A 数学B 数学活用	数学 I 数学 II 数学 III 数学A 数学B 数学C
外国語	コミュニケーション英語基礎 コミュニケーション英語 I コミュニケーション英語 II コミュニケーション英語 III 英語表現 I 英語表現 II 英語会話	英語コミュニケーション I 英語コミュニケーション II 英語コミュニケーション III 論理・表現 I 論理・表現 II 論理・表現 III
情報	社会と情報 情報の科学	情報 I 情報 II

大学のサイトも見よう

目　次

2022年度
問題と解答

掲載内容についてのお断り

• 著作権の都合により，下記の内容を省略しています。
2023年度「基礎能力試験」No. 6の英文

大学情報

海上保安大学校

基本情報

 教育課程

　海上保安大学校は文部科学省以外の省庁所管の学校であり，将来の海上保安庁の幹部候補となる職員として採用された学生に対し，海上保安業務に必要な高度な学術や技能を教授し，あわせて心身の錬成を図ることを目的に設置された海上保安庁の教育機関です。

　教育期間は本科4年，専攻科6カ月，研修科（国際業務課程）3カ月の合計4年9カ月間です。授業は，国際法，国内法をはじめとした法学系の分野を学ぶほか，航海，機関，情報通信の各専攻に分かれ，船舶の運航に必要な海事系の専門的な知識を習得します。卒業時には日本で唯一の学士「海上保安」の学位が授与され，大学院入学資格を取得することができます。

●カリキュラム

1学年	2学年	3学年・4学年	専攻科	研修科
基礎教育科目 幅広い教養を身につける 【共通科目】哲学, 文学, 法学, 法学演習, 憲法, 経済学, 数学, 統計情報処理, 物理学, 物理学実験, 化学, 化学実験, 英語, 英会話, 保健体育など 【選択科目】ロシア語, 中国語, 韓国語のいずれか			専攻科 （6ヵ月）	研修科 （国際 業務課程） （3ヵ月）
専門基礎科目 専門教育を受けるため, まずは必要な基礎能力を身につける 【共通科目】国際政治, 政策科学, 情報科学, 気象学, 海洋学, 実務英語, リーダーシップ論, 国際法, 刑法, 刑事訴訟法, 行政法, 民事法など				
	群別科目 航海, 機関, 情報通信のいずれかに分かれて学ぶ ●第一群…航海学, 船用計測工学, 船体運動工学, 海事法, 船舶工学など ●第二群…材料力学, 機械力学, 工業熱力学, 電気機械工学, 原動機工学, 船舶設備工学など ●第三群…情報理論, 電子回路, 通信システム, 電磁波工学, 通信工学実験, モバイルネットワークなど			
	専門教育科目 複雑化・国際化している海上保安業務に対応するために必要な, 高度な専門能力を身につける 【共通科目】海上保安制度論, 海上犯罪捜査, 捜索救助, 海上交通政策学, 海上警察権論, 国際紛争論, 国際海洋法, 海上安全学, 海難救助工学, 特別研究, 組織行動論, 海上保安演習, 海上警察政策など		その他 実用英語, 国際業務, 現場実務, 海上犯罪論, 海上安全工学論	
訓練科目 逮捕術や救急安全法など現場で必要となる特殊技能を身につける 逮捕術, けん銃, 武器, 端艇・信号, 潜水, 水泳, 総合指揮（基本動作, 統率管理）, 救急安全法など				
実習科目 小型船舶の操船技術や通信技術を学ぶ 小型船舶, 通信実技, 国際通信実習, マリンレジャー実習など				
乗船実習 習得した船舶運航の知識, 技能を実際の船上で実践し, 業務遂行能力を身につける			遠洋航海 実習	
国内航海実習		国内航海実習		

■ 海上保安大学校　TOPICS

●待遇

　入学と同時に国家公務員としての身分が与えられるため, 在学中の4年間, 毎月約15万円の給与や年2回の期末・勤勉手当（いわゆるボーナス）が支給されます。また, 入学金・授業料は一切必要ありません。生活に必要な制服や寝具類も貸与されます。国家公務員という身分が付与されるため, 副業やアルバイトをすることはできませんが, 給与等が支給されるため, 勉学, 訓練, 自己研鑽等に集中できる環境が整っています。

●全寮制

　在学中の4年間は寮生活となっており, 衣食住の環境が整っています。1学年から4学年が同じ寮で生活を共にすることとなります。いわゆる集団生活となりますが, 土日, 祝日などの休みの日の前日は外泊もでき, 自由に過ごすことができます。全寮制での生活を通して, 幹部海上保安官として素養を磨きながら生涯に渡っての人脈が形成されます。

●遠洋航海

　本科（４年間）を卒業後は，専攻科に進み約３カ月半，練習船こじまで世界一周の遠洋航海実習を行います。遠洋航海実習では，船舶の運航技術に磨きをかけ，寄港地での関係機関の見学や市民との国際交流を通じて見聞を広めるとともに国際感覚を養うことができます。

練習船こじま

●卒業後の進路

　卒業後は，まず巡視船の初級幹部として配属された後，海難救助，海上環境の保全，海上における治安の確保，海上交通の安全の確保等の業務に従事します。その後，本庁，管区本部等の陸上勤務となり，海上保安行政の企画・立案あるいは各省庁等との協議，調整等を担い，海上勤務，陸上勤務を交互に経験しながら，さまざまなキャリアを積み幹部職員となります。また，希望と適性により，航空機のパイロット，特殊救難隊，潜水士，国際捜査官，大学校教官等などの分野に進むほか，大使館・国際機関等の在外機関に出向する機会もあり，海上保安業務の多方面で活躍することができます。

 所在地

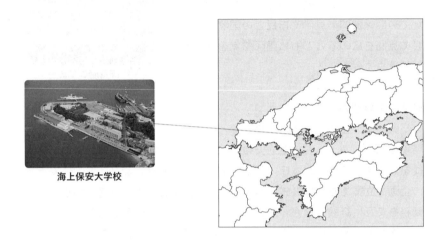

海上保安大学校

〒 737-8512　広島県呉市若葉町 5-1

入 試 デ ー タ

 ## 採用試験状況（申込者数・競争率など）

　最終合格者は採用候補者名簿に得点順に記載され，この名簿記載者の中から採用者（入校者）が決定され，4月入校となります。

（　）内は女子内数

年度	採用予定数	申込者数	第1次試験合格者数	最終合格者数	競争率
2023	約60	364（90）	133（36）	101（32）	3.6
2022	約60	469（126）	132（36）	85（20）	5.5

（備考）競争率は，申込者数÷最終合格者数で算出。

 ## 合格点・平均点等の公表

　人事院のホームページにて合格点・平均点等が公表されています（2024年4月現在）。

　人事院　国家公務員試験採用情報 NAVI

　　　　https://www.jinji.go.jp/saiyo/saiyo.html

　　※「試験情報」に掲載されています。

募集要項（出願書類）の入手方法

　受験申込みはインターネットより行ってください（https://www.jinji-shiken.go.jp/juken.html）。

●申込受付期間（海上保安大学校学生採用試験）

2024年8月22日（木）9：00 ～ 9月4日（水）［受信有効］

●問合せ先

◎インターネット申込みについて

　人事院人材局試験課

　TEL　（03）3581-5311

◎その他試験に関する問合せについて

第1次試験地	問 合 せ 先	電 話 番 号
札　幌　市	第一管区海上保安本部	(0134)27-0118
函　館　市	函 館 海 上 保 安 部	(0138)42-1118
小　樽　市	小 樽 海 上 保 安 部	(0134)27-6118
旭　川　市	第一管区海上保安本部	(0134)27-0118
釧　路　市	釧 路 海 上 保 安 部	(0154)22-0118
青　森　市	青 森 海 上 保 安 部	(017)734-2423
盛　岡　市	第二管区海上保安本部	(022)363-0111
仙　台　市	宮 城 海 上 保 安 部	(022)363-0114
秋　田　市	秋 田 海 上 保 安 部	(018)845-1621
水　戸　市	茨 城 海 上 保 安 部	(029)263-4118
東　京　都	第三管区海上保安本部	(045)211-1118
横　浜　市	横 浜 海 上 保 安 部	(045)671-0118
新　潟　市	新 潟 海 上 保 安 部	(025)247-0137
長　野　市	第九管区海上保安本部	(025)285-0118
静　岡　市	清 水 海 上 保 安 部	(054)353-1118
名 古 屋 市	第四管区海上保安本部	(052)661-1611
金　沢　市	金 沢 海 上 保 安 部	(076)266-6115

第1次試験地	問　合　せ　先	電　話　番　号
京　都　市	第八管区海上保安本部	(0773)76-4100
舞　鶴　市	舞 鶴 海 上 保 安 部	(0773)76-4120
大　阪　市	大 阪 海 上 保 安 監 部	(06)6571-0221
神　戸　市	第五管区海上保安本部	(078)391-6551
和 歌 山 市	和 歌 山 海 上 保 安 部	(073)402-5850
米　子　市	境 海 上 保 安 部	(0859)42-2532
広　島　市	第六管区海上保安本部	(082)251-5111
高　松　市	高 松 海 上 保 安 部	(087)821-7013
松　山　市	松 山 海 上 保 安 部	(089)951-1196
高　知　市	高 知 海 上 保 安 部	(088)832-7113
福　岡　市	福 岡 海 上 保 安 部	(092)281-5866
北 九 州 市	第七管区海上保安本部	(093)321-2931
長　崎　市	長 崎 海 上 保 安 部	(095)827-5133
佐 世 保 市	佐 世 保 海 上 保 安 部	(0956)31-4842
対　馬　市	対 馬 海 上 保 安 部	(0920)52-0640
熊　本　市	熊 本 海 上 保 安 部	(0964)52-3103
大　分　市	大 分 海 上 保 安 部	(097)521-0112
宮　崎　市	宮 崎 海 上 保 安 部	(0987)22-3022
鹿 児 島 市	第十管区海上保安本部	(099)250-9800
奄　美　市	奄 美 海 上 保 安 部	(0997)52-5811
那　覇　市	第十一管区海上保安本部	(098)867-0118
石　垣　市	石 垣 海 上 保 安 部	(0980)83-0118

◎合格者発表に関する問合せについて

問　合　せ　先	電　話　番　号	問　合　せ　先	電　話　番　号
人事院北海道事務局	(011)241-1248	人事院四国事務局	(087)880-7442
人事院東北事務局	(022)221-2022	人事院九州事務局	(092)431-7733
人事院関東事務局	(048)740-2006〜8	人事院沖縄事務所	(098)834-8400
人事院中部事務局	(052)961-6838	海 上 保 安 大 学 校	(0823)21-4961
人事院近畿事務局	(06)4796-2191	海 上 保 安 学 校	(0773)62-3520
人事院中国事務局	(082)228-1183		

●ホームページアドレス

◎海上保安大学校
　https://www.academy.kaiho.mlit.go.jp/index.html

◎海上保安庁採用
　https://www.kaiho.mlit.go.jp/recruitment/

◎人事院（国家公務員試験採用情報 NAVI）
　https://www.jinji.go.jp/saiyo/saiyo.html

◎海上保安庁公式 X（旧ツイッター）
　https://twitter.com/JCG_koho

◎海上保安庁採用 X（旧ツイッター）
　https://twitter.com/JCG_saiyou

◎海上保安庁公式インスタグラム
　https://www.instagram.com/japan_coast_guard_/

◎海上保安庁公式 YouTube
　https://www.youtube.com/channel/
　UC3yxhEkCZKaDa-SdzaWECaQ

基本情報

 ## 教育課程

　気象大学校は気象庁の施設等機関として設置され，気象業務の基盤となる地球科学，基礎学術，一般教養に加え，防災行政など気象業務への理解を深める知識・技術を身に付けて，将来の気象庁の幹部職員候補として気象業務に関する技術開発や企画・指導を行うことを期待されています。

●教育課程

系列	分 野	授 業 科 目
教養	人 文 科 学	哲学，論理学，心理学，科学史，文学
	社 会 科 学	経済学，公共経営学，法学，社会学，政治学，地理学
	第 一 外 国 語	英語（A，B，C，D，E）※英会話を含む
	第 二 外 国 語	仏語（I，II，III），中国語（I，II，III）
基礎	数 学	微分積分学（I，II），線形代数学，数理統計学，物理数学（A，B，C，D），数学演習
	物 理 学	力学，力学演習，物理学実験，熱学（I，II），振動波動論，電磁気学，流体力学，弾性体力学，物理学演習，物理学特論
	情 報 科 学	電子工学，情報通信，情報科学実験，情報処理演習（I，II，III），データ解析，データ解析演習，数値モデル入門，データベース技法
	化 学	化学通論，化学実験
専門	気 象 学	気象学概論，気象力学（I，II），大気物理学（I，II，III），気象観測ネットワーク，地球物理学実験，総観気象学，メソ気象学（I，II），数値予報論，データ同化，気象基礎演習（I，II），気象解析予測論（I，II），気象学演習
	地震・火山学	地震火山学概論，地震学（I，II），火山学，地球電磁気学，地震学演習
	地 球 環 境 科 学	海洋物理学，地球化学，気候システム（I，II）
	セ ミ ナ ー	セミナー
	卒 業 研 究	卒業研究

●特修課程

分野	授 業 科 目
業務論	気象業務概論，気象業務論
防災論	気象防災概論，防災行政論，防災社会学
演 習	情報リテラシー，コミュニケーション演習，防災気象業務演習
実 習	気象庁各種施設・防災関連機関の見学，観測実習，職場実習

📍 所在地

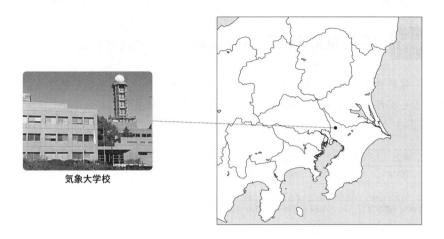

気象大学校

〒 277-0852　千葉県柏市旭町 7-4-81

入 試 デ ー タ

 ## 採用試験状況（申込者数・競争率など）

　最終合格者は採用候補者名簿に得点順に記載され，この名簿記載者の中から採用者（入校者）が決定され，4月入校となります。

（　）内は女子内数

年度	採用予定数	申込者数	第1次試験合格者数	最終合格者数	競争率
2023	約15	289(78)	73(17)	58(16)	5.0
2022	約15	254(83)	37(10)	29(8)	8.8

（備考）競争率は，申込者数÷最終合格者数で算出。

 ## 合格点・平均点等の公表

　人事院のホームページにて合格点・平均点等が公表されています（2024年4月現在）。

　人事院　国家公務員試験採用情報 NAVI

　　　　　https://www.jinji.go.jp/saiyo/saiyo.html

　　　※「試験情報」に掲載されています。

募集要項（出願書類）の入手方法

受験申込みはインターネットより行ってください（https://www.jinji-shiken.go.jp/juken.html）。

●**申込受付期間**（気象大学校学生採用試験）

2024 年 8 月 22 日（木）9：00 ～ 9 月 4 日（水）［受信有効］

●**問合せ先**

◎**インターネット申込みについて**

人事院人材局試験課

TEL　（03）3581-5311

◎**その他試験に関する問合せについて**

第 1 次試験地	問 合 せ 先	電 話 番 号
札　幌　市	札 幌 管 区 気 象 台	(011) 611-6141
仙　台　市	仙 台 管 区 気 象 台	(022) 297-8115
東京都・新潟市・名古屋市	東 京 管 区 気 象 台	(042) 497-7183
大阪市・広島市・高松市	大 阪 管 区 気 象 台	(06) 6949-6276
福岡市・鹿児島市	福 岡 管 区 気 象 台	(092) 725-3601
那　覇　市	沖 縄 気 象 台	(098) 833-4281

◎**合格者発表に関する問合せについて**

問 合 せ 先	電 話 番 号	問 合 せ 先	電 話 番 号
人事院北海道事務局	(011) 241-1248	人事院中国事務局	(082) 228-1183
人事院東北事務局	(022) 221-2022	人事院四国事務局	(087) 880-7442
人事院関東事務局	(048) 740-2006～8	人事院九州事務局	(092) 431-7733
人事院中部事務局	(052) 961-6838	人事院沖縄事務所	(098) 834-8400
人事院近畿事務局	(06) 4796-2191	気　象　大　学　校	(04) 7144-7185

●**ホームページアドレス**

気象大学校　https://www.mc-jma.go.jp/

人事院（国家公務員試験採用情報 NAVI）

https://www.jinji.go.jp/saiyo/saiyo.html

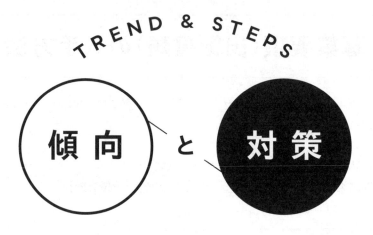

TREND & STEPS

傾 向 と 対 策

=== 注 意 ===

　「傾向と対策」で示している，出題科目・出題範囲・試験時間等については，2023年度までに実施された入試の内容に基づいています。2024年度入試の選抜方法については，各大学校が発表する学生募集要項を必ずご確認ください。

　次ページより，学科試験（記述式）の傾向と対策について解説します。

英　語

年度	番号	項　目	内　容
2023	〔1〕	読　　解	内容説明（20字2問，30字），語句の抜き出し（同意語句），文の抜き出し
	〔2〕	読　　解	英文和訳，内容説明（50字）
	〔3〕	英　作　文	和文英訳，空所補充
2022	〔1〕	読　　解	語句の抜き出し（同意語句含む），内容説明（50字他）
	〔2〕	読　　解	英文和訳，内容説明（50字）
	〔3〕	英　作　文	和文英訳，空所補充

傾向　標準レベルの英語力をじっくり試す出題

01　出題形式は？

　試験時間は80分。例年読解2題，英作文1題の出題で，すべて記述式である。

02　出題内容はどうか？

　〔1〕は読解問題で，例年，内容説明を中心に出題されている。内容説明はすべて日本語で答えるものである。語句の抜き出しの出題も続いている。2023年度は英文の抜き出しも出題された。

　〔2〕の読解問題では，英文和訳と内容説明が出題されている。読解英文のテーマは多岐にわたるが，海洋や船舶に関する英文が2022・2023年度と出題された。

〔3〕は例年英作文で, 和文英訳と意見論述が出題されてきたが, 2022年度からは意見論述が姿を消し,(1)和文英訳,(2)空所補充による和文に対する英訳の完成という構成になった。(1)・(2)とも構文集の例文に出てくるような訳しやすい日本文が中心である。

03 難易度は？

読解問題の英文はおおむね標準的なレベルであるが, やや難度の高いものが含まれることもある。よって, 教科書レベルの英文からスタートし, 少し難度の高い問題集で練習しておくとよいだろう。〔3〕の和文英訳は苦手とする受験生が多いと思われるが, 和文の内容をしっかり理解し, 簡潔な英文で表現する練習を重ねておけば, 標準的な語彙力・構文力で十分対応できるものである。ただし, 年度によっては難度の高い問題が含まれることもあるので, さらなる演習も積んでおこう。

01 語彙力を増強すること

語彙力をつけることは, 読解問題および英作文の基礎力を培うことになる。教科書や問題集に出てきた単語に加えて, 市販の単語集を利用して覚えておくとよいだろう。辞書をこまめに引いて, 派生語, イディオムを同時に覚えていくと能率的である。早い時期から取り組み, 継続的に努力することが必要である。読解問題の設問の一部として英文和訳が出題されているが, ただ訳すのではなく, 日本語らしい文章にすることが大切である。また, 海洋, 船舶に関する語句も意識して覚えておきたい。

02 標準レベルの長文を精読すること

長文の内容を正しく把握するためには, 基本的な構文や文法知識が欠かせない。まずは高校で学習した文法・重要構文などを確実に身につけ, 加

えて，受験生が間違いやすいポイントを完全網羅した総合英文法書『大学入試 すぐわかる英文法』（教学社）などを手元に置いて，調べながら学習すると効果アップにつながるだろう。さらに演習を積みたければ，大学受験用の標準〜やや難レベルの読解問題集を活用すると効果的である。その場合，出題形式に合わせて，英文和訳の設問が多く含まれている問題集を選ぶとよい。先を急ぐよりも，1題ずつ丁寧に進むこと。

03 英作文対策

　英作文対策の第一は，基本英語構文の暗記である。そして，覚えた基本構文を応用してさまざまな英文を作れるようになったら，出題傾向に合った問題を解いていこう。難しい単語やイディオムを用いることよりも，与えられた和文を簡潔な英文にまとめることに重点を置くとよいだろう。和文の内容を理解し，それを英語にしやすいシンプルな日本語に変換してから英文を作る練習をしておきたい。

　また，英作文は実際に自分で書いてみないとなかなか力はつかないし，単に書いているだけでは，できているところとできていないところの区別もつきにくい。身近にいる先生に添削してもらうのが理想的だろう。英作文で差がつきやすいと思われるので，これらの対策によって重点的に強化しておきたい。

海上保安大学校

数　学

年度	番号	項　目	内　容
2023	〔1〕	小 問 4 問	tan の加法定理，同じものを含む順列，集合の要素，三角関数の最大値と最小値
	〔2〕	ベクトル	三角形の垂心のベクトル，三角形の外心　　　　⊘証明
	〔3〕	積 分 法, 2 次関数	積分の等式の証明，2 つの関数の共有点と面積　　⊘証明
2022	〔1〕	小 問 4 問	常用対数を用いた桁数の計算，数列の和，2 次関数の接線の方程式，ある平面に垂直なベクトル
	〔2〕	図形と計量, 微 分 法	三角比の利用，三角関数の最大値
	〔3〕	集合と論理	命題の証明　　　　　　　　　　　　　　　　⊘証明

傾　向　思考力や計算力を試す標準的な良問

01　出題形式は？

　例年大問 3 題の出題である。すべて記述式で，〔2〕〔3〕は小問による誘導形式になっている。証明問題が頻出で，図示問題も出題されることがある。試験時間は 80 分。

02　出題内容はどうか？

　2023 年度の出題範囲は，「数学 I・II・A・B（数列，ベクトルの分野に限る）」であった。出題範囲から幅広く出題されている。

03 難易度は？

　思考力や計算力を試す標準的な良問が多い。難問はなく，教科書の章末問題程度のものがほとんどである。

　解答の方針に迷わなければ，試験時間は十分にある。落ち着いて解いていこう。

対　策

01 基礎学力の充実

　まずは教科書に書いてある基本事項やよく使われる定理・公式を正しく理解し，覚えることである。出題範囲すべてについて満遍なく学習し，苦手分野をつくらないようにしておこう。その上で，問題集などを用いて練習を積んでおくこと。

02 計算力の養成

　正確な計算力を養っておきたい。問題集などで勉強するとき少々面倒な計算でも自力で解き，完答できる粘り強さと正確な計算力をつけておこう。小問による誘導形式の場合，計算ミスをするとそれ以降の解答にも影響し，思わぬ失点につながるので細心の注意を払いたい。

03 答案作成練習

　全問記述式なので，最終的な答えだけでなく，その解答の過程も採点される。証明問題が出題されているので，きちんとした答案が書けるようにしておこう。解答のポイントを押さえた説明と計算で，簡明な記述ができるようにしておきたい。過去問を本番のつもりで解いて練習してみるのがよいだろう。図示問題も出題されることがあるので，要点を押さえたわかりやすい図を描く練習も積んでおきたい。

気象大学校

英　語

年度	番号	項　目	内　容
2023	〔1〕	読　　解	語句説明，同意表現，空所補充，内容説明
	〔2〕	読　　解	英文和訳，内容説明（40・120 字）
	〔3〕	英 作 文	和文英訳
2022	〔1〕	読　　解	空所補充，語句の定義，内容説明（60 語他）
	〔2〕	読　　解	内容説明，英文和訳
	〔3〕	英 作 文	和文英訳

 読解・英作文とも高度で重厚な出題

01 出題形式は？

　読解問題と英作文問題からなる大問 3 題の出題で，すべて記述式である。
試験時間は 80 分。

02 出題内容はどうか？

　〔1〕は読解問題で，過去には英文の空所を内容に沿う形で完成させる形
式が中心であったが，近年は，英問英答形式の内容説明の問題が中心とな
り，英作文は含まれていない。与えられている英文から読み取れる内容の
みならず，理系科目に関する知識を必要とする問題が多い。

　〔2〕は読解問題で，読解英文のテーマは多岐にわたるが，気象，天文に
関連したものが比較的多く，硬質で重厚な文章が多い。英文和訳や内容説
明が出題されており，2021 年度には要約の要素を含む内容説明も出題さ

れている。

　〔3〕は英作文問題で，例年和文英訳が出題されている。和文英訳は，全体として一貫性のある簡潔な表現にする必要がある。

03 難易度は？

　年度によって多少の差はあるが，国公立大学難関校の二次試験レベルである。読解力・英作文力に加え，高度な思考力が要求される。

対 策

01 文法・語彙力および気象・天文に関する知識を増強すること

　特に自然科学関係の語彙は意識して覚えたほうがよい。英作文でも，科学関係の用語が問われることがあるので，自然科学系の英文に多く触れておく必要がある。また，読解問題の難解な語に対する注は英語で示されていることが多いので，英英辞典を使い慣れておくとよいだろう。物理・化学，気象・天文に関する用語はできるだけ覚えておきたい。気候変動など専門的分野についての知識もしっかり身につけておく必要がある。

02 上級レベルの長文の演習

　まず『大学入試 ぐんぐん読める英語長文』（教学社）などの大学入試標準レベルの長文問題で力をつけ，少しずつ気象大学校のレベルに合わせた高度な長文読解問題の演習に入ることが望ましい。特に，物理学，化学，生物学，地学など，理科系の文章を読みこなせるようにしておこう。

03 英作文力の養成

　基本的な英作文の問題集を終えた後，過去問や大学入試などの類似問題を使って，自分で英文を書く練習をすることが肝心である。その際に，自

分が書いた英文を先生に添削してもらうことを強く勧めたい。添削された英文をじっくり研究することにより，自分の弱点を自覚することができる。また，英文を書く際には，長文問題で読んだ文章を利用するとよい。長文に出てきた有用な表現はできるかぎり覚えていこう。英作文の出題は理系的な内容の場合もあるから，特に理系科目に登場する用語や定型表現を覚えておくとよい。さらに，基本的な理科に関する事柄を英語で表現する練習をするようにしておこう。

気象大学校

数　学

年度	番号	項　目	内　容
2023	〔1〕	確　　率,数　　列,極　　限	反復試行の確率，確率と漸化式，数列の極限
	〔2〕	ベクトル	空間ベクトルの内積，三角形の面積と四面体の体積のベクトルによる表示
	〔3〕	微・積分法	高次導関数を含む定積分の計算　　　　　　　　　✓証明
2022	〔1〕	数　　列,整数の性質	無理数の計算，数列の漸化式，数学的帰納法，合同式　　　　　　　　　　　　　　　　　　　　　　　✓証明
	〔2〕	集合と命題,微　分　法	関数の値，導関数，平均値の定理，e が無理数であることの証明　　　　　　　　　　　　　　　　　　　　　　✓証明
	〔3〕	式 と 曲 線,ベ ク ト ル,図形と方程式	楕円，方向・法線ベクトル，空間ベクトルの内積，軌跡　　　　　　　　　　　　　　　　　　　　　　　　✓証明

思考力，計算力が要求される証明問題が頻出

01 出題形式は？

　例年，大問 3 題の出題である。すべて記述式で小問による誘導形式になっている。証明問題は頻出で，図示問題も出題されることがある。試験時間は 80 分。

02 出題内容はどうか？

　2023 年度の出題範囲は，「数学 I・II・III・A・B（数列，ベクトルの分野に限る）」であった。比較的難しい問題が多く，基礎がしっかりして

いないと歯が立たない。

03 難易度は？

　思考力，計算力とも高いレベルが要求されている。題意を理解するのに苦労する問題もあり，差がつく出題となっている。

　問題の難度が高く，分量も多いため，80分間で3題を完答することはかなり厳しいと思われる。解ける問題で確実に得点するように心がけたい。速さと正確さを兼ね備えた計算力，記述力が求められる。

対 策

01 定理・公式のマスター

　まずは教科書に書いてある基本事項やよく使われる定理・公式を正しく理解し覚えることである。出題範囲すべてについて満遍なく学習し，苦手分野をつくらないようにしておこう。その上で，難しい問題に対応できる応用力もつけておきたい。

02 計算力の養成

　毎年，量が多く複雑な計算が必要な問題が出題されている。問題集などで勉強するとき少々面倒な計算でも自力で解き，完答できる粘り強さと正確な計算力をつけておこう。小問による誘導形式のため，計算ミスをするとそれ以降の解答にも影響し，思わぬ失点につながるので注意したい。

03 思考力の養成

　頻出の証明問題はやや手強い。しっかりとした思考力を必要とする。常日頃から，定理や公式の証明など深く掘り下げて考えるよう心がけることが大事である。また，難しい証明問題にもチャレンジし，思考力の養成に

努めたい。

04 答案作成練習

　全問記述式なので，最終的な答えだけでなく，その解答の過程も採点される。証明問題がよく出題されているので，きちんとした答案が書けるようにしておこう。解答のポイントを押さえた丁寧な記述ができるようにしておきたい。

05 問題の流れをつかむ

　小問を1つずつ解いていくことが最後の小問を解くための誘導になっている場合が多い。各小問のつながりを意識して取り組むようにしたい。

気象大学校

物　理

年度	番号	項　目	内　容
2023	〔1〕	力　　学	ばねにつながれた斜面上の2物体の運動，人工衛星の軌道
	〔2〕	波　　動	気柱の共鳴
	〔3〕	電　磁　気	金属板や誘電体を挿入した平行板コンデンサー
2022	〔1〕	力　　学	円運動する電車内につるした小球の運動
	〔2〕	波　　動	正弦波の重ね合わせ
	〔3〕	電　磁　気	コンデンサーを含む回路，電気振動

円運動に関する設問が頻出
高度な思考力・応用力・計算力が必要

01 出題形式は？

　試験時間は80分で，大問3題の構成である。例年，文字式による計算問題が中心で，3題のうち1題が数値計算中心の出題となっている。解答は記述式で，過去には論述問題や証明問題，グラフの概形を描かせる問題も出題されている。

02 出題内容はどうか？

　出題範囲は「物理基礎，物理」である。
　例年，力学と電磁気が各1題，他に熱力学か波動から1題が出題されている。2022・2023年度は波動が出題された。円運動に関する出題がよくみられることも特徴の一つである。

03　難易度は？

どの問題も決して難問というわけではなく，いずれも問題文の指示に従っていけば解答できるが，高度な思考力に加えて，数学の知識を応用できる十分な計算力，さらには長文の問題の主旨を理解しうる読解力が要求されるなど，総合的な学力が必要である。

80分という試験時間に対して，問題の分量も計算量も多いので，全問をこなすのはかなり難しいと思われる。設問の難易を素早く判断し，得点できる問題をとりこぼさないことが重要であろう。総じて難易度は標準よりやや高めである。

対　策

01　教科書による学習を確実に

一見複雑と思われる問題も，個々の題材は教科書に記載されているので，教科書を熟読し，基本事項は確実に理解・把握しておくことが大切である。教科書の本文だけでなく，例題や演習問題もきちんとこなし，基本事項の理解を深めるとともに，記述式の答案作成の練習も十分に積んでおきたい。

02　出題傾向を熟知しよう

本書によって過去問にあたり，その傾向をつかんでおくことが大切である。従来の傾向や形式がそのまま引き継がれるとは限らないが，学習の力点をどこに置けばよいか，重要な指針を与えてくれるはずである。力学，電磁気を中心に偏りなく学習すること。

03　標準的な大学入試問題集を

大学入試問題集に取り組んで，さらに思考力や応用力を養っておきたい。その際，ただ漫然と問題に接するのではなく，1題20〜25分などのよう

に時間を決めて，入試本番のつもりで集中して取り組むとよい。数式のみ
に頼らず，物理現象をイメージしながら学習することが大切であり，その
ためには，図を描きながら考える習慣を身につけるとよい。

04　迅速・確実な計算力を

　かなり複雑な計算を必要とすることが多いので，平素から問題演習に際
して面倒がらずに計算を実行すること。特に，近似計算を要する設問が多
いので，教科書における諸例（ヤングの実験，ニュートンリングなど）や，
本書に掲載されている過去問などでコツをマスターしておきたい。

2023
年度

問題と解答

海上保安大学校・気象大学校：
学科試験・基礎能力試験（多肢選択式）

問 題 編

▶**第 1 次試験**

大学校	試験種目	内　　　　　容	配点比率
海上保安 大 学 校	学科試験	数学Ⅰ・Ⅱ・A・B⑬	$\dfrac{2}{7}$
		コミュニケーション英語Ⅰ・Ⅱ⑬	
	基礎能力 試　　験	知能分野 20 問（文章理解⑦，課題処理⑦，数的 処理④，資料解釈②） 知識分野 20 問（自然科学⑤，人文科学⑨，社会 科学⑥）	$\dfrac{2}{7}$
気　　象 大 学 校	学科試験	数学Ⅰ・Ⅱ・A・B⑬	$\dfrac{3}{12}$
		コミュニケーション英語Ⅰ・Ⅱ⑬	
		物理基礎・物理⑬	
	基礎能力 試　　験	知能分野 20 問（文章理解⑦，課題処理⑦，数的 処理④，資料解釈②） 知識分野 20 問（自然科学⑤，人文科学⑨，社会 科学⑥）	$\dfrac{3}{12}$

▶**出題範囲**

　「数学B」は数列，ベクトルの分野に限る。

▶**備　考**

- 内容欄の○内の数字は出題予定数。
- 第 1 次試験合格者は，「学科試験（多肢選択式）」，「基礎能力試験（多肢選択式）」および「学科試験（記述式）」の成績を総合して決定する。
- 基準点（満点の 30%〈気象大学校の学科試験は 16 点〉）に達しない試験種目が一つでもある受験者は，他の試験種目の成績にかかわらず不合格となる。

学科試験

◀海上保安大学校▶

（120分）

〔注意事項〕

単位の明示されていない量については，全て国際単位系（SI）を用いることとします。

【No.　1】 x, yを**実数**とする。次の記述の㋐、㋑、㋒に当てはまるものをA～Dから選び出したものの組合せとして正しいのはどれか。

・ $x=3$は、$x^2-x-6=0$であるための [㋐] 。
・ $x^3=1$は、$x^{2023}=1$であるための [㋑] 。
・ $x>y$は、$x^4>y^4$であるための [㋒] 。

A．必要条件であるが十分条件でない
B．十分条件であるが必要条件でない
C．必要十分条件である
D．必要条件でも十分条件でもない

	㋐	㋑	㋒
1.	A	A	B
2.	A	B	D
3.	B	A	A
4.	B	C	B
5.	B	C	D

【No.　2】 2次関数$y=ax^2-6ax+4$ $(-2\leqq x\leqq 4)$の最大値が20であるとき、定数aの取り得る値のみを全て挙げたものとして正しいのはどれか。

1.　1

2.　$1,\ -\dfrac{16}{9}$

3.　$-\dfrac{16}{9}$

4.　$1,\ -2$

5.　$1,\ -2,\ -\dfrac{16}{9}$

【No.　3】　三角錐 OABC において、AB $= 2\sqrt{3}$, OA $=$ OB $=$ OC $=$ AC $=$ BC $= 3$ とする。このとき、三角錐 OABC の体積はいくらか。

1.　$\dfrac{\sqrt{5}}{2}$

2.　$\sqrt{5}$

3.　$\dfrac{3\sqrt{5}}{2}$

4.　$2\sqrt{5}$

5.　$\dfrac{5\sqrt{5}}{2}$

【No.　4】　ある製品が多数入っている箱がある。その箱の中の製品のうちの 70 % は A 工場で、30 % は B 工場で作られたもので、A 工場、B 工場で作られた製品には、それぞれ、3 %、4 % の不合格品が含まれることが分かっている。これらの製品が入っている箱の中から 1 個を取り出して検査を行ったところ、その 1 個が不合格品であったとき、それが A 工場で作られた製品である確率はいくらか。

1.　$\dfrac{3}{250}$

2.　$\dfrac{21}{1000}$

3.　$\dfrac{33}{1000}$

4.　$\dfrac{4}{11}$

5.　$\dfrac{7}{11}$

【No.　5】　$30! = 30 \times 29 \times \cdots \times 2 \times 1$ を素因数分解して、

$$30! = 2^m \times 3^n \times \cdots \times 29$$

と表すとき、m の値はいくらか。

1.　24
2.　26
3.　28
4.　30
5.　32

【No.　6】　図のような三角形 ABC の内心 I を通り、辺
BC に平行な直線と辺 AB，AC の交点をそれぞれ P，Q
とする。AB = 13，AC = 15，$AP = \dfrac{26}{3}$，AQ = 10 と
するとき、PQ の長さはいくらか。

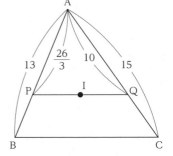

1.　9
2.　$\dfrac{28}{3}$
3.　$\dfrac{29}{3}$
4.　10
5.　$\dfrac{31}{3}$

【No.　7】　x^{21} を $x^2 - 3$ で割った余りとして正しいのはどれか。

1.　3^{10}
2.　$3^{10}\sqrt{3}$
3.　$3^{10}x$
4.　$3^{10}x + 3^{10}$
5.　$3^{10}x + 3^{10}\sqrt{3}$

【No.　8】　a が全ての実数値をとりながら変化するとき、2 次関数 $y = 2x^2 - 2ax + a + 3$ のグラフ

の頂点の軌跡として正しいのはどれか。

1. $y = -2x^2 + 2x + 3$
2. $y = -2x^2 + 3$
3. $y = -x^2 + 3$
4. $y = x^2 + 3$
5. $y = 2x^2 - 2x + 3$

【No. 9】 点 P が長さ 2 の線分 AB を直径とする半円周 （端点を含まない）上を動くとし、$\angle \text{PAB} = \theta \left(0 < \theta < \dfrac{\pi}{2} \right)$ とする。このとき、$\dfrac{3}{2} \text{AP} + 2\text{BP}$ の最大値はいくらか。

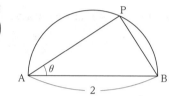

1. $\dfrac{5\sqrt{2}}{2}$

2. 4

3. $\dfrac{5\sqrt{3}}{2}$

4. 5

5. $5\sqrt{2}$

【No. 10】 $\left(\dfrac{1}{5} \right)^{10}$ を小数で表すとき、初めて 0 でない数字が現れるのは小数第何位か。ただし、$\log_{10} 2 = 0.301$ とする。

1. 小数第 5 位
2. 小数第 6 位
3. 小数第 7 位
4. 小数第 8 位
5. 小数第 9 位

【No. 11】 x についての関数 $f(x) = \displaystyle\int_{2}^{x} (t^2 + 2t - 8)\,dt$ の極小値はいくらか。

2023年度（多肢選択式）海・気象大　海上保安大　学科試験

1. $-\dfrac{56}{3}$

2. -10

3. $-\dfrac{14}{3}$

4. 0

5. $\dfrac{14}{3}$

【No. 12】　次のように定められた数列 $\{a_n\}$ について、a_{100} の値はいくらか。

$$a_1 = 1, \quad a_{n+1} = \frac{4}{4 - a_n} \quad (n = 1, 2, \cdots)$$

1. $\dfrac{99}{100}$

2. $\dfrac{101}{100}$

3. $\dfrac{201}{100}$

4. $\dfrac{200}{101}$

5. $\dfrac{201}{101}$

【No. 13】　$|\vec{a}| = 5$, $|\vec{b}| = 1$, $|\vec{a} - \vec{b}| = 4\sqrt{2}$ であるとき、$|\vec{a} + t\vec{b}|$（t は定数）の最小値はいくらか。

1. 4

2. 6

3. 8

4. 10

5. 12

【No. 14】　次の㋐～㋑のうち、下線部の語句を各行右側の（　　　）内の単語に置き換えた場合においても、ほぼ同じ意味の文になるもののみを挙げているのはどれか。

　㋐　He just can't <u>remember</u> what his friend said at the party.　　　　　（recall）

　㋑　She <u>interrupted</u> him while he was jogging to ask the way to Tokyo station.（disturbed）

㋒ She tried to <u>conceal</u> her emotions at her office.　　(confess)

㋓ I could <u>see</u> that a man was looking for the conference room.　　(look)

1. ㋐、㋑
2. ㋐、㋒
3. ㋑、㋒
4. ㋑、㋓
5. ㋒、㋓

【No. **15**】 次のA、B、Cの(　　　)内の㋐、㋑から、より適切なものを選び出したものの組合せとして最も妥当なのはどれか。

A. You have done a great (㋐ job　㋑ occupation) from the beginning.

B. His (㋐ succession　㋑ successor) will continue his research after his retirement.

C. Train (㋐ charges　㋑ fares) haven't changed in five years.

	A	B	C
1.	㋐	㋐	㋐
2.	㋐	㋐	㋑
3.	㋐	㋑	㋑
4.	㋑	㋐	㋐
5.	㋑	㋑	㋑

【No. **16**】 次のA、B、Cの(　　　)内の㋐、㋑から、より適切なものを選び出したものの組合せとして最も妥当なのはどれか。

A. If (㋐ only　㋑ wish) I could play the piano as well as you!

B. If I (㋐ had arrived　㋑ have arrived) at the bus terminal five minutes earlier, I could have caught the bus.

C. (㋐ But for　㋑ With) his persistent efforts, he could not have won.

	A	B	C
1.	㋐	㋐	㋐
2.	㋐	㋐	㋑
3.	㋐	㋑	㋐

4.	㋑	㋐	㋑
5.	㋑	㋑	㋑

【No. 17】 次のA、B、Cの(　　　)内の㋐、㋑から、より適切なものを選び出したものの組合せとして最も妥当なのはどれか。

A．My brother has (㋐ twice as many books　㋑ twice the number of books) that I have.

B．Your report is superior (㋐ of　㋑ to) mine.

C．Exercise is no (㋐ less　㋑ least) necessary to health than food.

	A	B	C
1.	㋐	㋐	㋐
2.	㋐	㋑	㋑
3.	㋑	㋐	㋑
4.	㋑	㋑	㋐
5.	㋑	㋑	㋑

【No. 18】 次のA、B、Cの(　　　)内の㋐、㋑から、より適切なものを選び出したものの組合せとして最も妥当なのはどれか。

A．I was (㋐ impossible　㋑ unable) to finish the task by the dead line.

B．The concert was so (㋐ touched　㋑ touching) that it attracted the audience.

C．I (㋐ embarrassed　㋑ was embarrassed) to find that a price tag was on my shirt.

	A	B	C
1.	㋐	㋐	㋐
2.	㋐	㋑	㋑
3.	㋑	㋐	㋐
4.	㋑	㋑	㋐
5.	㋑	㋑	㋑

【No. 19】 次のA、B、Cの(　　　)内の㋐、㋑から、より適切なものを選び出したものの組合せとして最も妥当なのはどれか。

A．The new regulation will (㋐ damage　㋑ do) serious harm to her business.

B．He didn't take his family's budget into （㋐ account ㋑ attention） when he bought a car.

C．You should learn by （㋐ eye ㋑ heart） these technical terms for your next examination.

	A	B	C
1.	㋐	㋐	㋐
2.	㋐	㋑	㋑
3.	㋑	㋐	㋐
4.	㋑	㋐	㋑
5.	㋑	㋑	㋐

【No. 20】 次の英文の空欄A、B、Cに当てはまるものを㋐、㋑、㋒から選び出したものの組合せとして最も妥当なのはどれか。

A group from the UK was on the Ig Nobel prize list[1], for testing whether pain experienced when driving over speed bumps[2] can help diagnose appendicitis[3].

The idea started as a running joke among surgeons, but Helen Ashdown decided to test it out while working as a junior doctor at Stoke Mandeville Hospital in Aylesbury.

"It's quite a residential area, so ＿＿A＿＿," said Dr Ashdown, now a GP[4] and a lecturer at the University of Oxford. "We noticed that ＿＿B＿＿."

Sure enough, in a formal study of 101 patients, 33 of 34 people who were diagnosed with appendicitis reported pain travelling over speed bumps.

"It's a test that has high sensitivity, so it's a good rule-out test," Dr Ashdown said. In other words, ＿＿C＿＿. But such pain can also have other causes - so speed bumps make a poor "rule-in" test.

Nonetheless the work produced a paper in the British Medical Journal and, now, an Ig Nobel prize for diagnostic medicine.

"It came as a complete shock," Dr Ashdown said, but she is adjusting. "The more I find out about them, the more of an honour[5] it seems to be to get one."

[1] the Ig Nobel prize list: the list of the awarded Ig Nobel prizes that honor achievements that make people laugh and then think, organized by a magazine of the United States

[2] speed bump: a raised area across a road that is put there to make traffic go slowly

[3] appendicitis: 虫垂炎

[4] GP: general practitioner; a doctor who is trained in general medicine

[5] honour = honor

出典追記：'Universal urination duration' wins Ig Nobel prize, BBC News on September 18, 2015 by Jonathan Webb

㋐ a patient who does not experience speed bump pain is very unlikely to have appendicitis

㋑ quite a few of the patients who had appendicitis said how bad the journey to hospital had been

㋒ it's a town that does have a lot of speed bumps

	A	B	C
1.	㋐	㋑	㋒
2.	㋑	㋐	㋒
3.	㋑	㋒	㋐
4.	㋒	㋐	㋑
5.	㋒	㋑	㋐

【No. 21】 次の文の内容に合致するものとして最も妥当なのはどれか。

While most studies of adolescent sleep and emotion regulation rely only on self-report measures, Amanda Baker and colleagues at UCLA[*1] used fMRI[*2] scans to discover how key physiological mechanisms are affected by irregular sleep. Adolescents wore medical devices for two weeks while they slept and reported each night before bedtime on stressors they were currently experiencing due either to demands placed on them or interpersonal conflict. Each morning, they rated how rested they felt after sleeping. After two weeks, fMRI scans were performed.

A large body of research on adults and adolescents has shown that shorter sleep often leads to emotional dysregulation[*3]. The limbic[*4] areas of the brain are particularly activated during arousal[*5] and stress, and during sleep, there is bidirectional connectivity between these areas and the cortex[*6]. While ethical constraints preclude[*7] conducting sleep deprivation studies with children and adolescents, in numerous studies with adults whose sleep has been intentionally shortened, this connectivity is diminished and the cortical[*6] regions are less enabled to tamp down[*8] the limbic arousal.

It is assumed that the same effects would be seen in adolescents. Even though experimental deprivation studies cannot be done, there is an aspect of sleep patterns that can be studied naturally. Adolescents most often do not sleep long enough during the school week, and then sleep longer on the weekends. There are also many instances when they might stay up later on some school nights than others, constituting another source of irregularity in hours slept. Night-to-night[*9] consistency has been studied much less than sleep duration, but evidence from studies with adults shows some negative effects. The authors of this study wanted to determine the effects of sleep irregularity in adolescents on connectivity between two areas of the brain.

　　The results: Adolescents with greater night-to-night variability reported more stressors to the extent that only one additional stressful demand led to 10 minutes shorter sleep and more variability. The scans indicated that like the sleep deprivation studies with adults, adolescents who had more variability in sleep timing had limbic areas that remained more activated and showed less connectivity with the cortical regions than their peers whose sleep was less variable.

　　*[1] UCLA: the University of California, Los Angeles

　　*[2] fMRI = functional Magnetic Resonance Imaging: a class of imaging methods developed
　　　　　in order to demonstrate regional, time-varying changes in brain metabolism

　　*[3] dysregulation: the fact of being unable to control emotions in the way that most
　　　　　　　　people can

　　*[4] limbic: 辺縁系

　　*[5] arousal: 覚醒

　　*[6] cortex: 皮質（cortical < cortex）

　　*[7] preclude: to prevent something from happening or somebody from doing

　　*[8] tamp down: to press something firmly, especially into closed space

　　*[9] night-to-night: happening every night as a regular part of your night

1.　UCLA の研究者らは、従来の多くの研究の測定方法と同様に fMRI スキャンを用いて、主要な生理メカニズムが不規則な睡眠によってどのような影響を受けるかを明らかにした。

2.　青年を対象に行われた UCLA の研究では、参加者は、自分に課せられた要求など現在経験しているストレス要因を、毎晩就寝前に報告するよう求められた。

3.　子どもや青年を対象に、倫理的な制約に配慮しながら行われた睡眠時間を短縮した研究では、成人と同様に脳の辺縁系と皮質領域の神経接続が活性化することが示された。

4.　日々の睡眠の規則正しさに関する研究は、睡眠時間の長さに関する研究よりも多く行われており、成人を対象とした研究では不規則な睡眠による悪影響が示されている。

5.　睡眠のタイミングの変動が大きい青年は、変動が小さい青年と比較して、皮質領域の活性化が維持されていることが UCLA の研究で示された。

【No. 22】　次の文の内容に合致するものとして最も妥当なのはどれか。

　　A newly born baby, full of bodily desires, is a very human animal — but it is not a very social one. As every good parent across the world knows, it takes a while to care for a baby and to help to make it properly social and empathetic[*1]. These processes (often called early or primary socialization) are performed very differently across different cultures and across histories: children are raised by wet nurses[*2], nannies[*3], in communes and large families, by single parents, residential homes, gay parents and so on. There is much diversity in child-rearing[*4] habits and much research which charts how children come to construct their language, their sense of self and their social habits — for good or bad. What seems clear is that if they are left on their own, without the formative impacts of other people, then they will simply not develop. Many studies of feral[*5] children left living in isolation and then discovered later show that they simply cannot then function as social beings.

One of the commonest controversies raised in social science is that of the so-called 'nature-nurture' debate: do we become who we are because of our biology (genes and the like), or do we become who we are because of our upbringing[*6] and wider environmental factors? After a century and a half of endless dispute, this now seems to be a false debate (even though many prolong it). Both environment and genes play significant roles in the shaping of human lives. It is true that different researchers and disciplines will inevitably emphasize different aspects, but most will now agree that the interaction between the two is a crucial matter.

[*1] empathetic < empathy: the ability to understand other people's feelings and problems

[*2] wet nurse: a woman paid to give her breast milk to another woman's baby

[*3] nanny: a woman employed to take care of the children in a family, usually in the family's own home

[*4] rear: to look after a person or animal until they are fully grown

[*5] feral: living wild, especially after escaping from life as a pet or on a farm

[*6] upbringing: the way in which a child is cared for and taught how to behave while it is growing up

1. 海外で生活した経験がある親は皆、子どもをどのように育てれば社会的で共感性のある人間に育つか、そのノウハウを知っている。

2. 時代や文化による差異はあるが、一般に、都市よりも地方で、核家族よりも大家族で育てられた方が、子どもの社会化は促進される。

3. 多様な環境でこそ個性が発達するのであり、どのような環境で善人や悪人が生み出されていくのか、既に多くの研究がなされている。

4. 赤ん坊は、生まれたときから人間らしい生き物であるが、社会的存在として成長するためには、他者との関わりが必要である。

出典追記：Sociology: The Basics by Ken Plummer, Routledge

5. 「生まれか育ちか」という議論は現在も最も論争になるものの一つであるが、近い将来、遺伝子などの生物学的要因よりも、育つ環境が重要であるということが広く認められるだろう。

【Nos. **23** and **24**】　Answer the two questions No.23 and No.24 about the following passage.

New York City schools have banned an artificial intelligence chatbot[1] that generates human-like writing including essays, amid fears that students could use it to cheat.

According to the city's education department, the tool will be forbidden across all devices and networks in New York's public schools. Jenna Lyle, a department spokesperson, said the decision stems from "concerns about negative impacts on student learning, and concerns regarding the safety and accuracy of contents."

The chatbot was created by an independent artificial intelligence research foundation co-founded by Elon Musk in 2015. Released in November 2022, the foundation's chatbot is able to create stunningly[2] human-like responses to a wide range of questions and various writing prompts. The chatbot is trained on a large sample of text taken from the internet and interacts with users in a dialogue format.

According to the foundation, the conversation format allows the chatbot "to answer follow-up questions, admit its mistakes, challenge incorrect premises, and reject inappropriate requests." Users can request rephrasings, summaries and expansions on the texts that it churns out[3].

The decision to ban the chatbot in New York schools comes amid widespread fears that it could encourage students to plagiarize[4].

"While the tool may be able to provide quick and easy answers to questions, ＿＿＿, which are essential for academic and lifelong success," Lyle said.

Nevertheless, individual schools are still able to request access to the chatbot for "purposes of AI and technology-related education," she added.

Since New York's announcement, the foundation has tried to reassure teachers. It said: "We don't want the chatbot to be used for misleading purposes in schools or anywhere else, so we're already developing mitigations[5] to help anyone identify text generated by that system."

"We look forward to working with educators on useful solutions, and other ways to help teachers and students benefit from artificial intelligence," it added.

In December 2022, the foundation's CEO, Sam Altman, tweeted that the chatbot is "incredibly limited, but good enough at some things to create a misleading impression of greatness."

"It's a mistake to be relying on it for anything important right now. It's a preview of progress; we have lots of work to do on robustness*⁶ and truthfulness," he said, adding, "Fun, creative inspiration; great! Reliance for factual queries; not such a good idea."

The chatbot has so far proved to be divisive*⁷ among educators.

"The robots are here and they're going to be doing our students' homework," warned educator Dan Lewer on social media.

Lewer advises teachers to ask students who submit their essays at home to submit a "short and sweet" video response in which they "restate their thesis ... review some of their best evidence, their best arguments, their reasoning and then at the end I would have them reflect ... what did they learn from the essay ... what did they struggle with, where did they think they grew."

"This will help students develop better communication skills while helping you ensure they're really learning the material," said Lewer.

*¹ chatbot: 自動会話プログラム

*² stunningly < stunning: extremely surprising and shocking

*³ churn out: to produce large quantities of something, especially without caring about quality

*⁴ plagiarize: to take words or ideas from another person's work and use them in your own work, without stating that they are not your own

*⁵ mitigation < mitigate: to make something less harmful, serious, etc.

*⁶ robustness < robust: strong and not likely to fail or become weak

*⁷ divisive: causing a lot of disagreement between people

【No. 23】 Select the most suitable words from those below to fill in the blank space ⬚ .

1. it damages eyesight through overwork and stress

2. it does not build critical-thinking and problem-solving skills

3. it gives an accurate and deep knowledge of writing skills

4. it is incapable of answering additional questions about science-related topics

5. it leads students to copy famous writers' style and format legally

【No. 24】 Select the statement which best corresponds to the contents of the passage.

1. New York City has prohibited students from using the chatbot because their grades had declined.

2. The chatbot has been developed on the basis of extensive data entered by its users.

3. The foundation is ready to take legal action against a student who used the chatbot to

cheat on an exam.

4. There has been no room for discussion about the usefulness of the chatbot in education.
5. An educator suggests that teachers should assign students an additional task that encourages them to think deeply and logically.

【No. 25】 次の会話の(　　　)内に㋐～㋖の語句を文意が通るように並べ替えて入れるとき、1番目と6番目に来るものの組合せとして最も妥当なのはどれか。

A：Thanks for coming with me to the dog shelter.
B：Thanks for inviting me. I'm so excited!
A：Remember, we have to be quiet.
B：Okay.
A：Do you see the dog in this doghouse? This (　　　　　　).
B：What a cute face! She looks like she's smiling.

㋐ the longest　㋑ has been　㋒ is　㋓ the　㋔ that　㋕ dog　㋖ here

	1番目	6番目
1.	㋒	㋕
2.	㋒	㋖
3.	㋓	㋖
4.	㋕	㋐
5.	㋕	㋔

【No. 26】 The following is ticket information for a zoo. Select the statement which best corresponds to what can be read from the information.

1-Day Pass – Any Day

(Online offer only; advance purchase required.)

Includes: One visit to the ABC Zoo, Guided Bus Tour, Monkey Express Bus, Panda Tram, and all regularly scheduled experiences. Experiences above subject to availability.

1-Day Pass Any Day tickets valid any day within one year from date of purchase. Cannot be exchanged for Value Days ticket. No reservation required.

Adult	Child
Ages 12+	Ages 3-11
~~$71~~　$69 (SAVE NOW!)	~~$61~~　$59 (SAVE NOW!)

1-Day Pass Plus – Value Days

(Online offer only; advance purchase required. Select days only.)

Includes all the features of the 1-Day Pass, plus one 4D Theater Experience. Subject to availability.

1-Day Pass Plus Value Days ticket valid on any Value Day (see calendar) within one year from date of purchase. Cannot be combined with any other discount/offer/promotion. No reservation required.

Adult	Child
Ages 12+	Ages 3-11
~~$78~~　$74 (SAVE NOW!)	~~$68~~　$64 (SAVE NOW!)

Calendar (2023)

▓ **Value Days**

	January							February							March							April					

January

SUN	MON	TUE	WED	THU	FRI	SAT
1	2	3	4	5	6	7
8	9	10	11	12	13	14
15	16	17	18	19	20	21
22	23	24	25	26	27	28
29	30	31				

February

SUN	MON	TUE	WED	THU	FRI	SAT
			1	2	3	4
5	6	7	8	9	10	11
12	13	14	15	16	17	18
19	20	21	22	23	24	25
26	27	28				

March

SUN	MON	TUE	WED	THU	FRI	SAT
			1	2	3	4
5	6	7	8	9	10	11
12	13	14	15	16	17	18
19	20	21	22	23	24	25
26	27	28	29	30	31	

April

SUN	MON	TUE	WED	THU	FRI	SAT
						1
2	3	4	5	6	7	8
9	10	11	12	13	14	15
16	17	18	19	20	21	22
23	24	25	26	27	28	29
30						

※ **open 365 days a year**

1. "1-Day Pass Any Day" tickets can be bought at a ticket office at the entrance gate if visitors have an advanced reservation.

2. Visitors with "1-Day Pass Plus Value Days" tickets cannot ride the Monkey Express Bus and the Panda Tram.

3. It is guaranteed that visitors with "1-Day Pass Plus Value Days" tickets can use them for the 4D Theater Experience on January 2, 2023.

4. An adult with a 5-year-old child can now save $4 in total when they buy "1-Day Pass Plus Value Days" tickets.

5. If visitors buy "1-Day Pass Any Day" tickets on March 17, 2023, they can visit the zoo on April 1, 2023 with the tickets.

◀気象大学校▶

（180分）

〔注意事項〕

この問題集で単位の明示されていない量については，全て国際単位系（SI）を用いることとします。

【No. 1】 〜 【No. 26】

◀海上保安大学校▶　No. 1 〜 No. 26 に共通。

【No. 27】 地面から高さ h の位置から小球 A を自由落下させると同時に、その鉛直真下の地面から速さ v_0 で小球 B を鉛直に投げ上げたところ、A と B は高さ $\dfrac{2}{3}h$ の位置で衝突した。v_0 として最も妥当なのはどれか。

ただし、重力加速度の大きさを g とする。

1. $\sqrt{\dfrac{gh}{2}}$

2. $\sqrt{\dfrac{2gh}{3}}$

3. $\sqrt{gh}$

4. $2\sqrt{\dfrac{gh}{3}}$

5. $\sqrt{\dfrac{3gh}{2}}$

【No. 28】 xy 平面上に置いた図のような形の一様な平板の重心の座標 (x, y) として最も妥当なのはどれか。

ただし、1 目盛りの長さを 1 とする。

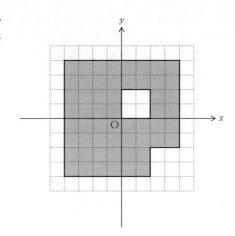

1. $\left(-\dfrac{6}{7}, -\dfrac{1}{7}\right)$

2. $\left(-\dfrac{6}{7}, \dfrac{9}{7}\right)$

3. $\left(-\dfrac{2}{7}, -\dfrac{1}{7}\right)$

4. $\left(-\dfrac{2}{7}, \dfrac{1}{7}\right)$

5. $\left(-\dfrac{2}{7}, \dfrac{9}{7}\right)$

【No. 29】 図のように、滑らかに回転する軽い定滑車にかけた糸の一方に質量 M のおもり A を付け、もう一方に質量 $2m$ の皿 B を付けてその上に質量 m の小物体 C を載せる。この状態で静かに放したところ、おもり A は下降し始めた。このとき、小物体 C が皿 B から受ける垂直抗力の大きさとして最も妥当なのはどれか。

ただし、重力加速度の大きさを g とする。

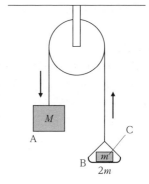

1. $\dfrac{2Mm}{M + 3m}g$

2. $\dfrac{3Mm}{M + 3m}g$

3. $\dfrac{Mm}{M + 2m}g$

4. $\dfrac{2Mm}{M + 2m}g$

5. $\dfrac{Mm}{M + m}g$

【No. 30】 図のように、糸の先に質量 M のおもり A を付けた単振り子と、同じ長さの糸の先に質量 m のおもり B を付けた単振り子があり、それぞれ最下点で A と B が衝突するようにつり下げら

れている。Bを最下点で静止させ、糸がたるまないようにしてAを最下点から高さ H の位置まで持ち上げ静かに放したところ、AとBは衝突し、Aははね返り、Bは最下点から高さ h の位置まで上がった。このとき、AとBとの間の反発係数として最も妥当なのはどれか。

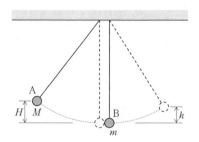

1. $\dfrac{m}{M}\sqrt{\dfrac{h}{H}}$

2. $\left(1+\dfrac{m}{M}\right)\sqrt{\dfrac{h}{H}}$

3. $\left(1+\dfrac{m}{M}\right)\sqrt{\dfrac{h}{H}}-1$

4. $\left(1-\dfrac{m}{M}\right)\sqrt{\dfrac{h}{H}}+1$

5. $1-\left(1-\dfrac{m}{M}\right)\sqrt{\dfrac{h}{H}}$

【No. 31】　図のように、鉛直面内で半径 r の円形のループを含む滑らかなレールの内側に沿って、小球を滑らせて運動させる。ループの最下点より高さ r の地点から、レールに沿って図の向きに初速度 v_0 を与えて小球を滑らせるとき、小球がレールから離れないでループを一周するために最低限必要な v_0 の大きさとして最も妥当なのはどれか。

　　ただし、重力加速度の大きさを g とする。

1. $\sqrt{gr}$
2. $\sqrt{2gr}$
3. $\sqrt{3gr}$
4. $2\sqrt{gr}$
5. $\sqrt{5gr}$

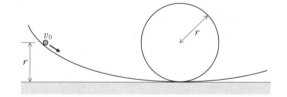

【No. 32】　複数の恒星が、互いのまわりを公転している天体を連星という。いま、質量が M で等しい恒星AとBから成る連星があり、二つの恒星の重心を中心として同じ角速度でそれぞれ等速円運動をしているとする。二つの恒星の重心からAまでの距離を R としたとき、Aの公転周期として最も妥当なのはどれか。

　　ただし、万有引力定数を G とする。

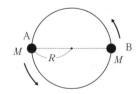

1. $\pi\sqrt{\dfrac{GM}{R^3}}$

2. $2\pi\sqrt{\dfrac{GM}{R^3}}$

3. $4\pi\sqrt{\dfrac{GM}{R^3}}$

4. $2\pi\sqrt{\dfrac{R^3}{GM}}$

5. $4\pi\sqrt{\dfrac{R^3}{GM}}$

【No. 33】 50℃の水100gの中に、0℃の氷10gを入れてしばらくすると、氷は全て融け、全体がある温度の水になった。このときの水の温度として最も妥当なのはどれか。

　　ただし、熱は水と氷の間だけで移動し、水の比熱を4.2 J/(g・K)、氷の融解熱を330 J/gとする。

1. 26℃
2. 30℃
3. 34℃
4. 38℃
5. 42℃

【No. 34】 理想気体の状態変化に関する記述㋐～㋒のうち、妥当なもののみを挙げているのはどれか。

　㋐ 定積変化では、気体の得た熱量は、気体の内部エネルギーの増加と等しい。
　㋑ 定圧変化では、気体の得た熱量は、気体が外部にする仕事と等しい。
　㋒ 等温変化では、気体の内部エネルギーの変化は0である。
　㋓ 断熱変化では、気体が外部にする仕事は0である。

1. ㋐、㋑
2. ㋐、㋒
3. ㋑、㋒
4. ㋑、㋓
5. ㋒、㋓

【No.　35】　図は、無限に広がる水面を真上から見た様子を表したものである。位置が分かるように、1 cm 間隔の目盛りが入れてある。水面上の二つの点Pと点Qから、振幅、振動数、位相が等しい波長 4 cm の正弦波を発生させたとき、図中の点 A～D のうち、二つの波が強め合う点のみを挙げているのはどれか。

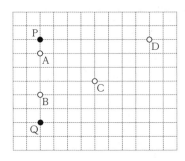

1. A、C
2. A、D
3. B、C
4. B、D
5. C、D

【No.　36】　図のように、AB 面と BC 面が直角に交わるプリズムを空気中に置き、AB 面に入射角 θ で光を入射させたところ、光は BC 面に臨界角で入射した。空気の絶対屈折率を 1 、プリズムの絶対屈折率を $\dfrac{2\sqrt{3}}{3}$ としたとき、$\sin\theta$ の値として最も妥当なのはどれか。

　なお、臨界角とは、全反射が生じる最小の入射角のことをいう。

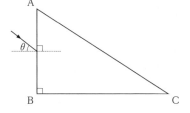

1. $\dfrac{\sqrt{3}}{6}$

2. $\dfrac{\sqrt{3}}{5}$

3. $\dfrac{\sqrt{3}}{4}$

4. $\dfrac{\sqrt{3}}{3}$

5. $\dfrac{\sqrt{3}}{2}$

【No. 37】 図のように、xy平面上の点 A $(2a, 0)$ に電気量 $2q$ の正の点電荷を、点 B $(0, a)$ に電気量 q の正の点電荷を固定したとき、原点 O における電場の強さと電位の組合せとして最も妥当なのはどれか。

ただし、クーロンの法則の比例定数を k とし、電位は無限遠を基準とする。

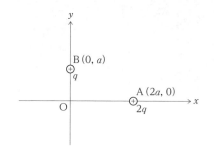

	電場の強さ	電位
1.	$\dfrac{3kq}{2a^2}$	$\dfrac{\sqrt{2}\,kq}{a}$
2.	$\dfrac{3kq}{2a^2}$	$\dfrac{2kq}{a}$
3.	$\dfrac{\sqrt{5}\,kq}{2a^2}$	$\dfrac{kq}{a}$
4.	$\dfrac{\sqrt{5}\,kq}{2a^2}$	$\dfrac{\sqrt{2}\,kq}{a}$
5.	$\dfrac{\sqrt{5}\,kq}{2a^2}$	$\dfrac{2kq}{a}$

【No. 38】 同じ材質で太さがそれぞれ一様な導体棒 A と B がある。A は断面積 S、長さ $2L$、B は断面積 $2S$、長さ L である。図 I のように、A と B を直列に並べて電圧 V の直流電源につないだときに電源に流れる電流を I_1、図 II のように、A と B を並列に並べて電圧 V の直流電源につないだときに電源に流れる電流を I_2 としたとき、$\dfrac{I_1}{I_2}$ として最も妥当なのはどれか。

ただし、電源の内部抵抗及び導線の抵抗は無視できるものとする。

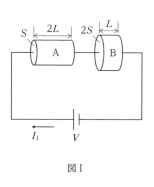

図 I

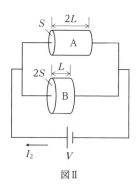

図 II

1.　$\dfrac{4}{25}$

2.　$\dfrac{3}{16}$

3.　$\dfrac{2}{9}$

4.　$\dfrac{1}{4}$

5.　$\dfrac{1}{2}$

【No. 39】　導体棒に生じる誘導起電力に関する次の記述の㋐、㋑に当てはまるものの組合せとして最も妥当なのはどれか。

「図のように、紙面に垂直に表から裏の向きにかけられた磁束密度の大きさ 4.0×10^{-2} T の一様な磁場中で、紙面に平行に置かれた長さ 0.10 m の導体棒が、磁場及び導体棒の方向に垂直な向きに速さ 2.0 m/s で動いている。このとき、導体棒に生じる誘導起電力の大きさは　㋐　V であり、また、正の電荷が現れるのは図の導体棒の　㋑　側である。」

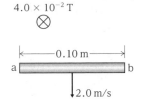

4.0×10^{-2} T

	㋐	㋑
1.	8.0×10^{-3}	a
2.	8.0×10^{-3}	b
3.	2.0×10^{-1}	a
4.	2.0×10^{-1}	b
5.	8.0×10^{-1}	b

基礎能力試験

◀海上保安大学校・気象大学校共通▶

（90分）

【No.　1】　次の文の内容と合致するものとして最も妥当なのはどれか。

　モチベーションをいつも維持できている人は、決まった仕事やいわれた仕事をこなすだけでなく、自分なりの課題を見つけ、解決していることが多いといえます。より高いレベルでのパフォーマンス発揮につながるため、結果的に周囲からの評価も高くなる傾向にあります。良いサイクルが生まれ、さらにモチベーションもアップするのです。

　対照的にモチベーションが低いときは、最低限の仕事しかしていないことが多くあります。最低限の仕事をしているときの脳は、不確実性がほとんどなくなった状態です。そのままの状態では不確実性の変化を認識しにくくなり、脳は飽きてしまいます。同時に、モチベーションもだんだんと下がっていきます。内発的モチベーションを保ったまま行動を起こすには、脳への報酬の与え方も重要です。いわれた（不確実性の低い）仕事をこなし、脳に安心感を与えつつ新しいことにチャレンジするなど、必ず（不確実性の高い）新規なことを求めるよう心がけると不確実性のバランスがとれ、脳がストレスを感じない程度の適度な知的好奇心を保てます。

　内発的報酬はモチベーションの維持に重要ですが、他方、脳にとって報酬を受け取る確率が高く安心感も得られる外発的報酬も必要であることに変わりはありません。金銭のような外発的報酬を与えられることで、やる気が出て業務を達成できるという効果もあります。これを一般に「エンハンシング効果」といいます。短時間で目標達成をする際にも外発的報酬は役に立ちます。内発的報酬だけでは、目標（いつまでに何を終わらせるなど）の明確さが弱いため、報酬を得るまでに時間がかかることが多いのです。どちらのほうが良いというわけではなく、状況によってうまく使いこなし、どんな状況においても両方のモチベーションがバランスよく含まれていることが大切といえます。

大黒達也『モチベーション脳』

1.　他人の力を借りることなく、自分一人で課題を見つけ、解決できる人は、周囲から常に高い評価を得られるため、モチベーションを高く保つことができる。

2.　モチベーションが低いと感じると、ほとんどの人の脳は、不確実性を下げるため、短時間で目標を達成できる慣れた仕事を避け、新規の仕事を求めるようになる。

3.　脳にとって、内発的報酬ばかりでなく、報酬を得る確率が高く安心感も得ることができる外発

的報酬もモチベーションの維持には必要である。

4. 内発的報酬は、脳がストレスを感じない程度の適度な知的好奇心を効果的に保つことができる
   ため、最低限の仕事を継続するために最も有効な要素である。

5. モチベーションを維持するには、目標を明確に設定せず、報酬を得るまでの時間をできるだけ
   短くし、外発的報酬を内発的報酬よりも優先することが必要である。

【No. 2】 次の文の内容と合致するものとして最も妥当なのはどれか。

　国家ではなく、国民一人ひとりの安全保障を考えるという発想自体は、決して新しいものではあ
りません。たとえば、「人間の安全保障」の重要な担い手である NGO にとって、「人間の安全保
障」は、まさに NGO が NGO であるための存在理由（レゾンデートル）です。《中略》

　「人間の安全保障」が新しいのは、概念そのものではなく、それを国家自身が主導したこと、冷戦
後、国連の場でも、国家の安全保障よりも文民の保護をいかに実現するか、という議論が積極的に
なされるようになった時代に登場したことです。

　もちろん、国家が、「人間の安全保障」を唱えることにおいては、多くの異論が出ています。国家
やその連合体である国連が、さらには欧米の先進国が、途上国の人々の安全を保障して「あげる」、
保護して「あげる」という主体と客体を固定化する新たな植民地主義以外のなにものでもないという
批判、あるいは、「能力強化（エンパワーメント）」、「オーナーシップ」という現地の人々の主体性を重んじる概念を持ち
出しつつ、外の世界の普遍的価値を押しつけているという批判です。しかし、「人間の安全保障」は、
こうした議論を逆転する可能性をも内包する概念です。

　「人間の安全保障」は、決して既存の主権国家システムを否定するものではありません。しかし、
国家自身が国家というアクターを相対化し、安全保障を軍事から非軍事領域にまで広げ、その非軍
事領域、つまりは「人間の安全保障」の分野を、国家以外の多様なアクターが活動する空間として積
極的に認めたことは実は大きな意味があります。「人間の安全保障」を強調することは、国家以外の
多様なアクターの役割を、補助的なものから積極的なものへと転換します。またここで登場するア
クターは、国際機関、国連、NGO などの市民社会組織や企業にとどまりません。

　国際政治学者の武者小路公秀は、「人間の安全保障」の価値として、民衆、人民自身が反植民地主
義の思想を表現する概念ともなりうると指摘しています。　　　　長有紀枝『入門　人間の安全保障』

1. 既存の主権国家システムを否定し、国家に代わる新たな統治機関として「人間の安全保障」の実
   行を担うことが、NGO の存在意義である。

2. 「人間の安全保障」が持つ新規性は、従来のように国民一人ひとりのレベルで安全保障を捉える
   のではなく、国家レベルで安全保障を考える点にある。

3. 「人間の安全保障」に対して、先進国と途上国の関係を固定化するという批判もあるが、「人間
   の安全保障」は、そのような批判を逆転させる可能性をも含む概念である。

4. 様々な学者から、「人間の安全保障」は、国際機関や市民社会組織などの国家以外のアクターを、現在の安全保障体制から排除するものであると指摘されている。

5. 「人間の安全保障」とは、人々が、暴力を用いて争うことを放棄し、自身の安全を守ることを全て国家に一任することで、平和を実現する概念である。

【No. 3】 次の文の内容と合致するものとして最も妥当なのはどれか。

　文化と文明の意味や違いについては、昔から多くの論争が行われてきた。西洋では、学問・宗教・芸術など精神的生活に関わるものを「文化」、生産過程・経済行動・流通や移動方法など人間の物質的所産に関わるものを「文明」と呼ぶのが普通のようである。その立場をとるなら、科学は文化の諸相の中核を成し、技術は文明の基礎と言うことができるだろう。

　文化の諸相とは、文化を構成するものそれぞれが価値を持ち、それぞれに意味があって、多様性・多重性があることを意味する。その意味で、科学は文化の多様性・多重性を彩る上で重要な役割を果たすのである。これに対し、農業文明、工業文明、情報文明というように、文明は段階的に質が変化し、それに応じた独自の形態をとっていく。社会の基幹部を成す産業構造が文明の形態を特徴づけるのだが、その基礎的な部分を構成するのが技術である。技術は物質に働きかけることによって文明の質を変化させていくのだ。

《中　略》

　科学と技術は本来別物であったし、またその役割も異なっていた（いる）ことをしっかり認識する必要がある。そして、科学は文化として役に立つのであり、技術は文明の手段として役に立つことを弁別しておかねばならない。私たちが役に立つと言う場合は、生活あるいは社会に役立つこと（生活がより便利になる、金儲けにつながる）が暗黙の裡にあるのだが、それは技術の発展を意味していることがほとんどなのである。その観点のみから見れば、文化としての科学は役に立たないということになってしまう。ピカソの絵もベートーベンの音楽もロダンの彫刻も、物質的な生活の便宜には役に立たないのと同様である。しかし、私たちはピカソもベートーベンもロダンも精神的な面で不可欠なものと思っている。それが無くても生活はできるが、それが無ければ無機的で潤いのない生活になってしまうだろう。芸術作品と同じように、宇宙創成の謎や物質の根源を探る科学、生命の進化を辿り人類の起源を追究する科学も、私たちが精神世界を健全に生きていく上で不可欠なものなのである。

池内了『科学と人間の不協和音』

1. 文化と文明の関係性については西洋と東洋で考え方が異なり、東洋では、文明と文化は同一視され、文化の多様性や多重性はあまり注目されていなかった。

2. 技術は、物質に働きかけることで、生産過程や移動方法などの人間の物質的所産に関わるものの質を変えてきた。

3. 文明が工業文明から情報文明に変化することで、科学と技術が互いに近づき、技術開発と相携

えて進められる独自の形態がとられた。

4. ピカソの絵やベートーベンの音楽を理解することは、人類の起源を探り、文化面から進化の道筋を辿る上で必要な行程の一部であると考えられる。

5. 文化は本来私たちにとって役に立たないものであったが、社会が進歩することで文化が金儲けの手段になった。

【No. 4】 次の　　　　　　の文の後に、A～Eを並べ替えて続けると意味の通った文章になるが、その順序として最も妥当なのはどれか。　　　　　　加藤重広『その言い方が人を怒らせる』

> 私たちが目にする情報の多くは、前後関係を切り落としてポイントだけにした断片であることを自覚しておく必要がある。情報の前後にあったテキストは全体として１つの流れをなしていたはずだが、取り扱いやすく前後を切り落とすことで、すでにその情報は本来の姿ではなくなっており、前後関係の中に位置づけることでもっと豊かで多様な解釈が可能だったはずなのである。

A：現代人は、効率的に捉えようとするあまり、断片しか見ようとしない傾向が強い。情報という「切り身」だけ見ても、すぐに魚の全体像はわからないかもしれない。

B：せめて、扱っている情報が「切り身」でしかないことをよく理解しておく必要があると思うのである。

C：現代の子どもたちの描く魚の絵で、魚が切り身の姿で泳いでいることがセンセーショナルに取り上げられることがある。

D：情報として断片化されたものも魚の切り身のようなものであって、本来の姿ではない。

E：しかも、「切り身」の形で流通する情報が多い現状はすぐには変えられない。

1. A→B→D→C→E

2. A→B→E→C→D

3. A→C→B→E→D

4. C→A→D→B→E

5. C→D→A→E→B

【No. 5】 次の文の内容と合致するものとして最も妥当なのはどれか。

おほかたこの所に住みはじめし時はあからさまと思ひしかども、今すでに五年を経たり。仮の庵（いほり）もややふるさととなりて、軒に朽葉ふかく、土居に苔むせり。おのづからことのたよりに都を聞けば、この山にこもりゐて後、やむごとなき人のかくれ給へるもあまた聞ゆ。ましてその数なら

ぬたぐひ、尽してこれを知るべからず。たびたびの炎上にほろびたる家またいくそばくぞ。ただ仮の庵のみのどけくしておそれなし。ほど狭しといへども、夜臥す床あり、昼ゐる座あり。一身を宿すに不足なし。

　寄居[*1] は小さき貝を好む。これ事知れるによりてなり。みさご[*2] は荒磯にゐる。すなはち人をおそるるがゆゑなり。われまたかくのごとし。事を知り、世を知れれば、願はず、わしらず、ただ静かなるを望みとし、憂へ無きを楽しみとす。

　（注）　[*1] 寄居：やどかり　　　[*2] みさご：鷹の一種

1.　仮の庵が古くなってきたため、早急に建て直す必要がある。

2.　都では、身分の高い人々の隠居が増えているようだ。

3.　火事で焼けてしまった家は数知れず、仮住まいとして庵を建てる人が増えている。

4.　仮の庵は狭いが、寝る場所も起きて居る場所もあり、一人で住むには十分である。

5.　世間というものを知った人は、出家し、人との関わりを避けるようになる。

【No.　6】　次の文の内容と合致するものとして最も妥当なのはどれか。

著作権の都合上，省略。

8 weight-loss strategies that actually work, TIME Magazine Vol. 191 Issue 4 by Amanda Macmillan, Jamie Ducharme, Markham Heid and Alexandra Sifferlin

　（注）　[*1] digestion：消化　　　[*2] abdominal：腹部の　　　[*3] mastication：噛むこと
　　　　　[*4] satiety：満腹

1.　研究者チームは、ある個人を 8 年間調査し、食べ物を噛む回数と体重の関係を明らかにした。

2.　食べ物を十分に噛むことで、消化中に体が燃焼するカロリーが、10 ％ 増加する。

3.　速く食事をすることは、健康上の問題であるメタボリックシンドロームのリスクを高める。

4. 太っている人には食べ物を十分に噛むことの恩恵があるが、痩せている人には恩恵がない。

5. 外食ではなく、自分で調理した食事をとることで、体重の減少に効果がある。

【No.　7】　次の文の内容と合致するものとして最も妥当なのはどれか。

A tiny mouse at the San Diego Zoo has set a new world record for the oldest known living mouse. The mouse, named Pat, turned nine years and 209 days old last Wednesday. Pat is a Pacific pocket mouse, which is the smallest kind of mouse in North America. He weighs about as much as three pennies.

Pocket mice[*1] get their name from the special pouches they have on the outside of their cheeks. These pouches are lined with fur, and are used by the mice to carry food and the material they need to make their nests. The mice make their nests in tunnels underground, called burrows. During the colder winter months, Pacific pocket mice hibernate[*2] in their burrows for much of the time.

Pacific pocket mice are endangered. They live in Southern California, usually within 2 miles (3.2 kilometers) of the sea. They used to be found all along the coast, from Los Angeles down to the US border with Mexico. The mice are an important part of the environment because they help spread the seeds of the plants that grow naturally in this sandy area. Their digging underground also helps the plants grow.

But starting in the early 1930s, humans began taking up more and more of the area where the mice normally lived. Pacific pocket mice began disappearing. By the 1970s, scientists believed that the Pacific pocket mouse had become extinct. But in 1994, scientists found a small group of Pacific pocket mice in Orange County, California.

《中　略》

Starting in 2012, the San Diego Zoo Wildlife Alliance (SDZWA) began working to help the mice by raising them in captivity. Animals raised in captivity face fewer threats and often live longer. Pat, whose birthday is July 14, 2013, was born in the first year of that program.

（注）　*1 mice：mouse の複数形　　*2 hibernate：冬眠する

1. パシフィック・ポケットマウスは、北米で最も温厚な性格のネズミとして知られており、Pat と名付けられたパシフィック・ポケットマウスはペン 3 本程度の体重しかない。

2. ポケットマウスという名前は、その腹部に毛皮で覆われた袋があることが由来とされており、この袋は冬眠に備えて食料を貯蔵するために使われている。

3. パシフィック・ポケットマウスは、他の動物が繁殖に利用するために作ったトンネルの中で冬眠する。

4. パシフィック・ポケットマウスは、砂地で成長する植物の種子を拡散するなどして、南カリフォルニアの砂地の環境に関して重要な役割を担っている。

5. 1930年代前半から、パシフィック・ポケットマウスは乱獲され、その数が激減したため、**SDZWA** はメキシコでパシフィック・ポケットマウスを捕獲・保護する活動を始めた。

【No. 8】　ある会社では、ア係、イ係、ウ係という三つの係に所属する合計13人の職員により、A、B、Cの三つのプロジェクトチームを結成した。次のことが分かっているとき、確実にいえるのはどれか。

　　ただし、それぞれの職員は、複数の係に所属することはなく、A、B、Cのいずれか一つのチームに参加している。

○　ア係とウ係の職員の数は同じである。

○　チームAには、ア係、イ係、ウ係からそれぞれ1人以上の異なる人数の職員が参加しており、このうちア係の職員は3人である。

○　チームBには、ア係とウ係の職員のみが参加している。

○　チームCには4人の職員が参加しており、全員がイ係の職員である。

1. チームAの人数は7人である。

2. チームAに参加しているイ係の職員は2人である。

3. チームAに参加しているウ係の職員は4人である。

4. チームBの人数は5人である。

5. チームBに参加しているウ係の職員は2人である。

【No. 9】　図のように、A～Dの4人が左からA、B、C、Dの順番で一列に並んでいた。この後、4人の並び順を変更したところ、変更前に隣り合っていた人たちは、変更後に隣り合うことはなかった。このとき、変更後の並び順について確実にいえるのはどれか。

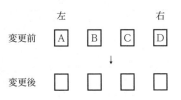

1. AとBの間には2人が並んでいる。

2.　AはBよりも右側に並んでいる。

3.　CとDの間には1人が並んでいる。

4.　CはDよりも左側に並んでいる。

5.　あり得る並び順は3通りである。

【No. 10】　A～Dの4人は遊園地に出掛けるため、12時に駅に集合することにした。駅に着いた時間について次のとおりであったとき、確実にいえるのはどれか。

○　A、B、Dはそれぞれ自分の時計で11時52分、11時48分、11時52分に駅に着いた。また、CはBの時計で11時54分に着いた。

○　Aの時計は正しい時刻を表示していた。

○　Dの時計は正しい時刻より5分進んでいた。また、Bの時計はDの時計より2分遅れていた。

1.　Aは2番目に駅に着いた。

2.　Bは1番目に駅に着いた。

3.　CはAよりも後に駅に着いた。

4.　DはCよりも後に駅に着いた。

5.　Dは3番目に駅に着いた。

【No. 11】　ある工事が終了するためには、六つの作業A～Fを全て完了する必要があり、それぞれの作業の所要日数及び先行作業は表のとおりである。このとき、確実にいえるのはどれか。

なお、二つ以上の作業を同時に並行して行ってもよいものとする。また、ある作業の先行作業とは、その作業を始めるに当たって事前に完了していなければならない作業のことである。

作業	所要日数	先行作業
A	5	な　し
B	2	A
C	3	A
D	6	B
E	4	C
F	3	D、E

1.　作業Aの所要日数が2日増えた場合、最短で工事が終了するには18日掛かる。

2. 作業Bの所要日数が 1 日増えた場合、最短で工事が終了するには 15 日掛かる。

3. 作業Cの所要日数が 2 日増えた場合、最短で工事が終了するには 16 日掛かる。

4. 作業Dの所要日数が 1 日増えた場合、最短で工事が終了するには 14 日掛かる。

5. 作業Eの所要日数が 2 日増えた場合、最短で工事が終了するには 19 日掛かる。

【No. 12】　机の上にA～Fの 6 枚のコインがあり、全てのコインは表になっている。ここで、A、B、Cの 3 枚のうち、任意の 0 ～ 3 枚を裏にする。次に、残りのD、E、Fの 3 枚について、以下の①、②、③の順番で操作を実行していく。このとき、操作③を実行後のコインについて、確実にいえるのはどれか。

【操作】

①　AとBの一方が表で、もう一方が裏であるとき、Dを裏にする。

②　CとDの一方が表で、もう一方が裏であるとき、Eを裏にする。

③　BとEの一方が表で、もう一方が裏であるとき、Fを裏にする。

1. Aが裏でCが表であるとき、Fは裏である。

2. Bが裏でCも裏であるとき、Dは裏である。

3. Cが表でEも表であるとき、Dは裏である。

4. A、B、Cのうちいずれか 1 枚のみが表であるとき、Eは裏である。

5. B、C、Eが全て表であるとき、Aは裏である。

【No. 13】　図のような正三角形において、重心は点Oであり、頂点 3 個と各辺の三等分点 6 個の、合計 9 個の点は、点A～Ⅰのいずれか一つの点である。

　　点E、F、H、Ⅰを通る線、点G、H、Oを通る線のいずれもが直線であり、点C、F、Ⅰは点Oを中心とする同一円周上にあるとき、確実にいえるのはどれか。

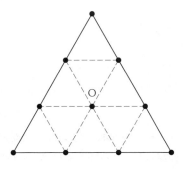

1. 点Aは頂点である。

2. 点Bは頂点である。

3. 点Cは頂点である。

4. 点Dは頂点である。

5. 点Eは頂点である。

【No. 14】　向かい合っている目の数の和が７であるＡとＢの２種類
のサイコロがある。ア〜オは、ＡとＢいずれかのサイコロを転がした
ときの図である。

このうち、Ｂを転がしたときにあり得るもののみを挙げているのはどれか。

ア　イ　ウ　エ　オ

1.　ア、ウ

2.　ア、エ

3.　イ、エ

4.　イ、オ

5.　ウ、オ

【No. 15】　互いに異なる１〜６の目が書かれたサイコロを４回振り、全ての出た目の数の積を計
算する。この値が素数になる確率はいくらか。

なお、素数とは、２以上の整数で、１と自身以外に約数を持たない数のことをいう。

1.　$\dfrac{1}{81}$

2.　$\dfrac{1}{108}$

3.　$\dfrac{1}{216}$

4.　$\dfrac{1}{432}$

5.　$\dfrac{1}{1296}$

【No. 16】　濃度の異なる食塩水Ａと食塩水Ｂがある。ここで、Ａ 120 ｇとＢ 180 ｇを混ぜると、
濃度が 12 ％ の食塩水となり、Ａ 100 ｇとＢ 200 ｇを混ぜると、濃度が 13 ％ の食塩水となった。
このとき、Ａの濃度は何％ か。

なお、水 X〔g〕と食塩 Y〔g〕を混ぜた食塩水の濃度は、$\dfrac{100Y}{X+Y}$〔%〕である。

1.　1 ％

2.　2 ％

3.　3 ％

4.　4 ％

5.　5 ％

【No. **17**】　A、B、Cの3人はピアノを習っており、Aは7日おきに一度、Bは11日おきに一度、Cは6日おきに一度の周期でピアノ教室に通っている。

いま、AとBが共にピアノ教室に通った日を0日目として、その翌日である1日目にCがピアノ教室に通った。このとき、表のように、X日目にAとBがピアノ教室に通うこととなる前日である(X － 1)日目にCがピアノ教室に通うこととなる最小のXの数字の <u>10の位の数字</u>はいくつか。

なお、例えば、7日おきに一度の周期とは、0日目、7日目、14日目…の周期となることをいう。

0日目	1日目	・・・・・・	(X － 1)日目	X日目
AとB	C		C	AとB

1.　0

2.　2

3.　4

4.　6

5.　8

【No. **18**】　図Ⅰのように、座標空間上にピラミッド状の構造物がある。この構造物の底面を示したのが図Ⅱであり、底面は平面 $z = 0$ 上の1辺の長さが240、重心が点(0，0，0)の正方形である。また、この構造物の頂点は、点(0，0，h)である。この構造物の <u>表面上に</u>点(20, 30, 120)があるとき、h の値はいくらか。

なお、この構造物を平面 $z = k$（$0 < k < h$）で切断すると、その切り口は重心が点(0，0，k)の正方形となる。

2
0
2
3
年
度

（
多
肢
選
択
式
）
・
気
象
大
海
上
保
安
大

基
礎
能
力
試
験

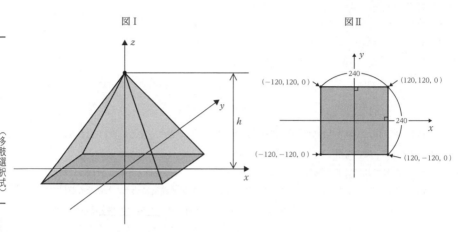

図 I　　　　　　　　　　　　　図 II

1.　140

2.　160

3.　$120\sqrt{2}$

4.　$120\sqrt{3}$

5.　240

【No. 19】　ある国について、図 I は 2017〜2021 年度までのくりの収穫量と栽培面積を示したものであり、図 II は 2021 年度のくりの収穫量の地域別割合を示したものである。これらから確実にいえることとして最も妥当なのはどれか。

図 I　くりの収穫量と栽培面積

図Ⅱ　2021年度のくりの収穫量の地域別割合

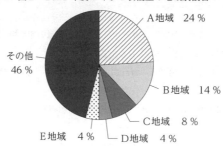

その他 46 %
A地域　24 %
B地域　14 %
C地域　8 %
D地域　4 %
E地域　4 %

1. 2018～2021年度までの各年度における栽培面積100 ha当たりのくりの収穫量を前年度のそれと比べると、一貫して減少している。

2. 2017年度のくりの栽培面積に対する2021年度のくりの栽培面積の減少率（絶対値）は、10 %を上回っている。

3. 2017～2021年度までの各年度における栽培面積100 ha当たりのくりの収穫量をみると、2020年度のものが最大である。

4. 2021年度のB地域の栽培面積100 ha当たりのくりの収穫量は、同年度のC地域のそれを上回っている。

5. 2021年度のB地域におけるくりの収穫量は、同年度のC、D、E地域におけるくりの収穫量の合計よりも多い。

【No. 20】　表は、我が国の輸送機関（船舶、自動車、鉄道、航空）別国内貨物輸送量と平均輸送距離について、1965年度、1980年度、2000年度、2020年度の調査結果を示したものである。これから確実にいえることとして最も妥当なのはどれか。

なお、輸送活動量とは、輸送量（万トン）と平均輸送距離（km）を乗じたものである。

年度	輸送量（万トン）					平均輸送距離（km）			
	船舶	自動車	鉄道	航空	合計	船舶	自動車	鉄道	航空
1965	17,965	219,320	24,352	3	261,640	449	22	233	700
1980	50,026	531,795	16,283	33	598,136	444	34	230	879
2000	53,702	564,609	5,927	110	624,348	450	55	373	977
2020	30,608	378,700	3,912	49	413,269	503	56	469	1,078

(注) 四捨五入の関係で、輸送量の合計が一致しない場合がある。

1. 自動車について、1965年度に対する2020年度の増加率をみると、輸送量の方が平均輸送距離よりも大きい。

2. 輸送量の合計についてみると、1965～1980年度までの増加量の年平均（絶対値）は、2000～2020年度までの減少量の年平均（絶対値）よりも小さい。

3. 表のいずれの年度においても、輸送量の合計に占める自動車による輸送量の割合は9割を超えている。

4. 輸送活動量を船舶と自動車で比較すると、1965年度は船舶の方が多いが、2000年度は自動車の方が多い。

5. 表の各年度における四つの輸送機関の輸送活動量の合計をみると、2020年度は1965年度の10倍以上である。

【No. 21】　2次方程式 $3x^2 - 12x - k = 0$ が実数解を持たないような定数 k の値の範囲として正しいのはどれか。

1. $k \leqq -12$

2. $k < -12$

3. $k \leqq -6$

4. $k < -6$

5. $k \leqq 0$

【No. 22】　電気に関する記述として最も妥当なのはどれか。

1. 直流では電圧や電流の向きが一定であるのに対し、交流ではそれらが周期的に変化している。ダイオードなどで構成されたACアダプターと呼ばれる整流器により、交流を直流に変換することができる。

2. 電流の向きは、電子が流れる向きである。また、電流の大きさは、導線の単位体積中に含まれる電子の数及び導線中を移動する電子の速さが分かれば求めることができる。

3. 電気の通しやすさを示す抵抗率によって、物質を、導体、半導体、不導体（絶縁体）に分類することができる。抵抗率の大きい銅は導体、抵抗率の小さい天然ゴムは不導体、その中間の抵抗率を持つソーダガラスは半導体である。

4. 発電所で発電された電気は、送電線の抵抗による損失を小さくするため、発電所から変電所までは低電圧で送電される。その後、変電所で電圧を上げ、最終的には100Vに上げて各家庭に供給される。

5. 物体が電気を帯びることを帯電という。電気には正と負の2種類があり、同種の電気に帯電

した物体どうしを近づけると、引力を及ぼし合い、放電する。

【No. **23**】 図は、元素の周期表の一部である。㋐～㋖が表す元素に関する記述として最も妥当なのはどれか。

族

周期	1	2	12	13	14	15	16	17	18
1	H								㋖
2	㋐	㋑		㋓	C	N	O	F	Ne
3	Na	Mg		Al	Si	㋔	S	㋕	Ar
4	K	㋒	Zn	Ga	Ge	As	Se	Br	Kr

1. ㋐の元素はリチウムである。1 族の元素をハロゲンといい、2 価の陰イオンになりやすい。
2. ㋑の元素はホウ素であり、㋒の元素はカルシウムである。イオン半径を比べると、ホウ素イオンの方がカルシウムイオンよりも大きい。
3. ㋓の元素はベリリウムであり、㋔の元素はリンである。ベリリウムとリンは価電子の数が等しく、性質が似ている。
4. ㋕の元素は鉛である。17 族の元素を遷移元素といい、全て金属元素である。
5. ㋖の元素はヘリウムである。18 族の元素を貴ガス(希ガス)といい、イオンになりにくい。

【No. **24**】 植生と遷移に関する記述として最も妥当なのはどれか。

1. 森林では、林冠から林床の間に階層構造がみられる。寒帯の森林では、アオキなどから成る高木層、ガジュマルなどから成る亜高木層、スギなどから成る低木層が形成される。
2. 森林は、アカマツなどの弱い光でも成長できる陰樹から、シラカンバ(シラカバ)などの強い光の下で早く成長できる陽樹へと遷移し、陽樹は安定した極相林を構成する。
3. 極相林では、台風などで樹木が倒れて林床に光が届くギャップが大規模に形成されても、極相樹種の種子だけが発芽するため、樹種が入れ替わることなく極相林が維持される。
4. 山火事などによって森林が破壊された後の遷移を一次遷移という。一方、溶岩流の跡地などの裸地からの遷移は、草地形成、森林形成の二段階の遷移となるため二次遷移という。
5. 湖沼から始まる遷移である湿性遷移では、気温が低く栄養塩類が少ない環境においては、湖沼は、水分を多く含むミズゴケなどのコケ植物や草本植物から成る湿原になる。

【No. 25】　太陽系の惑星に関する記述として最も妥当なのはどれか。

1. 太陽系の惑星は、地球型惑星、木星型惑星、彗星の三つに分類され、木星型惑星は主に岩石から成り地球型惑星より密度が大きい。

2. 金星は、太陽系の惑星の中で太陽に最も近く、大気の主成分は窒素であり、その温室効果により表面温度はおよそ 100 ℃ に保たれている。

3. 火星は、地球と比べて大気が希薄であり表面温度は低いが、砂嵐や雲の発生などの気象現象がある。

4. 木星は、大気を持たないため、昼間の表面温度は最高 400 ℃ にもなる一方、夜間の表面温度は最低 0 ℃ になる。

5. 土星は、太陽系の惑星の中で太陽から最も遠いが、大気中のメタンの燃焼により青く輝いているため、肉眼で観測することが可能である。

【No. 26】　ローマ帝国に関する記述として最も妥当なのはどれか。

1. アレクサンドロス大王は、地中海世界を統一し、元老院からツァーリ（皇帝）の称号を授けられた。以後、約 200 年にわたる「ローマの平和」と呼ばれる繁栄の時代が続いた。

2. コンスタンティヌス帝は、イェルサレム（エルサレム）への遷都や職業・身分の固定化などの改革を行ったが、イスラーム勢力の侵攻により、ローマ帝国は東西に分裂した。

3. 西ローマ帝国の滅亡後、ギリシア正教会は、フランク王国の国王オクタウィアヌスにローマ皇帝の帝冠を授け、西ローマ帝国を復活させた。

4. 神聖ローマ帝国のカール大帝は、教会の規律改革を進めた教皇インノケンティウス 3 世と聖職叙任（任命）権をめぐって衝突し、破門された。

5. ビザンツ（東ローマ）帝国は、ユスティニアヌス帝の時代に最盛期を迎え、旧ローマ帝国領の多くを回復したが、次第に衰え、オスマン帝国の攻撃で滅亡した。

【No. 27】　第二次世界大戦後のアジアに関する記述として最も妥当なのはどれか。

1. 1940 年代後半、インドでは、ムスリム（イスラーム教徒）の多いインド連邦とヒンドゥー教徒の多いパキスタンが分離独立した。また、1970 年代に、西パキスタンがバングラデシュとして分離独立した。

2. 1940 年代後半、朝鮮半島では、李承晩を大統領とする韓国と、金日成を首相とする北朝鮮が成立した。その後、北朝鮮軍が韓国に侵攻したことから朝鮮戦争が始まった。

3. 1950 年代、インドネシアでは、ホー=チ=ミンらを中心に独立が宣言され、ドイツとの戦争を経て独立を達成した。また、フィリピンは、イタリアからの独立を達成した。

4. 1960 年代、ソ連は北ベトナム爆撃（北爆）を開始し、ベトナム戦争が始まった。中国と米国の

支援を受けた北ベトナムは、ソ連軍を撤退させ、ベトナム和平協定が結ばれた。

5. 1970 年代、インドネシアやアフガニスタンなどが東南アジア諸国連合（ASEAN）を結成したが、アジア通貨危機の影響で東南アジア地域の経済が悪化し、1980 年代にタイは脱退した。

【No.　28】　昭和初期の日本と中国に関する記述として最も妥当なのはどれか。

1. 満州に駐屯していた関東軍は、国共合作を進めて満州を直接支配するため、それまで協力関係にあった蒋介石を列車ごと爆破した。

2. 上海を中国の主権から切り離して日本の勢力下に置こうと計画した関東軍は、盧溝橋で南満州鉄道の線路を爆破し、これを中国軍の仕業として軍事行動を開始した。

3. 国際連盟は、リットン調査団の報告により、「満州国」の不承認と日本軍の撤退を求める対日勧告を可決した。日本はこれを不服として国際連盟を脱退した。

4. 日本政府の日独伊三国防共協定締結に対して、中国国内では抗日救国運動が高まり、二・二六事件をきっかけに、日本への本格的な抗戦姿勢が強まった。

5. 犬養毅内閣が成立した直後、北京郊外の旅順で日中両軍の衝突事件が発生した。犬養内閣は華北に大規模な兵力を派遣し、日中の全面戦争に発展していった。

【No.　29】　我が国の自然環境と防災に関する記述Ａ～Ｄのうち、妥当なもののみを挙げているのはどれか。

Ａ：近年、狭い地域で短時間に集中した大雨が降る局地的大雨（ゲリラ豪雨）が発生することがあり、河川の氾濫や地下街への浸水を防ぐため、調節池が設置されている。

Ｂ：台風や発達した低気圧が接近・通過すると、強風による家屋等の損壊ばかりでなく、沿岸部では海水面が平常より高くなる高潮が生じ、浸水被害が発生することがある。

Ｃ：国内には 300 を超える活火山があり、近くに火山のある自治体には、噴火の際に発生する火災に備え、遊水地や水屋の整備が義務付けられている。

Ｄ：活断層付近は、地中の水分が集まりやすく、地震によって地盤が液状化する危険性が高いため、地盤沈下や崖崩れを防ぐための砂防堰堤（砂防ダム）が設置されている。

1. Ａ、Ｂ
2. Ａ、Ｃ
3. Ｂ、Ｃ
4. Ｂ、Ｄ
5. Ｃ、Ｄ

２０２３年度

（多肢選択式）
海・気象大
海上保安大

基礎能力試験

【No. 30】　ラテンアメリカの地理に関する記述として最も妥当なのはどれか。

1. メキシコの人種・民族構成は、アフリカ系が約6割、アジア系が約2割、ヨーロッパ系が約2割であり、互いに自己の文化を強く主張して生活している様子は、「サラダボウル」と呼ばれる。

2. カリブ海地域は、英国とフランスが植民地獲得を争った後、英国系とフランス系の住民が共存した歴史を持ち、現在は、キューバなど英語とフランス語の両方を公用語としている国が多い。

3. キリスト教のプロテスタントを信仰している人が多いが、アジア系の民族を起源に持つインディヘナ（インディオ）は、仏教を信仰している人が多い。

4. 焼畑などの伝統的な農業が行われており、アマゾン盆地の熱帯地域では南米原産のイネのインディカ種が、アンデス山脈周辺の乾燥地域ではバナナが、主に栽培されている。

5. 人種・民族の融合で独特の文化が生まれており、その例として、ブラジルのリオデジャネイロ（リオ）のカーニバルや、アルゼンチンの舞踏音楽として知られるタンゴが挙げられる。

【No. 31】　次の熟語において、下線部の漢字の読み方が全て同じものはどれか。

1. 成果　　　成就　　　成熟
2. 悪業　　　悪寒　　　悪名
3. 会計　　　会釈　　　会得
4. 尊重　　　慎重　　　偏重
5. 外科　　　外貨　　　外交

【No. 32】　次のA～Dの四字熟語のうち、その意味が妥当なもののみを全て挙げているのはどれか。

　　A：一刻千金　………　わずかなひとときだが、大変貴重でかけがえのない時間のこと。

　　B：面目躍如　………　世間の評価にたがわぬ活躍をし、生き生きとしていること。

　　C：曲学阿世　………　苦労して学問を修め、世の中の役に立つこと。

　　D：玉石混交　………　ぜいたくに飾り付けられ、きらびやかで美しい様子のこと。

1. A、B
2. A、D
3. B、C
4. C
5. D

【No. 33】　次の各組の英文と和文がほぼ同じ意味になるとき、ア、イ、ウに当てはまるものの組合せとして最も妥当なのはどれか。

The man 　ア　 lives next door is a mathematics teacher.
隣に住んでいる男性は、数学の教師である。

I went to the restaurant 　イ　 roof is painted red.
私は、屋根が赤く塗られたレストランに行った。

She used to live in New York, 　ウ　 her grandchild lives now.
彼女は、彼女の孫が現在住んでいるニューヨークに、かつて住んでいた。

	ア	イ	ウ
1.	who	whose	where
2.	who	what	when
3.	who	what	where
4.	which	whose	where
5.	which	what	when

【No. 34】　英文に対する和訳が最も妥当なのはどれか。

1. Expensive food is not always delicious at this restaurant.
このレストランでは高い料理が必ずしもおいしいとは限らない。

2. None of the movies were boring.
全ての映画が退屈だった。

3. I can't play the violin nor the piano.
私はバイオリンを弾けないが、ピアノを弾くことはできる。

4. He gave flowers not only to my daughter but also to me.
彼は私ではなく、私の娘だけに花をくれた。

5. Neither choice was correct.
どちらの選択も正しかった。

【No. 35】　我が国の国会に関する記述として最も妥当なのはどれか。

1. 国会は、国権の最高機関で、唯一の立法機関であることが憲法で定められており、憲法改正の発議、条約の締結、内閣総理大臣及び最高裁判所長官の任命などを行う。

2. 国会は、常会（通常国会）、臨時会（臨時国会）、特別会（特別国会）に分けられる。このうち臨時会は、衆議院が解散中に、参議院のみで常時開かれるものである。

3. 衆議院と参議院の議決が異なる場合、法律案の議決については必ず両院協議会が開かれるが、それでも合意に至らない場合は、参議院にて再度審議を行う。

4. 国会議員には自由な政治活動が保障されており、国会の会期中は逮捕されないが、会期前に逮捕された場合は、会期中であっても釈放されることはない。

5. 衆議院議員の任期は4年で、衆議院が解散した場合は、その時点で任期終了となる。一方、参議院議員の任期は6年で、3年ごとに半数が改選される。

【No. 36】 基本的人権に関する記述として最も妥当なのはどれか。

1. 社会権は、フランス人権宣言において世界で初めて保障され、我が国では、大日本帝国憲法の制定時から、基本的人権の一つとして規定されている。

2. 日本国憲法は、普通教育を受けることは国民の義務であること、保護者には子どもに適切な教育を受けさせる権利があることを明記している。

3. 日本国憲法は、勤労は義務であると同時に、権利であることを明記している。その趣旨を踏まえて、職業安定法、雇用保険法等の法律が制定されている。

4. 日本国憲法は、労働者の権利である労働三権として、団結権、団体行動権、争議権を明記している。しかし、我が国では、全体の奉仕者である公務員には労働三権のいずれも認められていない。

5. 経済活動の自由は、資本主義社会において不可欠なものであるため、日本国憲法では、経済活動の自由に対して、公共の福祉による制限を認めていない。

【No. 37】 市場経済に関する記述として最も妥当なのはどれか。

1. 完全競争市場では、ある財の需要が供給を上回れば、価格は需要と供給が一致するまで低下する。逆に、ある財の供給が需要を上回れば、価格は需要と供給が一致するまで上昇する。

2. 少数の企業が市場を支配する寡占市場では、企業は価格競争によって市場占有率を拡大しようとするため、価格が上がりにくくなる価格の下方硬直性がみられる。

3. 我が国では、経済産業省が独占禁止法によって、企業どうしが市場を独占的に支配しようとして価格や生産量について協定を結ぶダンピングを規制している。

4. 公共財の例として、道路や公園のような社会資本があり、これらは、多くの人々が同時に利用でき、費用を負担しない人を排除できないため、市場に任せると供給が過少になる。

5. 電気やガスのように設備投資の費用が小さい産業では、財・サービスの価格が高く設定され消費者の利益が損なわれる外部不経済が起きやすくなる。

【No. 38】　労働事情に関する記述Ａ～Ｄのうち、妥当なもののみを挙げているのはどれか。

Ａ：1980 年代後半、長時間労働を改善するために労働基準法が改正されたことで、1 週 48 時間労働制に改められ、完全週休 2 日制の導入が事業主に義務付けられた。

Ｂ：1990 年代後半、労働者派遣法が制定され、バブル経済崩壊後に急増した派遣労働者やパートタイマー等の非正規労働者の数は大幅に減少した。

Ｃ：1990 年代後半、男女雇用機会均等法及び労働基準法の改正により、雇用分野における募集・配置・昇進等の男女差別が禁止され、深夜労働の制限といった女性の保護規定が撤廃された。

Ｄ：2010 年代前半、高年齢者雇用安定法が改正され、定年の引上げや継続雇用制度の導入等により、希望者には 65 歳までの雇用を確保することが事業主に義務付けられた。

1. Ａ、Ｂ
2. Ａ、Ｃ
3. Ｂ、Ｃ
4. Ｂ、Ｄ
5. Ｃ、Ｄ

【No. 39】　環境問題に関する記述として最も妥当なのはどれか。

1. ワシントン条約は、国際的に重要な湿地を登録・保護する条約である。これに連動する形でNPO（非営利組織）が、野生生物の国際取引を規制するナショナル・トラスト運動を進めている。

2. 我が国では、高度経済成長期に発生した足尾銅山の鉱毒問題を受けて環境基本法が成立し、公害を発生させた者に故意や過失がない場合は国が損害賠償の責任を負う過失責任制度が確立した。

3. 酸性雨は、化石燃料を燃焼することによって生じるフロンガスと大気中の水蒸気が化学反応することによって発生する。この現象は、上空にオゾンホールが発生すると加速される。

4. 我が国では、空港建設や発電所建設などの大規模事業において、環境に及ぼす影響を事前に調査し評価する「環境アセスメント」が制度化されている。

5. 京都で開催された国連環境開発会議において、人口増加に対応するため、限りある資源を無駄なく利用する取組の検討が宣言され、我が国では閉山した炭鉱の復活などが検討されている。

【No. 40】　中国の思想家に関する記述Ａ～Ｄのうち、妥当なもののみを挙げているのはどれか。

Ａ：孫子は、人間はもともと欲望に従って、利己的に振る舞う傾向があるとする性悪説を唱え、人間は信賞必罰によって、仁・義・礼・智の四徳を実現できるようになると考えた。

Ｂ：朱子は、ありのままの世界は、身分や差別が無く、全てが平等であるとし、何ものにもとら

　　　われない絶対的自由の境地に達した理想の人間を、仙人と呼んだ。

　Ｃ：王陽明は、実行できない知は真の知ではないとして、真に知ることと実行することは同一で
　　　あるとする知行合一を主張した。

　Ｄ：墨子は、他者を区別なく愛する兼愛のもとに、人々が互いに利益をもたらし合う博愛平等の
　　　社会を目指し、非攻論を唱えた。

1.　A、B
2.　A、C
3.　A、D
4.　B、C
5.　C、D

解 答 編

学科試験

◀海上保安大学校▶

問題	正答	問題	正答	問題	正答
No. 1	5	No. 10	3	No. 19	4
No. 2	2	No. 11	4	No. 20	5
No. 3	3	No. 12	4	No. 21	2
No. 4	5	No. 13	1	No. 22	4
No. 5	2	No. 14	1	No. 23	2
No. 6	2	No. 15	3	No. 24	5
No. 7	3	No. 16	1	No. 25	2
No. 8	1	No. 17	4	No. 26	5
No. 9	4	No. 18	5		

◀気象大学校▶

問題	正答	問題	正答	問題	正答
No. 1	5	No. 19	4	No. 37	5
No. 2	2	No. 20	5	No. 38	1
No. 3	3	No. 21	2	No. 39	2
No. 4	5	No. 22	4		
No. 5	2	No. 23	2		
No. 6	2	No. 24	5		
No. 7	3	No. 25	2		
No. 8	1	No. 26	5		
No. 9	4	No. 27	5		
No. 10	3	No. 28	4		
No. 11	4	No. 29	1		
No. 12	4	No. 30	3		
No. 13	1	No. 31	3		
No. 14	1	No. 32	5		
No. 15	3	No. 33	4		
No. 16	1	No. 34	2		
No. 17	4	No. 35	1		
No. 18	5	No. 36	4		

基礎能力試験

◀海上保安大学校・気象大学校共通▶

問題	正答	問題	正答	問題	正答
No. 1	3	No. 15	2	No. 29	1
No. 2	3	No. 16	3	No. 30	5
No. 3	2	No. 17	1	No. 31	4
No. 4	5	No. 18	2	No. 32	1
No. 5	4	No. 19	2	No. 33	1
No. 6	3	No. 20	4	No. 34	1
No. 7	4	No. 21	2	No. 35	5
No. 8	5	No. 22	1	No. 36	3
No. 9	3	No. 23	5	No. 37	4
No. 10	2	No. 24	5	No. 38	5
No. 11	1	No. 25	3	No. 39	4
No. 12	1	No. 26	5	No. 40	5
No. 13	3	No. 27	2		
No. 14	4	No. 28	3		

海上保安大学校：学科試験（記述式），作文試験

問 題 編

区　分		内　　容	配点比率
第1次試験	学科試験（記述式）　英語	コミュニケーション英語Ⅰ・Ⅱ	$\frac{1}{7}$
	数学	数学Ⅰ・Ⅱ・A・B	$\frac{1}{7}$
	作文試験	文章による表現力，課題に対する理解力など	＊
第2次試験	人物試験（個別面接）		$\frac{1}{7}$
	身体検査		＊
	身体測定		＊
	体力検査		＊

▶出題範囲

「数学B」は数列，ベクトルの分野に限る。

▶備　考

- 配点比率欄に＊が表示されている試験種目は，合否の判定のみを行う。
- 第1次試験合格者は，「学科試験（多肢選択式）」，「基礎能力試験（多肢選択式）」および「学科試験（記述式）」の成績を総合して決定する。
- 「作文試験」は，第1次試験合格者を対象に評定した上で，最終合格者決定に反映する。
- 第2次試験の際，人物試験の参考とするため，性格検査を行う。
- 基準点（個別に定める）に達しない試験種目が一つでもある受験生は，他の試験種目の成績にかかわらず不合格となる。

英　語

(80 分)

【No.　1】　次の文章を読み、問い(1)〜(4)に答えよ。

　　　An elderly couple has died after eating poisonous pufferfish in Malaysia, prompting an appeal from their daughter for stronger laws to prevent others from suffering the same fate.　Ng Chuan Sing and his wife Lim Siew Guan, both in their early 80s, unknowingly purchased at least two pufferfish from an online vendor on March 25, said authorities in the southern state of Johor.　The same day Lim fried the fish for lunch and began to experience "breathing difficulties and shivers," authorities said.　An hour after eating the meal, her husband Ng also started showing similar symptoms, they added.　The couple was rushed to hospital and admitted to the intensive care unit, and Lim was pronounced dead at 7 p.m. local time.　Ng fell into a coma[*1] for eight days but his condition worsened and he died, said the couple's daughter, Ng Ai Lee, who gave a press conference at the couple's home on April 2 before their funeral.

　　　Ng demanded accountability[*2] for her parents' death and for stronger laws in Malaysia, where at least 30 species of pufferfish are commonly found in surrounding waters.　"Those responsible for their deaths should be held accountable under the law and I hope the authorities will speed up investigations," Ng said.　"I also hope the Malaysian government will beef up enforcement[*3] and help to raise public awareness on pufferfish poisoning to prevent such incidents from happening again."　Malaysian law prohibits the sale of poisonous and harmful food like pufferfish meat and the offense carries a fine of RM10,000 ($2,300) or a prison term of up to two years.　Despite the dangers, poisonous pufferfish are sold at many Malaysian wet markets, experts said.　"It's considered exotic and tends to attract consumers," said Aileen Tan, a marine biologist and director at the Universiti Sains Malaysia Centre for Marine and Coastal Studies.　"Once pufferfish have been cleaned and sold as slices, it is nearly impossible for the public to know the type of fish that they purchased," Tan warned.　"As for sellers, it is debatable on their (part) if they are aware (of the risks)."　"There needs to be more awareness about the risks of consuming pufferfish — maybe authorities need to look at special certifications for vendors and suppliers," she said.

Commonly referred to as 'fugu' — the Japanese term for pufferfish — pufferfish meat is enjoyed as a highly-priced delicacy despite containing deadly poison. The fish's organs, as well as skin, blood and bones, contain high concentrations of a deadly poison known as tetrodotoxin. Ingestion[*4] can rapidly cause tingling[*5] around the mouth and dizziness[*6], which may be followed by convulsions[*7], respiratory paralysis[*8] and death, medical experts say. It is most commonly served in high-end Tokyo restaurants as sashimi and hot pot ingredients but has also caught on in popularity in countries like South Korea and Singapore, where dedicated fugu restaurants operate. Under Japanese law, fugu chefs must undergo extensive apprenticeships[*9] of up to three years before they are licensed and allowed to handle and prepare the fish for food. Incorrectly prepared fugu has been found to be one of the most frequent causes of food poisoning in Japan, according to its health ministry. There is no known antidote to the poison. Despite the danger and risks, fugu has grown in popularity especially among gourmets and thrill seekers and is now also eaten in countries outside Japan — at times, unregulated. In 2020, food poisoning killed three people in the Philippines after they ate pufferfish from a local barbecue stand.

The Malaysian health ministry said 58 poisoning incidents involving pufferfish consumption, including 18 deaths, were reported in the country between 1985 and 2023. Photos shared by Ng on social media showed two pufferfish cooked by the couple — fried, headless and served on plates. Their deaths sparked a public outcry[*10] and outpouring of sympathy, authorities are investigating who sold them the fish. "The state district health office has opened investigations under the Food Act 1983… and carried out an investigation on the ground to identify the supplier, wholesaler and seller of the pufferfish," Ling Tian Soon, chief of the Johor Health and Unity Committee, said in a statement. He added that his health department would be holding discussions with the Fisheries Development Authority of Malaysia, a government agency overseeing seafood supplies in the country as well as local universities with fishery expertise. "Information on pufferfish has also been posted on the Health Ministry's Food Safety and Quality social media page," Ling said. "We urge the public to be careful when choosing their food, especially if it has known risks."

[*1] coma: 昏睡状態

[*2] accountability: 説明責任

[*3] beef up enforcement: 強化する

[*4] ingestion: 摂取

[*5] tingling: うずき、ヒリヒリ

[*6] dizziness: めまい

出典追記 : Elderly couple dies after eating poisonous pufferfish in Malaysia, CNN on April 10, 2023 by Heather Chen

　*[7] convulsion: 痙攣

　*[8] respiratory paralysis: 呼吸麻痺

　*[9] apprenticeship: 見習い実習

　*[10] outcry: 抗議

(1)　犠牲者の家族がマレーシア当局に求めた内容のうち、フグの毒性に関する周知の徹底以外を二つ挙げ、それぞれ 20 文字以内の日本語で説明せよ。

(2)　日本では、フグの調理を行う者に対して、免許が交付される前に何を求めているか。30 文字以内の日本語で説明せよ。

(3)　下線部の語句と同じ意味の 1 語を、本文中から抜き出せ。

(4)　本文中の事故に関連して、マレーシア当局は国民に対しては具体的にどのような注意喚起を行っているか。本文中から 1 文で抜き出せ。

【No.　2】　次の文章を読み、問い(1)、(2)、(3)に答えよ。

　　The world's nights are getting alarmingly brighter — bad news for all sorts of creatures, humans included.

　　A German-led team reported that light pollution is threatening darkness almost everywhere.　Satellite observations during five Octobers show Earth's artificially lit outdoor area grew by 2 percent a year from 2012 to 2016.　So did nighttime brightness.

　　Light pollution is actually worse than that, according to the researchers.　Their measurements coincide with[*1] the outdoor switch to energy-efficient and cost-saving light-emitting diodes, or LEDs.　Because the imaging sensor on the polar-orbiting[*2] weather satellite can't detect the LED-generated color blue, some light is missed.

　　The observations indicate stable levels of night light in the United States, Netherlands, Spain and Italy.　But light pollution is almost certainly on the rise in those countries given this elusive blue light, said Christopher Kyba of the GFZ German Research Center for Geosciences and lead author of the study.

　　Also on the rise is the spread of light into the hinterlands[*3] and overall increased use.　(A)The findings shatter the long-held notion that more energy-efficient lighting would decrease usage on the global scale.

　　"Honestly, I had thought and assumed and hoped that with LEDs we were turning the corner.　There's also a lot more awareness of light pollution," he told reporters by phone from Potsdam.　"It is quite disappointing."

　　The biological impact from surging artificial light is also significant.

People's sleep can be marred*[4], which in turn can affect their health. The migration and reproduction of birds, fish, amphibians*[5], insects and bats can be disrupted. Plants can have abnormally extended growing periods. And forget about seeing stars or the Milky Way, if the trend continues.

The only places with dramatic declines in night light were in areas of conflict like Syria and Yemen, the researchers found. Australia also reported a noticeable drop, but that's because wildfires were raging early in the study. Researchers were unable to filter out the bright burning light.

Asia, Africa and South America, for the most part, saw a surge in artificial night lighting. More and more places are installing outdoor lighting given its low cost and the overall growth in communities' wealth, the scientists noted.

Urban sprawl*[6] is also moving towns farther out. The outskirts of major cities in developing nations are brightening quite rapidly, Kyba said. Other especially bright hot spots: sprawling greenhouses in the Netherlands and elsewhere. Franz Holker of the Leibniz Institute of Freshwater Ecology and Inland Fisheries in Berlin, a co-author, said things are at the critical point.

"Many people are using light at night without really thinking about the cost," Holker said. (B)Not just the economic cost, "but also the cost that you have to pay from an ecological, environmental perspective."

*[1] coincide with: to happen at the same time as something else

*[2] polar-orbiting:

    polar: relating to the North or South Pole or the areas

    orbit: to move in a curved path around a much larger object, especially a planet, star, etc.

*[3] hinterland: an area of land far away from a city

*[4] mar: to spoil something, making it less good or less enjoyable

*[5] amphibian: an animal, such as a frog, that lives in water for the first part of its life and on land when it is an adult

*[6] urban sprawl: the spread of city buildings and house into an area that was countryside

(1) 下線部(A)を和訳せよ。

(2) 下線部(B)を和訳せよ。

(3) 本文で述べられている人工照明の急増が生き物に及ぼす影響を二つ挙げ、合わせて<u>50文字以内の日本語</u>で説明せよ。

出典追記：Associated Press

【No. 3】 次の問い(1)、(2)に答えよ。

(1) 次のA～Eの文章をそれぞれ英訳せよ。

A．どうされたのですか。

B．あなたは今朝からずっとここにいるのですか。

C．ほとんどの人々はたいてい夜に就寝する。

D．彼らは救助を求めているように見える。

E．今週末、地球温暖化についての会議が開かれる。

(2) 次のA～Eの文章を英訳したとき、( )内に入る1語をそれぞれ記せ。

A．「私は新しい電子機器には全く興味がありません。」「そうなんですね。」

"I am not interested in new electronic devices at all." "( ) you?"

B．その出来事をどう説明すればよいか分からなかったので、私はうつむいていた。

Not ( ) how to describe the accident, I looked down.

C．問題を解くにはほとんど時間が残されていない。

I have ( ) time to answer the question.

D．汚さない限り、この机を使用してもよい。

You can use this desk, as ( ) as you keep it clean.

E．明らかに、彼女はその意見には反対だった。

To be ( ), she was against that opinion.

数　学

（80分）

【No. 1】 以下の設問に答えよ。

(1) $\tan\alpha = \sqrt{2}$, $\tan\beta = -1$ のとき、$\tan(\alpha + \beta)$ の値を求めよ。ただし、答えの分母を有理化すること。

(2) 赤玉 4 個、青玉 2 個、白玉 1 個を 1 列に並べるとき、その並べ方は全部で何通りあるか。

(3) 全体集合を $U = \left\{ x \mid x \text{は} 12 \text{の約数} \right\}$ とする。$A = \left\{ x \mid x \in U, \ x \text{は} 2 \text{の倍数} \right\}$、
$B = \left\{ x \mid x \in U, \ x \text{は} 3 \text{の倍数} \right\}$ とするとき、集合 $A \cap \overline{B}$ の要素を書き並べて表せ。ただし、$\overline{B}$ は集合 B の補集合である。

(4) 関数 $y = 2\sqrt{2}\sin x + \cos 2x \ (0 \leqq x \leqq \pi)$ の最大値及び最小値を求めよ。また、そのときの x の値を求めよ。

【No. 2】 三角形 OAB において OA = 4, OB = 3, AB = $\sqrt{13}$ とし、$\overrightarrow{OA} = \vec{a}$, $\overrightarrow{OB} = \vec{b}$ とする。以下の設問に答えよ。

(1) 内積 $\vec{a} \cdot \vec{b}$ の値を求めよ。

(2) 三角形 OAB の垂心を H とするとき、$\overrightarrow{OH}$ を $\vec{a}$, $\vec{b}$ を用いて表せ。

(3) 三角形 OAB の重心を G とする。点 P を $\overrightarrow{HP} = \dfrac{3}{2}\overrightarrow{HG}$ により定めると、点 P は三角形 OAB の外心となることを示せ。

【No. 3】 以下の設問に答えよ。

(1) 2 次方程式 $ax^2 + bx + c = 0$ が異なる実数解 α, β をもつとき、等式
$ax^2 + bx + c = a(x - \alpha)(x - \beta)$ が成り立つ。このとき、以下の等式を証明せよ。
$$\int_{\alpha}^{\beta} (ax^2 + bx + c)\,dx = -\frac{a}{6}(\beta - \alpha)^3$$

(2) a 及び k を定数とし、$k > 0$ とする。二つの関数 $y = f(x) = x^2$ と
$y = g(x) = -(x - a)^2 + k(a^2 + 1)$ を考える。

(i) $y = f(x)$ と $y = g(x)$ が異なる二つの共有点をもつような a の値の範囲を、k を用いて表せ。

(ii) $y = f(x)$ と $y = g(x)$ が異なる二つの共有点をもつとき、$y = f(x)$ と $y = g(x)$ で囲まれた部分の面積 S が a の値に関係なく一定となるような k の値を求めよ。また、そのときの S の値を求めよ。

作　文

$$\left(\begin{array}{c}\text{50分}\\\text{解答例省略}\end{array}\right)$$

（課　題）　他者に敬意を持って接することの大切さについて

解 答 編

英 語

(1)・両親の死に対する説明責任のための捜査
　　・フグの販売を規制するより強力な法制度

（順不同：各20字以内）

(2)最大3年間にわたり，フグ調理の幅広い見習い実習が求められる（30字以内）

(3) seller

(4) We urge the public to be careful when choosing their food, especially if it has known risks.

=== 解説 ===

《マレーシアにおけるフグ毒事故》

(1)　第2段第1文（Ng demanded accountability …）において親族の要求する事柄に「説明責任」と「より強力な法律」といった表現が見られ，第2文（"Those responsible for …）において前者が具体的に説明されている。また第4（Malaysian law prohibits …）〜5文にフグなど毒性のある食品の販売に関する現行の法律と，危険性があるにもかかわらずフグが多く販売されている実情が述べられている。これらの部分をまとめればよい。

(2)　第3段第5文（Under Japanese law, …）参照。「日本の法律では，フグ調理師は，免許を受け，フグを処理し，食用に調理することが許可される前に最大3年間，広範囲にわたって，調理の修業をしなければならない」とある。この部分をまとめればよい。

(3)　vendor は「供給業者，販売者」といった意味である。vendor は下線部以外にも第1段第2文（Ng Chuan Sing and his wife …）などに登場し，

「オンラインの vendor からフグを 2 匹購入した」とあることからおおよその意味を推測することができるだろう。seller は下線部のある文の前文（"As for sellers, …"）に出てくる。

(4)　最終段第 6 文（"Information on pufferfish has …"）にフグの毒についての情報が掲載されていることを示したうえで，続く最終文（"We urge …"）において「民衆に危険があることが知られている食品を選ぶときはとりわけ注意をするように促す」旨が述べられている。

(1)調査結果により，より多くのエネルギー効率の良い照明によって，地球規模での使用が減少するだろうという長年抱かれてきた概念が打ち砕かれた。

(2)経済的なコストのみならず，「生態学的，環境的な観点から支払うべき代償もである。」

(3)人間の睡眠が損なわれ，健康に影響を与える。また鳥類や魚類，昆虫などの移動，生殖活動を混乱させる。（50 字以内）

═══════════════ 解　説 ═══════════════

《明るい夜がもたらす弊害》

(1)　動詞の shatter は「粉々にする」，long-held は「長年抱かれてきた」といった意味である。「概念」という意味の名詞 notion に続く that は同格で，どのような概念かを説明している。直後の発言（"Honestly, I had thought …"）がこの下線部の言い換えになっているのでヒントにすればよいだろう。turn the corner は「危機を脱する」といった意味である。また，usage「使用」はエネルギーの使用量のことを指しているので，そのように補うのもよい。

(2)　下線部は直前の Holker 氏の発言「多くの人がコストのことを考えずに夜間に照明を使用している」という文章の続きであり，この発言の the cost の具体的な説明となっている。not just A but also B で「A だけでなく B も」，from a ～ perspective で「～という観点から」といった意味である。

(3)　人工照明の急増が及ぼす生き物に対する影響は第 8 段（People's sleep can be …）に述べられている。「人間の睡眠が失われることによる健康への影響」，「鳥類，魚類などの移動，生殖活動の混乱」，「植物の異常

な成育期間」などが挙げられているので，このうち2つを選べばよい。

③ 解答　(1)**A.** What's wrong?

B. Have you been here since this morning?

C. Most people usually go to bed at night.

D. It seems that they are asking for rescue.

E. The conference on global warming will be held this weekend.

(2)**A.** Aren't　**B.** knowing　**C.** little　**D.** long　**E.** sure

═══════ 解説 ═══════

(1)**A.**「体調が悪い」や「不都合なことが起こった」といった背景説明がないので，What happened? や What's the matter with you?，また How can I help you? といった表現でも解答することができる。

B.「ずっと」とあるので現在完了の継続を用いて表現すればよい。

C.「ほとんどの A」は most A，most of the A などで表すことができるが，almost は副詞なので almost A としないように注意する。almost を用いる場合は almost とともに all や every を用いて表現する必要がある。

D.「～のように見える」は It seems that SV の構文を用いて表すことができる。この表現は S seem to V と言い換えることができるので，They seem to be asking for rescue. としてもよいし，They appear to be seeking rescue. などでもよい。

E.「開かれる」という部分には，未来を表す助動詞 will を用いる。

(2)**A.** 英語の相槌の用法の1つ。相手の発言を受けて一般動詞の文であれば Do you?，be 動詞の文であれば Is it? などと返す。ここでは発言が否定文なので Aren't you? と否定形で返すことになる。

B. 2つの文を結ぶ接続詞がないことから分詞構文であるとわかる。分詞構文の否定形は not などの否定語を分詞の前に入れる形となる。

C. 名詞が「ほとんどない」という場合，可算名詞であれば few，不可算名詞であれば little を用いる。

D. as long as SV で「～するかぎり」と条件を表す。

E.「明らかに」の部分は「間違いなく，確かに」と考え，To be sure「①確かに，②本当に，全く」となるように sure を入れる。

$$\boxed{\text{数　　学}}$$

①　**解 答**　(1)　$\tan(\alpha+\beta)=\dfrac{\tan\alpha+\tan\beta}{1-\tan\alpha\tan\beta}$

$$=\dfrac{\sqrt{2}-1}{1+\sqrt{2}}$$

$$=3-2\sqrt{2}\quad\cdots\cdots(\text{答})$$

(2)　7個の玉のうち赤玉が4個，青玉が2個含まれているから，求める並べ方は

$$\dfrac{7!}{4!\cdot2!}=105\text{ 通り}\quad\cdots\cdots(\text{答})$$

(3)　$U=\{1,\ 2,\ 3,\ 4,\ 6,\ 12\}$，$A=\{2,\ 4,\ 6,\ 12\}$，$B=\{3,\ 6,\ 12\}$
であるので

$$\overline{B}=\{1,\ 2,\ 4\}$$

　よって

$$A\cap\overline{B}=\{2,\ 4\}\quad\cdots\cdots(\text{答})$$

(4)　$y=2\sqrt{2}\sin x+\cos 2x$

$$=2\sqrt{2}\sin x+1-2\sin^2 x$$

$\sin x=t$ とおくと，$0\leqq x\leqq\pi$ であるので

$$0\leqq t\leqq1\quad\cdots\cdots①$$

y を t で表すと

$$y=-2t^2+2\sqrt{2}\,t+1$$

$$=-2\left(t-\dfrac{\sqrt{2}}{2}\right)^2+2$$

①の範囲において，y は $t=\dfrac{\sqrt{2}}{2}$ で最大値 2，$t=0$ で最小値 1 をとる。

また，$0\leqq x\leqq\pi$ であるから

$t=\dfrac{\sqrt{2}}{2}$ のとき　　$x=\dfrac{\pi}{4},\ \dfrac{3}{4}\pi$

$t=0$ のとき　　$x=0,\ \pi$

よって，$x=\dfrac{\pi}{4}$，$\dfrac{3}{4}\pi$ で最大値 2，$x=0$，π で最小値 1 をとる。

………(答)

=== 解　説 ===

《小問 4 問》

(1)　加法定理にしたがって計算を行う。

(2)　同じものを含んでいることに注意する。

(3)　要素を 1 つずつ考えていくとよい。

(4)　2 倍角の公式を用いて式を変形すると，2 次関数の形となるので，平方完成を行い，最大値と最小値を求める。$\dfrac{\sqrt{2}}{2}≒0.7$ であることに注意すること。

2 解答　(1)　$|\overrightarrow{AB}|=\sqrt{13}$ であるので
$$|\vec{b}-\vec{a}|=\sqrt{13}$$

両辺を 2 乗して
$$|\vec{b}|^2-2\vec{a}\cdot\vec{b}+|\vec{a}|^2=13$$

$|\vec{a}|=4$，$|\vec{b}|=3$ であるので　$\vec{a}\cdot\vec{b}=6$　……(答)

(2)　$\overrightarrow{OH}=s\vec{a}+t\vec{b}$ とする。ただし，s，t は実数。

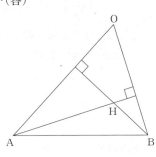

H は垂心であるので　$\overrightarrow{OA}\perp\overrightarrow{BH}$

したがって
$$\overrightarrow{OA}\cdot\overrightarrow{BH}=0$$
$$\overrightarrow{OA}\cdot(\overrightarrow{OH}-\overrightarrow{OB})=0$$
$$\vec{a}\cdot(s\vec{a}+t\vec{b}-\vec{b})=0$$
$$s|\vec{a}|^2+t\vec{a}\cdot\vec{b}-\vec{a}\cdot\vec{b}=0$$
$$8s+3t=3　……①$$

同様にして，H は垂心であるので　$\overrightarrow{OB}\perp\overrightarrow{AH}$

したがって
$$\overrightarrow{OB}\cdot\overrightarrow{AH}=0$$
$$\overrightarrow{OB}\cdot(\overrightarrow{OH}-\overrightarrow{OA})=0$$
$$\vec{b}\cdot(s\vec{a}+t\vec{b}-\vec{a})=0$$

$$s\vec{a}\cdot\vec{b}+t|\vec{b}|^2-\vec{a}\cdot\vec{b}=0$$

$$2s+3t=2 \quad \cdots\cdots②$$

①，②より

$$s=\frac{1}{6}, \quad t=\frac{5}{9}$$

したがって

$$\overrightarrow{\mathrm{OH}}=\frac{1}{6}\vec{a}+\frac{5}{9}\vec{b} \quad \cdots\cdots(答)$$

(3) 点 G は三角形 OAB の重心であるので

$$\overrightarrow{\mathrm{OG}}=\frac{\overrightarrow{\mathrm{OO}}+\overrightarrow{\mathrm{OA}}+\overrightarrow{\mathrm{OB}}}{3}=\frac{\vec{a}+\vec{b}}{3}$$

$\overrightarrow{\mathrm{HP}}=\dfrac{3}{2}\overrightarrow{\mathrm{HG}}$ より

$$\overrightarrow{\mathrm{OP}}-\overrightarrow{\mathrm{OH}}=\frac{3}{2}(\overrightarrow{\mathrm{OG}}-\overrightarrow{\mathrm{OH}})$$

であるので

$$\overrightarrow{\mathrm{OP}}=\frac{3}{2}\cdot\frac{\vec{a}+\vec{b}}{3}-\frac{1}{2}\left(\frac{1}{6}\vec{a}+\frac{5}{9}\vec{b}\right)$$

$$=\frac{5}{12}\vec{a}+\frac{2}{9}\vec{b}$$

ここで，OA と OB の中点をそれぞれ M，N とすると

$$\overrightarrow{\mathrm{MP}}=\overrightarrow{\mathrm{OP}}-\overrightarrow{\mathrm{OM}}$$

$$=\left(\frac{5}{12}\vec{a}+\frac{2}{9}\vec{b}\right)-\frac{1}{2}\vec{a}$$

$$=-\frac{1}{12}\vec{a}+\frac{2}{9}\vec{b}$$

であるので

$$\overrightarrow{\mathrm{OA}}\cdot\overrightarrow{\mathrm{MP}}=\vec{a}\cdot\left(-\frac{1}{12}\vec{a}+\frac{2}{9}\vec{b}\right)$$

$$=-\frac{1}{12}|\vec{a}|^2+\frac{2}{9}\vec{a}\cdot\vec{b}=0$$

$|\overrightarrow{\mathrm{OA}}|\neq0$, $|\overrightarrow{\mathrm{MP}}|\neq0$ であるので $\quad \overrightarrow{\mathrm{OA}}\perp\overrightarrow{\mathrm{MP}}$

したがって，MP は OA の垂直二等分線である。

また

$$\overrightarrow{NP}=\overrightarrow{OP}-\overrightarrow{ON}$$

$$=\left(\frac{5}{12}\vec{a}+\frac{2}{9}\vec{b}\right)-\frac{1}{2}\vec{b}$$

$$=\frac{5}{12}\vec{a}-\frac{5}{18}\vec{b}$$

であるので

$$\overrightarrow{OB}\cdot\overrightarrow{NP}=\vec{b}\cdot\left(\frac{5}{12}\vec{a}-\frac{5}{18}\vec{b}\right)$$

$$=\frac{5}{12}\vec{a}\cdot\vec{b}-\frac{5}{18}|\vec{b}|^2=0$$

$|\overrightarrow{OB}|\neq0,\ |\overrightarrow{NP}|\neq0$ であるので　　$\overrightarrow{OB}\perp\overrightarrow{NP}$

したがって，NP は OB の垂直二等分線である。

これより，点 P は OA の垂直二等分線と OB の垂直二等分線の交点であるから三角形 OAB の外心である。　　　　　　　　　　　（証明終）

=========================== 解説 ===========================

《三角形の垂心のベクトル，三角形の外心》

(1)　余弦定理で求めてもよい。

(2)　垂心は各頂点から対辺に下ろした垂線の交点であることを利用する。

(3)　外心は 3 つの頂点からの距離が等しい点であるので，各辺の垂直二等分線の交点である。

③ 解答

(1)　$\displaystyle\int_\alpha^\beta(ax^2+bx+c)dx=\int_\alpha^\beta a(x-\alpha)(x-\beta)dx$

$$=a\int_\alpha^\beta\{x^2-(\alpha+\beta)x+\alpha\beta\}dx$$

$$=a\left[\frac{1}{3}x^3-\frac{\alpha+\beta}{2}x^2+\alpha\beta x\right]_\alpha^\beta$$

$$=a\left\{\frac{1}{3}(\beta^3-\alpha^3)-\frac{\alpha+\beta}{2}(\beta^2-\alpha^2)+\alpha\beta(\beta-\alpha)\right\}$$

$$=\frac{a}{6}\{2(\beta-\alpha)(\beta^2+\alpha\beta+\alpha^2)$$

$$-3(\alpha+\beta)^2(\beta-\alpha)+6\alpha\beta(\beta-\alpha)\}$$

$$= \frac{a}{6}(\beta-\alpha)\{2(\beta^2+\alpha\beta+\alpha^2)-3(\alpha+\beta)^2+6\alpha\beta\}$$

$$= \frac{a}{6}(\beta-\alpha)(-\beta^2+2\alpha\beta-\alpha^2)$$

$$= -\frac{a}{6}(\beta-\alpha)^3 \qquad\qquad (証明終)$$

(2)(i) $y=f(x)$ と $y=g(x)$ の共有点の x 座標は，方程式 $f(x)=g(x)$ の解である。

$$f(x)=g(x)$$
$$x^2=-(x-a)^2+k(a^2+1)$$
$$2x^2-2ax+a^2-ka^2-k=0$$

この方程式の判別式を D とすると

$$\frac{D}{4}=(-a)^2-2(a^2-ka^2-k)=(2k-1)a^2+2k$$

方程式 $f(x)=g(x)$ が異なる 2 つの実数解をもつとき，$\dfrac{D}{4}>0$

$k>\dfrac{1}{2}$ のとき，$\dfrac{D}{4}>0$ となる a は，すべての実数。

$k=\dfrac{1}{2}$ のとき，$\dfrac{D}{4}=1$ であるので，$\dfrac{D}{4}>0$ となる a は，すべての実数。

$0<k<\dfrac{1}{2}$ のとき，$\dfrac{D}{4}>0$ より　　$(2k-1)a^2+2k>0$

ここで，$(2k-1)a^2+2k=0$ を解くと

$$a=\pm\sqrt{\frac{2k}{1-2k}}=\pm\frac{\sqrt{2k(1-2k)}}{1-2k}$$

よって，$2k-1<0$ であることに注意して

$$-\frac{\sqrt{2k(1-2k)}}{1-2k}<a<\frac{\sqrt{2k(1-2k)}}{1-2k}$$

したがって，$y=f(x)$ と $y=g(x)$ が異なる 2 つの共有点を持つような a の値の範囲は

$$\begin{cases} k\geqq\dfrac{1}{2} \text{ のとき，すべての実数} \\[2mm] 0<k<\dfrac{1}{2} \text{ のとき }\quad -\dfrac{\sqrt{2k(1-2k)}}{1-2k}<a<\dfrac{\sqrt{2k(1-2k)}}{1-2k} \end{cases}$$　　……(答)

(ii) $y=f(x)$ と $y=g(x)$ が異なる 2 つの共有点をもつとき，この共有点

の x 座標をそれぞれ x_1, x_2 $(x_1 < x_2)$ とすると, x_1, x_2 は方程式 $f(x)=g(x)$ の解であるので

$$x_1 = \frac{a - \sqrt{\dfrac{D}{4}}}{2}, \quad x_2 = \frac{a + \sqrt{\dfrac{D}{4}}}{2}$$

また, $x_1 < x < x_2$ において, $f(x) < g(x)$ であるので

$$S = \int_{x_1}^{x_2} \{g(x) - f(x)\} dx$$

$$= -2 \int_{x_1}^{x_2} (x - x_1)(x - x_2) dx$$

$$= -2 \left\{ -\frac{1}{6}(x_2 - x_1)^3 \right\}$$

$$= \frac{1}{3} \left(\sqrt{\frac{D}{4}} \right)^3$$

(i)より, S が a の値に関係なく一定となるのは $\quad k = \dfrac{1}{2}$ ……(答)

また, そのときの S の値は $\quad S = \dfrac{1}{3} \cdot 1^3 = \dfrac{1}{3}$ ……(答)

═══════════ 解 説 ═══════════

《積分の等式の証明, 2 つの関数の共有点と面積》

(1) 問題文の式を利用して b, c を消去し積分計算をするとよい。

$a \neq 0$, n が自然数のとき, 公式

$$\int (ax + b)^n dx = \frac{1}{a} \cdot \frac{(ax + b)^{n+1}}{n+1} + C$$

を利用して, 次のように証明してもよい。

$$\int_\alpha^\beta (ax^2 + bx + c) dx = \int_\alpha^\beta a(x - \alpha)(x - \beta) dx$$

$$= a \int_\alpha^\beta (x - \alpha)\{(x - \alpha) + (\alpha - \beta)\} dx$$

$$= a \int_\alpha^\beta \{(x - \alpha)^2 + (\alpha - \beta)(x - \alpha)\} dx$$

$$= a \left[\frac{1}{3}(x - \alpha)^3 - \frac{\beta - \alpha}{2}(x - \alpha)^2 \right]_\alpha^\beta$$

$$= a \left\{ \frac{(\beta - \alpha)^3}{3} - \frac{(\beta - \alpha)^3}{2} \right\}$$

$$= -\frac{a}{6}(\beta - \alpha)^3$$

⑵　途中で a についての不等式を考えることになるが，a の最高次の係数に文字が含まれているので，場合分けを行う必要がある。また，(ii)の問題は(1)や(2)の(i)が解答する上でのヒントとなっているので，活用するとよい。

気象大学校：学科試験（記述式），作文試験

問　題　編

区　分			内　　　　容	配点比率
第1次試験	学科試験（記述式）	英語	コミュニケーション英語Ⅰ・Ⅱ	$\frac{2}{12}$
		数学	数学Ⅰ・Ⅱ・Ⅲ・Ａ・Ｂ	$\frac{2}{12}$
		理科	物理基礎・物理	$\frac{2}{12}$
	作文試験		文章による表現力，課題に対する理解力など	＊
第2次試験			人物試験（個別面接）	＊
			身体検査	＊

▶出題範囲

「数学Ｂ」は数列，ベクトルの分野に限る。

▶備　考

- 配点比率欄に＊が表示されている試験種目は，合否の判定のみを行う。
- 第1次試験合格者は，「学科試験（多肢選択式)」，「基礎能力試験（多肢選択式)」および「学科試験（記述式)」の成績を総合して決定する。
- 「作文試験」は，第1次試験合格者を対象に評定した上で，最終合格者決定に反映する。
- 第2次試験の際，人物試験の参考とするため，性格検査を行う。
- 基準点（個別に定める）に達しない試験種目が一つでもある受験生は，他の試験種目の成績にかかわらず不合格となる。

英　語

（80 分）

【No.　1】　Read the following text and answer the questions (1)–(6) **in English**.

　　These days, we view success the way the Puritans viewed salvation[1] — not as a matter of luck or grace, but as something we earn through our own effort and striving. This is the heart of (1)the meritocratic ethic. It celebrates freedom — the ability to control my destiny by means of hard work — and deservingness. If I am responsible for having accrued[2] a handsome share of worldly goods — income and wealth, power and prestige — I must deserve them. Success is a sign of virtue. My affluence[3] is (2)my due.

　　This way of thinking is empowering. It encourages people to think of themselves as responsible for their fate, not as victims of forces beyond their control. But it also has a dark side. The more we view ourselves as self-made and self-sufficient, the [　　] likely we are to care for the fate of those less fortunate than ourselves. If my success is my own doing, their failure must be their fault. This logic makes meritocracy corrosive[4] of commonality[5]. Too strenuous[6] a notion of personal responsibility for our fate makes it hard to imagine ourselves in other people's (3)shoes.

　　Over the past four decades, meritocratic assumptions have deepened their hold on the public life of democratic societies. Even as inequality has widened to vast proportions, the public culture has reinforced the notion that we are responsible for our fate and deserve what we get. It is almost as if globalization's winners needed to persuade themselves, and everyone else, that those perched[7] on top and those at the bottom have landed where they belong. Or if not, that they would land where they belong if only we could remove unfair barriers to opportunity. Political argument between mainstream center-right and center-left parties in recent decades has consisted mainly of a debate about how to interpret and implement equality of opportunity, so that people will be able to rise as far as their efforts and talents will take them.

　　[1] salvation: deliverance from sin and its consequences, believed by Christians to be brought about by faith in Christ

　　[2] accrue: to accumulate or receive

　　[3] affluence: the state of having a great deal of money

出典追記：The Tyranny of Merit by Michael J. Sandel, Penguin Books

*⁴ corrosive < corrode: to destroy or weaken (something) gradually

*⁵ commonality: the state of sharing interests, experiences, or other characteristics with someone or something

*⁶ strenuous: requiring or using great physical or mental effort

*⁷ perch: to sit somewhere, especially on something high or narrow

(1) Summarize the definition of (1) in one sentence.

(2) Replace (2) with other words without changing the meaning of the sentence.

(3) Fill in the blank ⬚ with two words.

(4) Replace (3) with another word without changing the meaning of the sentence.

(5) Does the meritocratic ethic help people understand and share the feelings and experiences of others? Answer yes or no, and explain the reason in one or two sentences.

(6) In meritocratic societies, what actions should be taken to ensure a fair society? Answer in one sentence.

【No. 2】 次の文章を読み、問い(1)〜(4)に答えよ。

　　Learning science experts from Carnegie Mellon University's Human Computer Interaction Institute (HCII) wanted to know why some students learn faster than others. (1)They hoped to identify fast learners, study them and develop techniques that could help students understand new concepts quickly. What they found was surprising: In the right conditions, people learn at a remarkably similar rate.

　　Ken Koedinger, the Hillman Professor of Computer Science, led (2)the research published in the *Proceedings of the National Academy of Sciences* (*PNAS*). He and his team examined data from 1.3 million student interactions from different kinds of educational technologies, including intelligent tutors, online courses and educational games. The data, gleaned*¹ from a learning science repository*² website, indicated that learners master new concepts by having opportunities to practice them.

　　"The data showed that achievement gaps come from differences in learning opportunities and that better access to such opportunities can help close those gaps," Koedinger said. "This is further confirmation that these educational technologies can provide favorable learning conditions that make it easier to learn something new, like a second language, or a scientific or math concept."

　　If educators understand where their students are starting from, they can help students catch up to their peers*³ by giving them more opportunities to practice the material. For example, they could incorporate[*4] an interactive computer program that can give students instant feedback on homework problems. Koedinger emphasized the importance of tracking where learners are when they start a class.

"We have all seen cases where somebody gets to a learning outcome sooner than a peer — one student gets an A[*5] in algebra[*6] and another gets a C[*5]. But what we don't usually track is where they started. (3)Our results are not contradicting that people end up in different places, but accounting for where students are starting from can tell us a lot about where they will end up," Koedinger said.

Paulo Carvalho, a systems scientist and special teaching staff at HCII and co-author, said the paper supports the idea that information sticks with students longer if they are actively engaged while learning, an experience supported by the kinds of educational technology used in this study.

"We have several studies that show that when a student is actively working they tend to do better than if they are just passively reading the materials," Carvalho said. "The data sets that we use for the *PNAS* paper all use systems that create favorable conditions for learning — the students are actively engaged, answering questions and getting immediate feedback, for example."

The data used in this study was from students from elementary to college courses in math, science and language. Koedinger said that for all students, (4)a growth mindset is important.

"No matter who you are, you can do it. You might have had fewer prior opportunities in your life, so it may be harder at first than it is for other people, but you will make just as much progress as anyone else as long as you stick to it," he said.

[*1] glean: to obtain information, knowledge etc., sometimes with difficulty and often from various different places

[*2] repository: a place where a large number of things can be kept or stored

[*3] peer: a person who is the same age or who has the same social status as you

[*4] incorporate: to include something so that it forms a part of something

[*5] A, C: grades that a student can get for a piece of work or course of study

[*6] algebra: a type of mathematics in which letters and symbols are used to represent quantities

(1)　下線部(1)を和訳せよ。

(2)　本文では、下線部(2)の学術論文として発表された研究結果のうち主要な3点を明らかにしている。それら3点を120文字以内の日本語で説明せよ。

出典追記：The Myth of the Fast Learner, Carnegie Mellon University on March 31, 2023 by Caroline Sheedy

(3)　下線部(3)を和訳せよ。

(4)　下線部(4)について、本文中の記述に基づき、40 文字以内の日本語で説明せよ。

【No.　3】　次の文章を読み、下線部(1)、(2)、(3)を英訳せよ。ただし、太字の日本語はローマ字表記とすること。

　　　When speaking with Nikkei（Japanese immigrants and their descendants residing[*1] in a foreign country）, I am sometimes struck by their words and attitudes. They cause me to reflect upon the meaning of "Japaneseness" and Japan's traditions. I still remember the enlightening sensation I felt when a second-generation Nikkei told me that (1)彼女は「**okagesamade**」という日本語の言い回しを学んで以来、日本文化がもつ深い感謝の表現を次世代に伝えたいと強く願うようになった.

　　　It is often said that living in a foreign culture, particularly in a multicultural society, causes us to become more cognizant[*2] of our own culture and to try to consciously maintain it. (2)確かに、移住者は、他の文化にさらされることによって、彼ら自身の文化に更に自覚的になり、それを後に続く世代に伝えようとすることが知られている. We have much to learn from Japanese immigrants and their descendants. In the US and Brazil, both of which have received a large number of Japanese immigrants since the end of the 19th century, Japanese immigrants were once concentrated in enclaves[*3] called Japantown, Nihonmachi, etc. The remnants[*4] of these neighborhoods are retained in some cities, as in San Francisco, Los Angeles and São Paulo, with Japanese restaurants, general stores, bookstores and other Japanese-themed shops still operating.

《中　略》

　　　Yorozu-ya may more commonly be called general stores, or grocery[*5] stores with general merchandise in addition to foods. However, these terms do not fully reflect the functions of *yorozu-ya*. In addition to foods, they offer almost all the necessities of daily life, including kitchenware, china, stationery, cleaning supplies, bathroom supplies, clothes, Shinto and Buddhist altars[*6] and their articles, souvenirs, magazines, books, musical instruments, CDs, accessories, and hobby items. And this is not all. As *yorozu-ya* bulletin boards were usually filled with notices and flyers, local immigrants often went just for information and updates, both official and unofficial, regarding community events, job availabilities, ceremonial occasions, and other news. Many of these stores also served as employment agencies. (3)「**yorozu**」は彼らのサービスが多岐にわたることを意味しており、日本からの移住者はそこに、日本の生活に関わるあらゆるものが集約されているのを見いだすことができる. For others, it is a place where they can get a glimpse of the Japanese lifestyle and atmosphere.

*1 reside: to live in a particular place

*2 cognizant: having knowledge or information about something

*3 enclave: an area of a country or city where a particular group of people live

*4 remnant: a small remaining part of something

*5 grocery: a small store that sells food and other goods

*6 altar: special table where religious ceremonies are performed

出典追記：The Immigrants Who Introduced Japanese Foods to the Americas (Part 1: North America), FOOD CULTURE No. 22, 2012 by Shigeru Kojima

数　学

（80分）

【No.　1】　1回引くと景品が1個当たるくじを考える。景品は全部で3種類あり、いずれも$\frac{1}{3}$の確率で当たるものとする。

くじをn回引いて入手した景品が1種類、2種類、3種類である確率をそれぞれa_n, b_n, c_nとする（nは自然数）。以下の設問に答えよ。

(1)　a_1, b_1, c_1を求めよ。

(2)　a_2, b_2, c_2を求めよ。

(3)　a_3, b_3, c_3を求めよ。

(4)　a_{n+1}, b_{n+1}, c_{n+1}それぞれをa_n, b_n, c_nのうち必要なものを用いて表せ。

(5)　a_n, b_n, c_nを求めよ。

(6)　$\lim_{n\to\infty}a_n$, $\lim_{n\to\infty}b_n$, $\lim_{n\to\infty}c_n$を求めよ。

【No.　2】　四面体OABCにおいて、

$$\overrightarrow{OA} = \vec{a}, \quad \overrightarrow{OB} = \vec{b}, \quad \overrightarrow{OC} = \vec{c}$$

とする。また、3点O, A, Bを含む平面に点Cから下ろした垂線の足を点Hとする。以下の設問に答えよ。

(1)　△OABの面積Sを$|\vec{a}|$, $|\vec{b}|$及び$\vec{a}\cdot\vec{b}$を用いて表せ。なお、導出過程も示すこと。

(2)　ベクトル$\overrightarrow{OH}$を、実数s, tを用いて$\overrightarrow{OH} = s\vec{a} + t\vec{b}$と表す。

　(i)　s, tを$|\vec{a}|$, $|\vec{b}|$及び$\vec{a}\cdot\vec{b}$, $\vec{b}\cdot\vec{c}$, $\vec{c}\cdot\vec{a}$を用いて表せ。

　(ii)　$|\overrightarrow{OH}|^2$を$|\vec{a}|$, $|\vec{b}|$及び$\vec{a}\cdot\vec{b}$, $\vec{b}\cdot\vec{c}$, $\vec{c}\cdot\vec{a}$を用いて表すとき、(1)で求めたSを用いると

$$|\overrightarrow{OH}|^2 = \frac{P}{4S^2} \quad \left(P は |\vec{a}|, |\vec{b}| 及び \vec{a}\cdot\vec{b}, \vec{b}\cdot\vec{c}, \vec{c}\cdot\vec{a} の多項式\right)$$

　　の形に整理することができる。Pを$|\vec{a}|$, $|\vec{b}|$及び$\vec{a}\cdot\vec{b}$, $\vec{b}\cdot\vec{c}$, $\vec{c}\cdot\vec{a}$を用いて表せ。

　(iii)　$|\overrightarrow{CH}|^2$を$|\vec{a}|$, $|\vec{b}|$, $|\vec{c}|$及び$\vec{a}\cdot\vec{b}$, $\vec{b}\cdot\vec{c}$, $\vec{c}\cdot\vec{a}$を用いて表せ。

(3)　四面体OABCの体積Vを$|\vec{a}|$, $|\vec{b}|$, $|\vec{c}|$及び$\vec{a}\cdot\vec{b}$, $\vec{b}\cdot\vec{c}$, $\vec{c}\cdot\vec{a}$を用いて表せ。

【No.　3】　自然数 m に対して

$$I_m = \int_0^\pi \sin^m x \, dx$$

とし、0 以上の整数 n に対して

$$f(x) = (x^2 - 1)^n$$

$$P_n(x) = \frac{1}{n! \cdot 2^n} f^{(n)}(x)$$

とするとき、以下の設問に答えよ。ただし、$f^{(k)}(x)$ は $f(x)$ を k 回微分した関数で、$f^{(0)}(x) = f(x)$ とする。

(1)　$\dfrac{I_{2m+1}}{I_{2m-1}}$ を m を用いて表せ。なお、導出過程も示すこと。

(2)　$I_{2m+1} = \dfrac{2^{2m+1}(m!)^2}{(2m+1)!}$ が成り立つことを示せ。

(3)　$k = 0, 1, \cdots, n$ に対して

$$\int_{-1}^1 x^k f^{(n)}(x) dx = (-1)^k k! \int_{-1}^1 f^{(n-k)}(x) dx$$

　　が成り立つことを示せ。

(4)　$n - 1$ 次以下の全ての多項式 $Q(x)$ に対して

$$\int_{-1}^1 P_n(x) Q(x) dx = 0$$

　　が成り立つことを示せ。

(5)　$0 \leqq m \leqq n$ を満たす 0 以上の整数 m, n について、$P_m(x)$ の次数に着目して、

$$\int_{-1}^1 P_m(x) P_n(x) dx$$

　　の値を求めよ。

物　理

（80分）

【No.　1】　力学に関する以下のⅠ、Ⅱの設問に答えよ。ただし、答えのみでなく、考え方や計算の
過程も記すこと。

Ⅰ．水平面とのなす角 θ の滑らかな斜面に軽いばねを置き、その一端を斜面の下端に固定する。
　このばねの他端に質量 M の小物体 P を取り付けると、図Ⅰのようにばねの長さが l_1 となって静
　止した。重力加速度の大きさを g として、以下の問いに答えよ。なお、ばねやおもりの運動は、
　紙面に平行な方向でのみ生じるものとする。

(1)　斜面上で P のすぐ上に質量 m の小物体 Q を静かに置くと、図Ⅱのように Q が P に接触し
　　た状態でばねの長さが $l_2 (l_2 < l_1)$ となって静止した。このばねの自然長 l_0 とばね定数 k を、M、
　　m、g、θ、l_1、l_2 のうち必要なものを用いてそれぞれ表せ。

(2)　(1)の状態で、図Ⅱのようにばねの長さが l_2 のときの P の位置を原点 O として、斜面に沿っ
　　て上向きに x 軸をとる。この状態から斜面上でばねを押し縮めて長さが $l_3 (l_3 < l_2)$ になる位置
　　で P を静止させ、静かに手を離すと、P と Q は一体となって斜面上で運動するようになった。
　　このとき Q が P から受ける力を S として、P と Q それぞれの運動方程式を示せ。また、P の
　　位置が x のときの S を、M、m、g、θ、l_1、l_2、x のうち必要なものを用いて表せ。

(3)　(2)において、l_3 の値によっては Q が P から離れることがある。このときの l_3 の条件を、M、
　　m、g、θ、l_1、l_2 のうち必要なものを用いて表せ。

(4)　(2)において、P と Q が一体となって運動を続ける場合、その振動の周期を、M、m、g、θ、
　　l_1、l_2 のうち必要なものを用いて表せ。

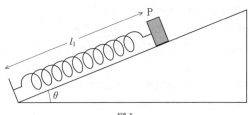

図Ⅰ

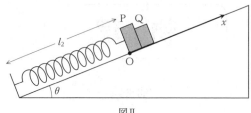

図Ⅱ

Ⅱ．赤道上空で公転周期が地球の自転周期と一致するような等速円運動をする人工衛星（静止衛星）
の軌道（静止軌道）を、図に円軌道Ａとして示す。人工衛星を赤道上空に打ち上げてこの円軌道
Ａに乗せるためには、まず人工衛星打ち上げ直後に楕円軌道Ｂに乗せる。この楕円軌道Ｂは、
その焦点に地球が位置し、軌道の地球中心から最も遠い地点（遠地点）が円軌道Ａ上となる。そ
の位置で人工衛星の燃料を燃焼して運動エネルギーを加えれば、人工衛星は楕円軌道Ｂから円
軌道Ａに移行することができる。

　　この人工衛星の軌道に関する以下の問いに答えよ。なお、人工衛星の質量は地球と比較して十
分小さいものとする。

(1)　はじめに、静止軌道に限定せず、地球のまわりを等速円運動する人工衛星を考える。地球の
　　質量をM、人工衛星の質量をmとしたとき、地球のまわりを等速円運動する人工衛星にはた
　　らく力のつり合いから、この円運動の半径Rと周期Tとの関係式を求めよ。ただし、万有引
　　力定数をGとする。

　　以下では、万有引力定数$6.7 \times 10^{-11}\,\mathrm{N \cdot m^2/kg^2}$、地球の質量$6.0 \times 10^{24}\,\mathrm{kg}$とし、有効数
　　字２桁で答えよ。その際、必要に応じて単位を明記すること。

(2)　月が地球を中心とする半径$3.8 \times 10^8\,\mathrm{m}$の円軌道上を周期27日で等速円運動しているこ
　　とを用いて、人工衛星が円軌道Ａ（静止軌道）上を等速円運動するときの半径R_1の値を求めよ。
　　なお、月の質量は地球と比較して十分小さいものとする。

(3)　楕円軌道Ｂで地球中心から最も近い地点（近地点）までの距離が$R_2 = 1.4 \times 10^7\,\mathrm{m}$であった
　　とき、人工衛星の遠地点と近地点における速さをそれぞれV_1とV_2としてそれらの比$\dfrac{V_2}{V_1}$の
　　値を求めよ。

(4)　楕円軌道Ｂ上を進む人工衛星の遠地点における速さV_1の値を求めよ。必要であれば、
　　$\sqrt{2} = 1.4$、$\sqrt{3} = 1.7$、$\sqrt{5} = 2.2$を用いてよい。

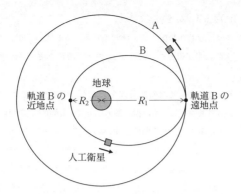

【No.　2】　単一の振動数の音波を出す音源を、図Ⅰのように、太さが一様な管の左の管口に向けて置く。管はピストンを入れて閉管とすることができ、ピストンを左右に移動させて閉管の長さ L [m] を変えることができる。音波の振動数や閉管の長さを変えると、管内に定常波が生じ、共鳴が起こった。

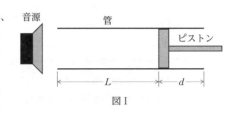

図Ⅰ

空気中の音速を V [m/s] とし、以下の問いに答えよ。ただし、開口端補正は無視できるものとする。答えのみでなく、考え方や計算の過程も記すこと。

はじめ、長さ L_0 [m] の管をピストンが入っていない状態の開管とし、音源から振動数 f_0 [Hz] の音波を出したところ、図Ⅱに示すような3個の節をもつ定常波が管内にできた。なお、波形は、管の中心線に平行な向きの空気の変位を、垂直な向きに置き換えて表してある。

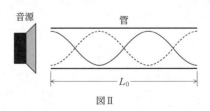

図Ⅱ

(1)　音源からの音波の振動数 f_0 を、V、L_0 を用いて表せ。

(2)　管に右からピストンを入れて閉管とし、ピストンを左向きにゆっくり移動させると、図Ⅰのようにその左端が管の右端から距離 d [m] の位置まで来たとき、最初の共鳴が起こった。ピストンの移動距離 d を、L_0 を用いて表せ。

(3)　(2)で生じた定常波の節の数を答えよ。

次に、音源から別の振動数 f_1 [Hz] の音波を出したところ、閉管の長さを L_1 [m] にすると共鳴が起こった。このときの定常波の節の数は n 個であった。

(4)　この定常波の波長 λ [m] を、L_1、n を用いて表せ。

(5)　ここからピストンをゆっくり右へ移動させ、閉管の長さを少しずつ長くしていくと、長さが L_2 [m] になったとき、次の共鳴が起きた。長さが L_1 のときの定常波の節の数 n を、L_1、L_2 を用いて表せ。

(6)　閉管の長さを L_1 に保ったまま、音波の振動数を f_1 から少しずつ大きくすると、振動数が f_2 [Hz] になったときに再び共鳴が起こった。振動数 f_2 は f_1 の何倍か。n を用いて答えよ。

(7)　音速 V は気温 t [℃] により変化し、その関係が $V = 331.5 + 0.6\,t$ で与えられるものとする。気温が 0℃ のとき、閉管内に $n = 19$ の定常波ができて共鳴が起こった。音波の振動数と閉管の長さを一定に保ったまま、この状態から気温を徐々に上昇させていくと、気温が t_1 [℃] に達したとき再び共鳴が起こった。気温 t_1 の値はおよそいくらか。有効数字 2 桁で答えよ。

【No.　3】　図 I のように、極板間の距離が d、静電容量が C の平行板コンデンサー、起電力が V の電池とスイッチから成る回路がある。この回路のスイッチを閉じて十分時間が経過したところ、平行板コンデンサーを構成する極板 A、B に電荷が蓄えられた。以下の問いに答えよ。ただし、答えのみでなく、考え方や計算の過程も記すこと。

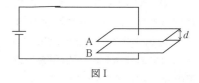

図 I

(1)　平行板コンデンサーの極板間の距離 d が極板の面積に対して十分に小さい場合、極板間の電場は一様と見なすことができる。極板間の電場の大きさ E を、V、d を用いて表せ。

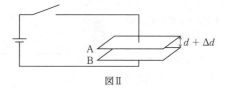

図 II

　　次に、スイッチを開いた後、図 II のように極板間の距離が $d + \Delta d$ となるよう、A のみをゆっくり動かした。ただし、Δd は d に比べて十分小さいものとする。

(2)　図 II において、平行板コンデンサーの静電容量 C' を、C、d、Δd を用いて表せ。

(3)　A と B はそれぞれ正と負に帯電して引力を及ぼし合っており、A を動かすには力が必要となる。A を動かすために外力がした仕事は、平行板コンデンサーの静電エネルギーの A を動かす前から動かした後までの増加 ΔU に等しい。ΔU を、C、V、d、Δd を用いて表せ。

(4)　この外力と極板間の引力が等しいとしたとき、極板間の引力の大きさ F を、C、V、d を用いて表せ。

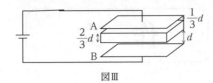

図Ⅲ

極板間の距離を $2d$ とした後、図Ⅲのように面積が極板と同じで厚さが $\frac{2}{3}d$ の金属板を、A からの距離が $\frac{1}{3}d$、B からの距離が d となるように極板と平行に挿入し、スイッチを閉じた。

(5) スイッチを閉じて十分時間が経過した後に、A に蓄えられている電荷 Q を、C、V を用いて表せ。

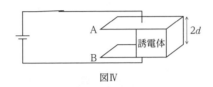

図Ⅳ

極板間の距離を $2d$ としたまま、金属板の代わりに、図Ⅳのように面積が極板の半分で厚さが $2d$ の誘電体を極板間に挿入し、スイッチを閉じた。

(6) この誘電体の比誘電率が 5 であるとき、スイッチを閉じて十分時間が経過した後に、A に蓄えられている電荷 Q' を、C、V を用いて表せ。ただし、空気の誘電率は真空の誘電率と等しいものとする。

作　文

$$\left(\begin{array}{c}50\,分\\解答例省略\end{array}\right)$$

（課　題）　コミュニケーションにおける笑いの効用

解 答 編

英 語

 **① 解答** (1) The belief that success is earned through our own effort and striving.

(2) my reward

(3) the less

(4) situations

(5) No, because the meritocratic ethic reinforces the notion that people are responsible for their fate and thus makes it difficult for them to put themselves in other people's shoes.

(6) Unfair barriers to opportunity should be removed so that people will be able to rise as far as their efforts and talents will take them.

=== **解 説** ===

《実力主義の社会とその改善点》

(1) meritocratic は「実力主義の」といった意味である。下線部は「これこそが meritocratic ethic の本質」という文章で用いられている。このことから直前の第1段第1文（These days, we view …）の内容をまとめればよい。ここでは「成功は運などではなく，自身の努力を通じて得るもの」と記されている。なお，in one sentence という設問の指示に厳密に従い，The belief that を省き，Success is earned …と書き始めてもよいだろう。

(2) due は「当然受け取るべきもの」といった意味である。第1段第4文（If I am responsible for …）に「収入や富といったものを蓄積してきた理由が自分にあるならば，自分はそのようなものにふさわしい」とあることからおおよその内容が推察できるだろう。〔解答〕では「努力に対する報

い」といった意味を持つ reward を用いた。ほかに what I deserve, あるいは rightfully mine なども考えられる。

(3)　the + 比較級 SV, the + 比較級 SV の構文の一部である。直前の文（But it also has …）においてネガティヴな内容が暗示されていることから否定的な内容の文章を作る必要があるとわかる。そして直後の文（If my success is …）が空欄のある文章の具体的な説明になっており「失敗はその人たち自身の責任」とある。よって the less を用い、「自身ほど恵まれていない他人のことを気にかけなくなる」といった文を作ればよい。

(4)　下線部の shoes は「立場」といった意味で用いられている。〔解答〕では situation を用いたが、position や place といった語でも代用可能だろう。

(5)　meritocratic ethic が他人の感情や経験を理解し、共有することに役立つかどうかという質問である。第2段最終文（Too strenuous a notion …）に「自身の運命が個人の責任だという考えが強すぎると、他人の立場に立って想像することが難しくなる」とある。この部分をまとめればよい。

(6)　最終段第2文（Even as inequality has widened …）および第3文（It is almost as if …）などに「不運は自分たちの責任であり、手に入れたものに自分たちは値する」といった meritocratic society の現状が述べられている。続く最終段第4文（Or if not, …）および最終文（Political argument between …）において、この現状に対する議論として「機会を得ることに対する障壁を取り除く」、「機会に対する平等を得られるようにして、努力や才能に応じて成功できるようにする」といった記述がある。この部分をまとめればよい。

② ──解答── (1)専門家たちは学習速度の速い人々を識別し、そのような人々を研究し、学生たちが新しい概念を素早く理解することに役立つ技能を発達させることを望んだ。

(2)学習機会の差から生まれる達成度の差を埋めるにはそうした機会を利用しやすくするのが良いということ、授業開始の時点で学習者の達成度がどのくらいなのか突き止めるのが重要なこと、学習者が積極的に関われば学んだ情報がより長い期間持続するということ。（120字以内）

(3)私たちの研究結果は人々が異なる成績になるということを否定するもの

ではなく，学生たちがどこから学習を開始したのかということが，彼らがどのような成績に行きつくのかについて多くのことを伝え得るということを説明しているのです。

(4)誰であっても，根気強く努力すれば他人と同様に進歩することができるという考え方。（40字以内）

2
0
2
3
年
度

気
象
大

（
記
述
式
ほ
か
）

英
語

==================== 解　説 ====================

《学習到達度を改善する環境と心構え》

(1)　hope「望む」に続く不定詞は identify「認識，特定する」，study「研究する」，develop「発達させる」の3つ。help *A do* で「*A* が〜することを手助けする，〜するのに役立つ」。関係代名詞 that 以下は techniques を修飾している。主語の They は learning science experts「学習科学の専門家」，study の目的語の them は fast learners「物覚えのよい人」なので，この2つを具体的に示しながら日本語に直すとよいだろう。

(2)　研究結果については第3，4，6段で述べられている。〔解答〕では第3段第1文（"The data showed …）より「到達度の差は学習機会の差から生じ，そのような機会へのより良いアクセスがギャップを埋めることに役立つ」，第4段第1文（If educators understand …）および最終文（Koedinger emphasized …）「授業を始める際，学習者がどこから学習を始めたのかを知ることが重要である」，第6段第1文（Paulo Carvalho, …）「学生が積極的に学習に関わると，情報がより長い時間持続する」といった内容をまとめた。

(3)　not *A* but *B*「*A* ではなく *B*」の構文が用いられている。*A* の部分は contradict「矛盾，否定する」，*B* の部分が account for 〜「〜を説明する」となっている。end up in 〜は「最後に〜に行きつく」といった意味であるが，直前の成績についての説明に続く文章なので，「〜という成績となる」と訳した。where students are starting from は「学生たちがどこから（学習を）開始したのか」といった意味である。

(4)　a growth mindset とは「成長は経験や努力によって向上させることができる」という考え方で，近年ビジネス界でも頻繁に取り上げられている考え方である。ここでは下線部直後の最終段（"No matter who you are, …）の内容をまとめればよい。「たとえ誰であっても，成し遂げることができる。これまでの人生で機会が少なければ最初は大変かもしれない

が，根気強く頑張れば他の人と同じように進歩することができる」と述べられている。

③ ━**解答例**━　(1) Ever since she learned the Japanese phrase "*Okagesamade*," she had a strong desire to pass down the expressions of deep gratitude, which are characteristics of Japanese culture, to the next generations.

(2) Certainly, it is known that immigrants become more aware of their own culture by being exposed to other cultures and try to pass it on to their descendants.

(3) *Yorozu* means that they offer a broad range of services. That's where immigrants from Japan can find every little thing concerning life in Japan gathered.

━━━ **解説** ━━━

(1) 〔解答例〕では「強く願う」という部分は desire を名詞で用いたが，不定詞とともに動詞で使うこともできる。「伝える」は pass down を用いればよい。「日本文化がもつ」という部分は〔解答例〕では「日本文化特有の」という表現を関係代名詞を用いて挿入する形で表現した。この部分では unique to といった表現を用いてもよいだろう。

(2) 「自覚的」は〔解答例〕では aware を用いたが conscious などを用いることもできる。「～にさらされる」は be 動詞 + exposed to ～で表現すればよい。「続く世代」は(1)にも「次世代」という言葉があるので重複を避けて descendants としたが，following generation, future generation といった表現を用いて表してもよい。またこちらでも「伝える」という表現があるので pass *A* on to *B* 「*A* を *B* に伝える」を用いたが，(1)と同じく pass down を用いてもよいだろう。

(3) 「多岐にわたる」は「様々な種類のサービスを提供している」とした。various kinds of といった表現を用いてもよいだろう。「集約されている」は〔解答例〕では「日本の生活に関するあらゆるものが集められている」としたが，condensed「濃縮された」といった表現を用いることもできるだろう。また「縮図」ととらえて microcosm といった語で表現することもできる。

数　学

①　　(1)　くじを1回引いたとき，入手した景品は1種類なので

$$a_1=1, \quad b_1=0, \quad c_1=0 \quad \cdots\cdots(\text{答})$$

(2)　くじを2回引いたとき，入手した景品は1種類か2種類なので

$$c_2=0$$

くじを2回引いて，入手した景品が1種類のときは，2回とも同じ景品が当たればよく，当たる景品の種類は $_3C_1$ 通りなので

$$a_2={}_3C_1 \cdot \left(\frac{1}{3}\right)^2=\frac{1}{3}$$

くじを2回引いて，入手した景品が2種類のときは，異なる景品が1回ずつ当たればよく，当たる景品の種類は $_3C_2$ 通りで，景品の当たる順番は $2!$ 通りなので

$$b_2={}_3C_2 \cdot 2! \cdot \frac{1}{3} \cdot \frac{1}{3}=\frac{2}{3}$$

以上より

$$a_2=\frac{1}{3}, \quad b_2=\frac{2}{3}, \quad c_2=0 \quad \cdots\cdots(\text{答})$$

(3)　くじを3回引いたとき，入手した景品は1種類か2種類か3種類である。

くじを3回引いて，入手した景品が1種類のときは，3回とも同じ景品が当たればよく，当たる景品の種類は $_3C_1$ 通りなので

$$a_3={}_3C_1 \cdot \left(\frac{1}{3}\right)^3=\frac{1}{9}$$

くじを3回引いて，入手した景品が2種類のときは，同じ景品が2回当たり，別の景品が1回当たればよい。

2回当たる景品と1回当たる景品の組み合わせは $_3P_2$ 通りで，景品の当たる順番は $\dfrac{3!}{2!}$ 通りなので

$$b_3={}_3P_2 \cdot \frac{3!}{2!} \cdot \left(\frac{1}{3}\right)^2 \cdot \frac{1}{3}=\frac{2}{3}$$

2023年度
気象大（記述式ほか）
数学

くじを 3 回引いて，入手した景品が 3 種類のときは，異なる景品が 1 回ずつ当たればよく，景品の当たる順番は 3! 通りなので

$$c_3 = 3! \cdot \frac{1}{3} \cdot \frac{1}{3} \cdot \frac{1}{3} = \frac{2}{9}$$

以上より

$$a_3 = \frac{1}{9}, \quad b_3 = \frac{2}{3}, \quad c_3 = \frac{2}{9} \quad \cdots\cdots(\text{答})$$

(4)　くじを $n+1$ 回引いて入手した景品が 1 種類になるには，くじを n 回引いて入手した景品が 1 種類で，かつ $n+1$ 回目に当たった景品が，1 回目から n 回目までに当たった景品と同じ種類であればよいので

$$a_{n+1} = \frac{1}{3} a_n$$

くじを $n+1$ 回引いて入手した景品が 2 種類になるには，次の(i)(ii)のいずれかを満たせばよい。

(i) くじを n 回引いて入手した景品が 1 種類で，$n+1$ 回目に当たった景品が，1 回目から n 回目までに当たった景品と異なる。

(ii) くじを n 回引いて入手した景品が 2 種類で，$n+1$ 回目に当たった景品が，1 回目から n 回目までに当たった景品のいずれかと同じ。

よって

$$b_{n+1} = a_n \cdot \left(1 - \frac{1}{3}\right) + b_n \cdot \left(\frac{1}{3} + \frac{1}{3}\right)$$
$$= \frac{2}{3} a_n + \frac{2}{3} b_n$$

くじを $n+1$ 回引いて入手した景品が 3 種類になるには，次の(iii)(iv)のいずれかを満たせばよい。

(iii) くじを n 回引いて入手した景品が 2 種類で，$n+1$ 回目に当たった景品が，1 回目から n 回目までに当たった景品と異なる。

(iv) くじを n 回引いて入手した景品が 3 種類である。

よって

$$c_{n+1} = b_n \cdot \left\{1 - \left(\frac{1}{3} + \frac{1}{3}\right)\right\} + c_n$$
$$= \frac{1}{3} b_n + c_n$$

以上より

$$a_{n+1}=\frac{1}{3}a_n,\quad b_{n+1}=\frac{2}{3}a_n+\frac{2}{3}b_n,\quad c_{n+1}=\frac{1}{3}b_n+c_n\quad\cdots\cdots(答)$$

(5) (4)で求めた3つの式を

$$a_{n+1}=\frac{1}{3}a_n\quad\cdots\cdots①,\quad b_{n+1}=\frac{2}{3}a_n+\frac{2}{3}b_n\quad\cdots\cdots②,$$

$$c_{n+1}=\frac{1}{3}b_n+c_n\quad\cdots\cdots③$$

とすると，①より

$$a_n=a_1\cdot\left(\frac{1}{3}\right)^{n-1}=\frac{1}{3^{n-1}}$$

これを②に代入すると

$$b_{n+1}=\frac{2}{3}\cdot\frac{1}{3^{n-1}}+\frac{2}{3}b_n$$

よって

$$3^{n+1}b_{n+1}=2\cdot3^n b_n+6$$

ここで，$3^n b_n=d_n\ (n=1,\ 2,\ 3,\ \cdots)$ とすると

$$d_{n+1}=2d_n+6$$

ゆえに

$$d_{n+1}+6=2(d_n+6)$$

よって

$$d_n+6=(d_1+6)\cdot2^{n-1}$$

$d_1=3b_1=0$ なので

$$d_n+6=6\cdot2^{n-1}$$

よって

$$d_n=6\cdot2^{n-1}-6$$

$$3^n b_n=6\cdot2^{n-1}-6$$

ゆえに

$$b_n=\frac{2^n-2}{3^{n-1}}$$

ここで，①+②+③より

$$a_{n+1}+b_{n+1}+c_{n+1}=a_n+b_n+c_n$$

よって

$$a_n + b_n + c_n = a_1 + b_1 + c_1 = 1$$

したがって

$$c_n = 1 - (a_n + b_n)$$

$$= 1 - \left(\frac{1}{3^{n-1}} + \frac{2^n - 2}{3^{n-1}} \right)$$

$$= \frac{3^{n-1} - 2^n + 1}{3^{n-1}}$$

以上より

$$a_n = \frac{1}{3^{n-1}}, \quad b_n = \frac{2^n - 2}{3^{n-1}}, \quad c_n = \frac{3^{n-1} - 2^n + 1}{3^{n-1}} \quad \cdots\cdots (答)$$

(6) (5)より

$$\lim_{n \to \infty} a_n = \lim_{n \to \infty} \frac{1}{3^{n-1}} = 0$$

$$\lim_{n \to \infty} b_n = \lim_{n \to \infty} \left\{ 2 \left(\frac{2}{3} \right)^{n-1} - \frac{2}{3^{n-1}} \right\} = 0$$

$$\lim_{n \to \infty} c_n = \lim_{n \to \infty} \{ 1 - (a_n + b_n) \} = 1 - (0 + 0) = 1$$

以上より

$$\lim_{n \to \infty} a_n = \lim_{n \to \infty} b_n = 0, \quad \lim_{n \to \infty} c_n = 1 \quad \cdots\cdots (答)$$

=========== 解　説 ===========

《反復試行の確率，確率と漸化式，数列の極限》

(1)〜(3)　入手した景品が1種類，2種類，3種類の場合を丁寧に確認すればよい。景品の当たる順番を考える必要があるので注意する。

(4)　n 回くじを引いたときに入手した景品の種類と，$n+1$ 回目に引いたくじで当たる景品から，$n+1$ 回くじを引いたときに入手した景品の種類を考えればよい。

(5)　(4)で求めた関係式から a_n, b_n, c_n を求めればよい。c_n は階差数列 $\left\{ \frac{1}{3} b_n \right\}$ を用いて求めることもできる。なお，各回でくじを引いたとき，3種類の景品が当たる確率は等しいので，(4)の漸化式を用いないで，以下のように場合の数を考えて a_n, b_n, c_n を求めることもできる。

　　n 回くじを引いたときに当たる景品は　　3^n 通り

　　入手した景品が1種類の場合は　　${}_3C_1 \cdot 1^n$ 通り

入手した景品が 2 種類の場合は　　　${}_3C_2\cdot(2^n-{}_2C_1\cdot1^n)$ 通り

入手した景品が 3 種類の場合は　　　$3^n-\{{}_3C_1\cdot1^n+{}_3C_2\cdot(2^n-{}_2C_1\cdot1^n)\}$ 通り

(n 人を 3 部屋 A，B，C に入れる方法を考える場合と同様)

よって

$$a_n=\frac{{}_3C_1\cdot1^n}{3^n}=\frac{1}{3^{n-1}}$$

$$b_n=\frac{{}_3C_2\cdot(2^n-{}_2C_1\cdot1^n)}{3^n}=\frac{2^n-2}{3^{n-1}}$$

$$c_n=\frac{3^n-\{{}_3C_1\cdot1^n+{}_3C_2\cdot(2^n-{}_2C_1\cdot1^n)\}}{3^n}=\frac{3^{n-1}-2^n+1}{3^{n-1}}$$

② 解答 (1)　$$S=\frac{1}{2}|\vec{a}||\vec{b}|\sin\angle AOB$$

$$=\frac{1}{2}|\vec{a}||\vec{b}|\sqrt{1-\cos^2\angle AOB}$$

$$(\because\ \ 0<\angle AOB<\pi)$$

ここで，$\vec{a}\cdot\vec{b}=|\vec{a}||\vec{b}|\cos\angle AOB$ より

$$\cos\angle AOB=\frac{\vec{a}\cdot\vec{b}}{|\vec{a}||\vec{b}|}$$

よって

$$S=\frac{1}{2}|\vec{a}||\vec{b}|\sqrt{1-\left(\frac{\vec{a}\cdot\vec{b}}{|\vec{a}||\vec{b}|}\right)^2}$$

$$=\frac{1}{2}|\vec{a}||\vec{b}|\sqrt{\frac{|\vec{a}|^2|\vec{b}|^2-(\vec{a}\cdot\vec{b})^2}{|\vec{a}|^2|\vec{b}|^2}}$$

$$=\frac{1}{2}\sqrt{|\vec{a}|^2|\vec{b}|^2-(\vec{a}\cdot\vec{b})^2}\quad\cdots\cdots(\text{答})$$

(2)(i)　$\overrightarrow{CH}$ は平面 OAB と垂直なので　　$\overrightarrow{CH}\perp\vec{a}$　かつ　$\overrightarrow{CH}\perp\vec{b}$

よって

$$\overrightarrow{CH}\cdot\vec{a}=0\ \ \cdots\cdots①\ \ \text{かつ}\ \ \overrightarrow{CH}\cdot\vec{b}=0\ \ \cdots\cdots②$$

①より

$$(\overrightarrow{OH}-\vec{c})\cdot\vec{a}=0$$

$$(s\vec{a}+t\vec{b}-\vec{c})\cdot\vec{a}=0$$

$$|\vec{a}|^2s+(\vec{a}\cdot\vec{b})t-\vec{c}\cdot\vec{a}=0$$

$|\vec{a}| \neq 0$ より

$$s = \frac{\vec{c} \cdot \vec{a} - (\vec{a} \cdot \vec{b})t}{|\vec{a}|^2} \quad \cdots\cdots①'$$

②より

$$(\overrightarrow{OH} - \vec{c}) \cdot \vec{b} = 0$$

$$(s\vec{a} + t\vec{b} - \vec{c}) \cdot \vec{b} = 0$$

$$(\vec{a} \cdot \vec{b})s + |\vec{b}|^2 t - \vec{b} \cdot \vec{c} = 0$$

①' より

$$(\vec{a} \cdot \vec{b}) \cdot \frac{\vec{c} \cdot \vec{a} - (\vec{a} \cdot \vec{b})t}{|\vec{a}|^2} + |\vec{b}|^2 t - \vec{b} \cdot \vec{c} = 0$$

$$\{|\vec{a}|^2 |\vec{b}|^2 - (\vec{a} \cdot \vec{b})^2\}t = (\vec{b} \cdot \vec{c})|\vec{a}|^2 - (\vec{c} \cdot \vec{a})(\vec{a} \cdot \vec{b})$$

ここで，$|\vec{a}|^2 |\vec{b}|^2 - (\vec{a} \cdot \vec{b})^2 = 0$ とすると(1)より $S = 0$ となり，△OAB が存在しないので不適。

よって，$|\vec{a}|^2 |\vec{b}|^2 - (\vec{a} \cdot \vec{b})^2 \neq 0$ なので

$$t = \frac{(\vec{b} \cdot \vec{c})|\vec{a}|^2 - (\vec{c} \cdot \vec{a})(\vec{a} \cdot \vec{b})}{|\vec{a}|^2 |\vec{b}|^2 - (\vec{a} \cdot \vec{b})^2}$$

①' に代入すると

$$s = \frac{1}{|\vec{a}|^2} \left\{ \vec{c} \cdot \vec{a} - (\vec{a} \cdot \vec{b}) \cdot \frac{(\vec{b} \cdot \vec{c})|\vec{a}|^2 - (\vec{c} \cdot \vec{a})(\vec{a} \cdot \vec{b})}{|\vec{a}|^2 |\vec{b}|^2 - (\vec{a} \cdot \vec{b})^2} \right\}$$

$$= \frac{1}{|\vec{a}|^2} \cdot \frac{(\vec{c} \cdot \vec{a})\{|\vec{a}|^2 |\vec{b}|^2 - (\vec{a} \cdot \vec{b})^2\} - (\vec{a} \cdot \vec{b}) \cdot \{(\vec{b} \cdot \vec{c})|\vec{a}|^2 - (\vec{c} \cdot \vec{a})(\vec{a} \cdot \vec{b})\}}{|\vec{a}|^2 |\vec{b}|^2 - (\vec{a} \cdot \vec{b})^2}$$

$$= \frac{1}{|\vec{a}|^2} \cdot \frac{(\vec{c} \cdot \vec{a})|\vec{a}|^2 |\vec{b}|^2 - (\vec{a} \cdot \vec{b})(\vec{b} \cdot \vec{c})|\vec{a}|^2}{|\vec{a}|^2 |\vec{b}|^2 - (\vec{a} \cdot \vec{b})^2}$$

$$= \frac{(\vec{c} \cdot \vec{a})|\vec{b}|^2 - (\vec{a} \cdot \vec{b})(\vec{b} \cdot \vec{c})}{|\vec{a}|^2 |\vec{b}|^2 - (\vec{a} \cdot \vec{b})^2}$$

以上より

$$s = \frac{(\vec{c} \cdot \vec{a})|\vec{b}|^2 - (\vec{a} \cdot \vec{b})(\vec{b} \cdot \vec{c})}{|\vec{a}|^2 |\vec{b}|^2 - (\vec{a} \cdot \vec{b})^2}, \quad t = \frac{(\vec{b} \cdot \vec{c})|\vec{a}|^2 - (\vec{c} \cdot \vec{a})(\vec{a} \cdot \vec{b})}{|\vec{a}|^2 |\vec{b}|^2 - (\vec{a} \cdot \vec{b})^2}$$

$$\cdots\cdots(答)$$

(ii)　　$|\overrightarrow{OH}|^2 = \overrightarrow{OH} \cdot \overrightarrow{OH}$

$$= (\vec{c} + \overrightarrow{CH}) \cdot \overrightarrow{OH}$$

$$= \vec{c} \cdot \overrightarrow{OH} + \overrightarrow{CH} \cdot \overrightarrow{OH}$$

$$=\vec{c}\cdot\overrightarrow{\mathrm{OH}}$$

（∵ $\overrightarrow{\mathrm{CH}}$ は平面 OAB と垂直なので $\overrightarrow{\mathrm{CH}}\cdot\overrightarrow{\mathrm{OH}}=0$）

$$=\vec{c}\cdot(s\vec{a}+t\vec{b})$$

$$=(\vec{c}\cdot\vec{a})s+(\vec{b}\cdot\vec{c})t$$

$$=(\vec{c}\cdot\vec{a})\cdot\frac{(\vec{c}\cdot\vec{a})|\vec{b}|^2-(\vec{a}\cdot\vec{b})(\vec{b}\cdot\vec{c})}{|\vec{a}|^2|\vec{b}|^2-(\vec{a}\cdot\vec{b})^2}$$

$$+(\vec{b}\cdot\vec{c})\cdot\frac{(\vec{b}\cdot\vec{c})|\vec{a}|^2-(\vec{c}\cdot\vec{a})(\vec{a}\cdot\vec{b})}{|\vec{a}|^2|\vec{b}|^2-(\vec{a}\cdot\vec{b})^2}$$

ここで(1)より，$|\vec{a}|^2|\vec{b}|^2-(\vec{a}\cdot\vec{b})^2=4S^2$ なので

$$|\overrightarrow{\mathrm{OH}}|^2=(\vec{c}\cdot\vec{a})\cdot\frac{(\vec{c}\cdot\vec{a})|\vec{b}|^2-(\vec{a}\cdot\vec{b})(\vec{b}\cdot\vec{c})}{4S^2}$$

$$+(\vec{b}\cdot\vec{c})\cdot\frac{(\vec{b}\cdot\vec{c})|\vec{a}|^2-(\vec{c}\cdot\vec{a})(\vec{a}\cdot\vec{b})}{4S^2}$$

$$=\frac{(\vec{c}\cdot\vec{a})^2|\vec{b}|^2+(\vec{b}\cdot\vec{c})^2|\vec{a}|^2-2(\vec{a}\cdot\vec{b})(\vec{b}\cdot\vec{c})(\vec{c}\cdot\vec{a})}{4S^2}$$

したがって，$|\overrightarrow{\mathrm{OH}}|^2=\dfrac{P}{4S^2}$ をみたす P は

$$P=(\vec{c}\cdot\vec{a})^2|\vec{b}|^2+(\vec{b}\cdot\vec{c})^2|\vec{a}|^2-2(\vec{a}\cdot\vec{b})(\vec{b}\cdot\vec{c})(\vec{c}\cdot\vec{a})\quad\cdots\cdots(答)$$

(iii)　△COH は ∠CHO$=\dfrac{\pi}{2}$ の直角三角形なので三平方の定理から

$$|\overrightarrow{\mathrm{CH}}|^2=|\vec{c}|^2-|\overrightarrow{\mathrm{OH}}|^2=|\vec{c}|^2-\frac{P}{4S^2}=\frac{4S^2|\vec{c}|^2-P}{4S^2}$$

ここで

$$4S^2=|\vec{a}|^2|\vec{b}|^2-(\vec{a}\cdot\vec{b})^2$$

$$P=(\vec{c}\cdot\vec{a})^2|\vec{b}|^2+(\vec{b}\cdot\vec{c})^2|\vec{a}|^2-2(\vec{a}\cdot\vec{b})(\vec{b}\cdot\vec{c})(\vec{c}\cdot\vec{a})$$

なので

$$|\overrightarrow{\mathrm{CH}}|^2$$

$$=\frac{\{|\vec{a}|^2|\vec{b}|^2-(\vec{a}\cdot\vec{b})^2\}|\vec{c}|^2-\{(\vec{c}\cdot\vec{a})^2|\vec{b}|^2+(\vec{b}\cdot\vec{c})^2|\vec{a}|^2-2(\vec{a}\cdot\vec{b})(\vec{b}\cdot\vec{c})(\vec{c}\cdot\vec{a})\}}{|\vec{a}|^2|\vec{b}|^2-(\vec{a}\cdot\vec{b})^2}$$

$$=\frac{|\vec{a}|^2|\vec{b}|^2|\vec{c}|^2-(\vec{a}\cdot\vec{b})^2|\vec{c}|^2-(\vec{c}\cdot\vec{a})^2|\vec{b}|^2-(\vec{b}\cdot\vec{c})^2|\vec{a}|^2+2(\vec{a}\cdot\vec{b})(\vec{b}\cdot\vec{c})(\vec{c}\cdot\vec{a})}{|\vec{a}|^2|\vec{b}|^2-(\vec{a}\cdot\vec{b})^2}$$

$$\cdots\cdots(答)$$

(3)　(2)(iii)より

$$|\overrightarrow{CH}|^2$$

$$=\frac{|\vec{a}|^2|\vec{b}|^2|\vec{c}|^2-(\vec{a}\cdot\vec{b})^2|\vec{c}|^2-(\vec{c}\cdot\vec{a})^2|\vec{b}|^2-(\vec{b}\cdot\vec{c})^2|\vec{a}|^2+2(\vec{a}\cdot\vec{b})(\vec{b}\cdot\vec{c})(\vec{c}\cdot\vec{a})}{4S^2}$$

よって

$$|\overrightarrow{CH}|$$

$$=\frac{\sqrt{|\vec{a}|^2|\vec{b}|^2|\vec{c}|^2-(\vec{a}\cdot\vec{b})^2|\vec{c}|^2-(\vec{c}\cdot\vec{a})^2|\vec{b}|^2-(\vec{b}\cdot\vec{c})^2|\vec{a}|^2+2(\vec{a}\cdot\vec{b})(\vec{b}\cdot\vec{c})(\vec{c}\cdot\vec{a})}}{2S}$$

よって

$$V=S\cdot|\overrightarrow{CH}|\cdot\frac{1}{3}$$

$$=S\cdot\frac{\sqrt{|\vec{a}|^2|\vec{b}|^2|\vec{c}|^2-(\vec{a}\cdot\vec{b})^2|\vec{c}|^2-(\vec{c}\cdot\vec{a})^2|\vec{b}|^2-(\vec{b}\cdot\vec{c})^2|\vec{a}|^2+2(\vec{a}\cdot\vec{b})(\vec{b}\cdot\vec{c})(\vec{c}\cdot\vec{a})}}{2S}\cdot\frac{1}{3}$$

$$=\frac{1}{6}\sqrt{|\vec{a}|^2|\vec{b}|^2|\vec{c}|^2-(\vec{a}\cdot\vec{b})^2|\vec{c}|^2-(\vec{c}\cdot\vec{a})^2|\vec{b}|^2-(\vec{b}\cdot\vec{c})^2|\vec{a}|^2+2(\vec{a}\cdot\vec{b})(\vec{b}\cdot\vec{c})(\vec{c}\cdot\vec{a})}$$

……(答)

=== 解 説 ===

《空間ベクトルの内積，三角形の面積と四面体の体積のベクトルによる表示》

(1)　正弦を用いた三角形の面積の公式をベクトルの内積を用いて表せばよい。重要な公式なので，結果だけではなく導き方も学習しておきたい。

(2)(i)　「$\overrightarrow{CH}\perp\vec{a}$ かつ $\overrightarrow{CH}\perp\vec{b}$」であることから s, t についての連立方程式を立てて解けばよい。具体的な数値ではないので丁寧に計算したい。

(ii)　「$|\overrightarrow{OH}|^2=|s\vec{a}+t\vec{b}|^2=s^2|\vec{a}|^2+2st(\vec{a}\cdot\vec{b})+t^2|\vec{b}|^2$」から計算してもよいが，本問の場合は，$s$, t の値が単純ではないので計算が煩雑である。〔解答〕のように「$\overrightarrow{CH}\cdot\overrightarrow{OH}=0$」を用いて「$|\overrightarrow{OH}|^2=\vec{c}\cdot\overrightarrow{OH}$」と変形したほうが計算量が少ない。

③ 解 答

(1)　$\displaystyle I_{2m+1}=\int_0^\pi \sin^{2m+1}x\,dx$

$$=\int_0^\pi \sin^{2m}x\sin x\,dx$$

$$= \int_0^\pi \sin^{2m} x(-\cos x)' dx$$

$$= \Big[\sin^{2m} x(-\cos x) \Big]_0^\pi - \int_0^\pi 2m \sin^{2m-1} x \cos x(-\cos x) dx$$

$$= 2m \int_0^\pi \sin^{2m-1} x \cos^2 x \, dx$$

$$= 2m \int_0^\pi \sin^{2m-1} x(1-\sin^2 x) dx$$

$$= 2m \left(\int_0^\pi \sin^{2m-1} x \, dx - \int_0^\pi \sin^{2m+1} x \, dx \right)$$

$$= 2m(I_{2m-1} - I_{2m+1})$$

$$= 2m I_{2m-1} - 2m I_{2m+1}$$

よって

$$I_{2m+1} = 2m I_{2m-1} - 2m I_{2m+1}$$

$$(2m+1) I_{2m+1} = 2m I_{2m-1}$$

したがって

$$\frac{I_{2m+1}}{I_{2m-1}} = \frac{2m}{2m+1} \quad \cdots\cdots (答)$$

(2) $m=1$ のとき

(1)より $\dfrac{I_3}{I_1} = \dfrac{2}{3}$ なので $I_3 = \dfrac{2}{3} I_1$

$m \geqq 2$ のとき

(1)より

$$\frac{I_{2m+1}}{I_{2m-1}} \cdot \frac{I_{2m-1}}{I_{2m-3}} \cdot \cdots\cdot \frac{I_5}{I_3} \cdot \frac{I_3}{I_1} = \frac{2m}{2m+1} \cdot \frac{2m-2}{2m-1} \cdot \cdots\cdot \frac{4}{5} \cdot \frac{2}{3}$$

よって

$$\frac{I_{2m+1}}{I_1} = \frac{2m \cdot (2m-2) \cdot \cdots\cdot 4 \cdot 2}{(2m+1) \cdot (2m-1) \cdot \cdots\cdot 5 \cdot 3}$$

ここで

$2m \cdot (2m-2) \cdot \cdots\cdot 4 \cdot 2 = 2^m \cdot m!$ より

$$(2m+1) \cdot (2m-1) \cdot \cdots\cdot 5 \cdot 3 = \frac{(2m+1)!}{2m \cdot (2m-2) \cdot \cdots\cdot 4 \cdot 2}$$

$$= \frac{(2m+1)!}{2^m \cdot m!}$$

なので

$$\frac{I_{2m+1}}{I_1}=\frac{2^m\cdot m!}{\dfrac{(2m+1)!}{2^m\cdot m!}}=\frac{2^{2m}\cdot (m!)^2}{(2m+1)!}$$

よって

$$I_{2m+1}=\frac{2^{2m}\cdot (m!)^2}{(2m+1)!}I_1$$

$m=1$ の場合と合わせれば，自然数 m に対して

$$I_{2m+1}=\frac{2^{2m}\cdot (m!)^2}{(2m+1)!}I_1$$

ここで

$$I_1=\int_0^\pi \sin x\,dx=\Big[-\cos x\Big]_0^\pi=2$$

なので

$$I_{2m+1}=\frac{2^{2m}\cdot (m!)^2}{(2m+1)!}\cdot 2$$

$$=\frac{2^{2m+1}\cdot (m!)^2}{(2m+1)!} \qquad\qquad\text{（証明終）}$$

(3)　(i) $n=0$ のとき　　$0\leqq k\leqq n$ より $k=0$ なので

$$（左辺）=\int_{-1}^1 x^k f^{(n)}(x)dx=\int_{-1}^1 x^0 f^{(0)}(x)dx=\int_{-1}^1 f(x)dx$$

$$（右辺）=(-1)^k k!\int_{-1}^1 f^{(n-k)}(x)dx=(-1)^0 0!\int_{-1}^1 f^{(0-0)}(x)dx$$

$$=\int_{-1}^1 f(x)dx$$

よって，成り立つ。

(ii) $n\geqq 1$ のとき

$k=0$ のとき

$$（左辺）=\int_{-1}^1 f^{(n)}(x)dx$$

$$（右辺）=\int_{-1}^1 f^{(n)}(x)dx$$

$1\leqq k\leqq n$ のとき

$$\int_{-1}^1 x^k f^{(n)}(x)dx=\int_{-1}^1 x^k\{f^{(n-1)}(x)\}'dx$$

$$=\Big[x^k f^{(n-1)}(x)\Big]_{-1}^{1}-k\int_{-1}^{1}x^{k-1}f^{(n-1)}(x)dx$$

ここで $l=0,\ 1,\ 2,\ \cdots,\ n-1$ に対して $f^{(l)}(x)$ は $f(x)=(x^2-1)^n$ を l 回微分した関数なので (x^2-1) を因数にもつ。よって

$$f^{(l)}(1)=f^{(l)}(-1)=0\quad\cdots\cdots①$$

したがって

$$\Big[x^k f^{(n-1)}(x)\Big]_{-1}^{1}-k\int_{-1}^{1}x^{k-1}f^{(n-1)}(x)dx=-k\int_{-1}^{1}x^{k-1}f^{(n-1)}(x)dx$$

このように $\displaystyle\int_{-1}^{1}x^k f^{(n)}(x)dx$ に対し，部分積分を k 回繰り返すと

$$\int_{-1}^{1}x^k f^{(n)}(x)dx=(-1)^k k!\int_{-1}^{1}f^{(n-k)}(x)dx$$

以上(i), (ii)より $k=0,\ 1,\ \cdots,\ n$ に対して

$\displaystyle\int_{-1}^{1}x^k f^{(n)}(x)dx=(-1)^k k!\int_{-1}^{1}f^{(n-k)}(x)dx$ が成り立つ。　　　（証明終）

(4)　$n\geqq1$ で考える。

$n-1$ 次以下の多項式 $Q(x)$ は

$$Q(x)=\sum_{j=0}^{n-1}a_j x^j\ (j=0,\ 1,\ 2,\ \cdots,\ n-1\ \text{に対して}\ a_j\ \text{は実数})\ \text{と表}$$

せる（ただし，「0次の多項式」は定数とする）。

よって

$$\int_{-1}^{1}P_n(x)Q(x)dx=\int_{-1}^{1}\frac{1}{n!\cdot2^n}f^{(n)}(x)\cdot\sum_{j=0}^{n-1}a_j x^j dx$$

$$=\frac{1}{n!\cdot2^n}\sum_{j=0}^{n-1}a_j\int_{-1}^{1}x^j f^{(n)}(x)dx$$

$$=\frac{1}{n!\cdot2^n}\sum_{j=0}^{n-1}a_j(-1)^j j!\int_{-1}^{1}f^{(n-j)}(x)dx\quad(\because\ (3))$$

ここで，$n-j-1=0,\ 1,\ 2,\ \cdots,\ n-1$ なので，①より

$$\int_{-1}^{1}f^{(n-j)}(x)dx=\Big[f^{(n-j-1)}(x)\Big]_{-1}^{1}=f^{(n-j-1)}(1)-f^{(n-j-1)}(-1)=0$$

なので

$$\int_{-1}^{1}P_n(x)Q(x)dx=\frac{1}{n!\cdot2^n}\sum_{j=0}^{n-1}a_j(-1)^j j!\cdot0=0\qquad（証明終）$$

(5)　$P_m(x)=\dfrac{1}{m!\cdot2^m}f^{(m)}(x)$ より $P_m(x)$ は $2m$ 次の多項式を m 回微分したものなので $P_m(x)$ は m 次の多項式である（ただし，「0次の多項式」は

定数とする）。

(i) $n=0$ のとき $0\leqq m\leqq n$ より $n=m=0$ なので

$$\int_{-1}^{1}P_m(x)P_n(x)dx=\int_{-1}^{1}1\,dx=\Bigl[x\Bigr]_{-1}^{1}=2$$

(ii) $n\geqq1$ のとき

$0\leqq m<n$ のとき $P_m(x)$ は $n-1$ 次以下の多項式なので，(4)より

$$\int_{-1}^{1}P_m(x)P_n(x)dx=0$$

$m=n$ のとき

$$\int_{-1}^{1}P_m(x)P_n(x)dx=\int_{-1}^{1}\left\{\frac{1}{n!\cdot2^n}f^{(n)}(x)\right\}^2dx$$

$$=\frac{1}{(n!)^2\cdot2^{2n}}\int_{-1}^{1}f^{(n)}(x)f^{(n)}(x)dx \quad\cdots\cdots(A)$$

ここで $n=1$ のとき

$$\int_{-1}^{1}f^{(n)}(x)f^{(n)}(x)dx=\int_{-1}^{1}f'(x)f'(x)dx$$

$$=\Bigl[f(x)f'(x)\Bigr]_{-1}^{1}-\int_{-1}^{1}f(x)f''(x)dx$$

$$=-\int_{-1}^{1}f(x)f''(x)dx \quad(\because \quad ①)$$

$n\geqq2$ のとき

$$\int_{-1}^{1}f^{(n)}(x)f^{(n)}(x)dx=\Bigl[f^{(n-1)}(x)f^{(n)}(x)\Bigr]_{-1}^{1}-\int_{-1}^{1}f^{(n-1)}(x)f^{(n+1)}(x)dx$$

$$=-\int_{-1}^{1}f^{(n-1)}(x)f^{(n+1)}(x)dx \quad(\because \quad ①)$$

$$=-\left\{\Bigl[f^{(n-2)}(x)f^{(n+1)}(x)\Bigr]_{-1}^{1}-\int_{-1}^{1}f^{(n-2)}(x)f^{(n+2)}(x)dx\right\}$$

$$=-\left\{-\int_{-1}^{1}f^{(n-2)}(x)f^{(n+2)}(x)dx\right\} \quad(\because \quad ①)$$

$$=(-1)^2\int_{-1}^{1}f^{(n-2)}(x)f^{(n+2)}(x)dx$$

これを繰り返せば

$$\int_{-1}^{1}f^{(n)}(x)f^{(n)}(x)dx=(-1)^n\int_{-1}^{1}f(x)f^{(2n)}(x)dx$$

よって，$n\geqq1$ のとき

$$\int_{-1}^{1} f^{(n)}(x) f^{(n)}(x) dx = (-1)^n \int_{-1}^{1} f(x) f^{(2n)}(x) dx$$

このとき

$$f(x) = (x^2 - 1)^n$$
$$= x^{2n} + {}_nC_1 \cdot (x^2)^{n-1} \cdot (-1) + \cdots + {}_nC_{n-1} \cdot x^2 \cdot (-1)^{n-1} + (-1)^n$$

なので

$$f^{(2n)}(x) = (2n)!$$

よって

$$\int_{-1}^{1} f^{(n)}(x) f^{(n)}(x) dx = (-1)^n \int_{-1}^{1} f(x) \cdot (2n)! \, dx$$

$$= (-1)^n \cdot (2n)! \int_{-1}^{1} f(x) dx \quad \cdots\cdots (B)$$

ここで，$x = \cos\theta$ とすると　　$\dfrac{dx}{d\theta} = -\sin\theta$, $\begin{array}{c|ccc} x & -1 & \to & 1 \\ \hline \theta & \pi & \to & 0 \end{array}$　なので

$$\int_{-1}^{1} f(x) dx = \int_{\pi}^{0} (\cos^2\theta - 1)^n \cdot (-\sin\theta) d\theta$$

$$= (-1)^n \int_{0}^{\pi} \sin^{2n+1}\theta \, d\theta$$

$$= (-1)^n I_{2n+1}$$

$$= (-1)^n \cdot \frac{2^{2n+1}(n!)^2}{(2n+1)!} \quad \cdots\cdots (C) \quad (\because \quad (2))$$

(A)(B)(C)より

$$\int_{-1}^{1} P_m(x) P_n(x) dx = \frac{1}{(n!)^2 \cdot 2^{2n}} \cdot (-1)^n \cdot (2n)! \cdot (-1)^n \cdot \frac{2^{2n+1}(n!)^2}{(2n+1)!}$$

$$= \frac{2}{2n+1}$$

(i)(ii)より，$0 \le m \le n$ を満たす 0 以上の整数 m, n に対して

$$\int_{-1}^{1} P_m(x) P_n(x) dx = \begin{cases} 0 & (m < n) \\ \dfrac{2}{2n+1} & (m = n) \end{cases} \quad \cdots\cdots (答)$$

=========== 解　説 ===========

《高次導関数を含む定積分の計算》

(1)　部分積分を用いて I_{2m+1} と I_{2m-1} の関係を導けばよい。

(2)　(1)で求めた等式の辺々の積を考えればよい。偶数の積や奇数の積を，階乗を用いて表すことができるかどうかがポイント。

(3)　「$l=0, 1, 2, \cdots, n-1$ のとき $f^{(l)}(1)=f^{(l)}(-1)=0$」に気づくことができれば，部分積分を用いて証明できる。部分積分を繰り返し行うので丁寧な記述が必要。

(4)　$n-1$ 次以下の多項式 $Q(x)$ を具体的に $Q(x)=\sum_{j=0}^{n-1} a_j x^j$ とおいて(3)を用いて証明すればよい。(3)で用いた「$l=0, 1, 2, \cdots, n-1$ のとき $f^{(l)}(1)=f^{(l)}(-1)=0$」を再び使う。

(5)　$P_m(x)$ が m 次多項式であることを考えれば，$m<n$ の場合は(4)を用いることがわかる。$m=n$ の場合は，$\int_{-1}^{1} f^{(n)}(x)f^{(n)}(x)dx$ で部分積分を繰り返し行うと，$\int_{-1}^{1} f(x)dx$ の計算に帰着させることができる。あとは $\int_{-1}^{1} f(x)dx$ で置換積分を用いて(2)が使える形にすればよい。(3)と同様丁寧な記述が必要。

物 理

1 解答

I. **(1)** 図Ⅰにおいて，Pにはたらく力のつりあいより

$$k(l_0-l_1)=Mg\sin\theta \quad \cdots\cdots ①$$

図Ⅱにおいて，PとQを一体とみなして同様に

$$k(l_0-l_2)=(M+m)g\sin\theta \quad \cdots\cdots ②$$

①，②の辺々を引いて

$$k(l_1-l_2)=mg\sin\theta$$

これより

$$k=\frac{mg\sin\theta}{l_1-l_2} \quad \cdots\cdots (答)$$

これを①に代入して

$$l_0=\left(\frac{M}{m}+1\right)l_1-\frac{M}{m}l_2 \quad \cdots\cdots (答)$$

(2) 題意より，QがPから受ける力Sはx軸の正の向き。作用反作用の法則より，PがQから受ける力は$-S$である。PとQの加速度は等しく，その大きさをaとすると，それぞれの運動方程式は

P：$Ma=k(l_0-l_2-x)-Mg\sin\theta-S$ $\quad\cdots\cdots(答)$

Q：$ma=-mg\sin\theta+S$ $\quad\cdots\cdots(答)$

上の2式よりaを消去し，(1)で求めたkを代入すれば

$$S=\frac{mk}{M+m}(l_0-l_2-x)=\frac{m^2g\sin\theta}{(M+m)(l_1-l_2)}(l_0-l_2-x) \quad \cdots\cdots(答)$$

(3) QがPから離れるとき，$S=0$である。(2)の結果を用いて

$$\frac{mk}{M+m}(l_0-l_2-x)=0$$

$$\therefore \quad x=l_0-l_2$$

PとQは原点Oを中心とする単振動となるので，ばねを押し縮めたときの長さl_3が

$$l_2-x=l_2-(l_0-l_2)=2l_2-l_0$$

より短ければよい。よって

$$l_3 < 2l_2 - l_0$$

$$\therefore \quad l_3 < -\left(\frac{M}{m}+1\right)l_1 + \left(\frac{M}{m}+2\right)l_2 \quad \cdots\cdots（答）$$

(4)　PとQは一体となって単振動を続ける。単振動の周期 T は

$$T = 2\pi\sqrt{\frac{M+m}{k}}$$

(1)の結果を用いて

$$T = 2\pi\sqrt{\frac{(M+m)(l_1-l_2)}{mg\sin\theta}} \quad \cdots\cdots（答）$$

Ⅱ. (1)　地球のまわりを等速円運動する人工衛星には，地球からの万有引力の他に遠心力がはたらく。人工衛星の速さを v とすると，力のつりあいの式より

$$\frac{mv^2}{R} = \frac{GMm}{R^2}$$

$$\therefore \quad v = \sqrt{\frac{GM}{R}}$$

これを用いれば

$$T = \frac{2\pi R}{v} = 2\pi R\sqrt{\frac{R}{GM}} = 2\pi\sqrt{\frac{R^3}{GM}} \quad \cdots\cdots（答）$$

(2)　(1)の結果より

$$\frac{T^2}{R^3} = \frac{4\pi^2}{GM} = 一定$$

それぞれの値を代入すれば

$$\frac{(27)^2}{(3.8\times10^8)^3} = \frac{(1)^2}{R_1^{\,3}}$$

これより

$$R_1 = \left(\frac{1}{27}\right)^{\frac{2}{3}}\times3.8\times10^8 = \left(\frac{1}{3^3}\right)^{\frac{2}{3}}\times3.8\times10^8 = \frac{1}{9}\times3.8\times10^8$$

$$= 4.22\times10^7 \fallingdotseq 4.2\times10^7 \text{ [m]} \quad \cdots\cdots（答）$$

(3)　面積速度一定の法則が成り立つ。

$$\frac{1}{2}R_1V_1 = \frac{1}{2}R_2V_2$$

$$\therefore \quad \frac{V_2}{V_1} = \frac{R_1}{R_2}$$

(2)の結果を用いて

$$\frac{V_2}{V_1} = \frac{4.22 \times 10^7}{1.4 \times 10^7} = 3.01 \fallingdotseq 3.0 \quad \cdots\cdots(\text{答})$$

(4)　無限遠点を万有引力による位置エネルギーの基準点として，力学的エネルギー保存則より

$$\frac{1}{2}mV_1{}^2 - \frac{GMm}{R_1} = \frac{1}{2}mV_2{}^2 - \frac{GMm}{R_2}$$

(2)と(3)の結果を用いて

$$\frac{1}{2}(3V_1)^2 - \frac{1}{2}V_1{}^2 = \left(\frac{1}{1.4 \times 10^7} - \frac{1}{4.2 \times 10^7}\right)GM$$

$$\therefore \quad V_1 = \sqrt{\frac{6.7}{1.4} \times 10^6} = \sqrt{47.8 \times 10^5}$$

$$= 6.9 \times 10^2 \times \sqrt{2 \times 5}$$

$$= 6.9 \times 1.4 \times 2.2 \times 10^2$$

$$= 2.12 \times 10^3 \fallingdotseq 2.1 \times 10^3 \, [\text{m/s}] \quad \cdots\cdots(\text{答})$$

=========== 解　説 ===========

《ばねにつながれた斜面上の2物体の運動，人工衛星の軌道》

Ⅰ. (1)　図Ⅰのとき，ばねの縮みは $l_0 - l_1$ である。同様に，図Ⅱでは $l_0 - l_2$ である。なお，ばねの弾性力の式 $F = kx$ に表れる x は，ばねの伸びまたは縮みである。(2)で定義される x 軸とは異なることに注意。

(2)　接触して運動する2物体には互いに逆向きの力（作用と反作用の関係）がはたらく（ばねの弾性力を受けるのはばねと接するPのみであり，Qは受けていない）。また，一体となって運動しているとき，2物体の加速度は等しい。

(3)　S の式から，S は物体の位置 x にともなって変化する。$S=0$ の条件より，$x = l_0 - l_2$ すなわちばねが自然長となる位置でQがPから離れる。

(4)　質量 m の物体がばね定数 k のばねにつながれて単振動するとき，周期は $T = 2\pi\sqrt{\dfrac{m}{k}}$ となる。これは斜面上の単振動でも成り立つ。

Ⅱ. (1)　人工衛星は大きさ $\dfrac{GMm}{R^2}$ の万有引力を向心力とする等速円運動をするから，運動方程式は

$$\frac{mv^2}{R} = \frac{GMm}{R^2}$$

　　これを人工衛星とともに運動する観測者から見ると，遠心力 $\dfrac{mv^2}{R}$ と万有引力のつりあいと考えることができる。

(2)　(1)の結果から半径と周期の関係式は次のように表すことができる。

$$\frac{T^2}{R^3} = 一定$$

　　これはケプラーの第 3 法則である。

(4)　有効数字 2 桁なので $\sqrt{47.8} \fallingdotseq \sqrt{48} = \sqrt{2^4 \times 3} = 4 \times 1.7 = 6.8$ と見積もると

$$6.8^2 = 46.24$$
$$6.9^2 = 47.61$$
$$7.0^2 = 49$$

　　これより近似値として $\sqrt{47.8} \fallingdotseq 6.9$ が最も適する。

②　**解答**　(1)　音波の波長を λ とする。図Ⅱより

$$3 \times \frac{\lambda}{2} = L_0 \qquad \therefore \quad \lambda = \frac{2L_0}{3}$$

波の式に代入して

$$f_0 = \frac{3V}{2L_0} \quad \cdots\cdots(答)$$

(2)　右図より

$$5 \times \frac{\lambda}{4} = L_0 - d$$

$$\therefore \quad d = L_0 - \frac{5}{4}\lambda$$

$$= L_0 - \frac{5}{4} \cdot \frac{2L_0}{3}$$

$$= \frac{L_0}{6} \quad \cdots\cdots(答)$$

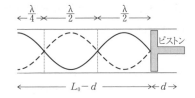

(3)　最初の共鳴が起こるとき，ピストンの位置が右から 1 番目の節の位置に一致している。右上図より 3 個　……(答)

(4)　節の数が n 個のとき，管内には $\dfrac{2n-1}{4}\lambda$ の定常波が生じる。

したがって，(2)と同様に

$$\frac{2n-1}{4}\lambda = L_1$$

$$\therefore\quad \lambda = \frac{4L_1}{2n-1} \quad \cdots\cdots(答)$$

(5)　ピストンを半波長の大きさだけ移動させるごとに共鳴が起きる。
したがって

$$L_2 - L_1 = \frac{\lambda}{2}$$

(4)の結果を用いて

$$L_2 = L_1 + \frac{2L_1}{2n-1} = \frac{2n+1}{2n-1}L_1$$

$$\therefore\quad n = \frac{L_1 + L_2}{2(L_2 - L_1)} \quad \cdots\cdots(答)$$

(6)　振動数 f_1 のときの波長を λ_1 [m] とし，f_2 のとき λ_2 [m] とする。音速 V は一定だから，波の式より，$f_1 < f_2$ のとき $\lambda_1 > \lambda_2$ となる。したがって再び共鳴が起こったとき，節の数は1つ増える。(4)の結果において，$n \to n+1$ とすると

$$\lambda_2 = \frac{4L_1}{2(n+1)-1} = \frac{4L_1}{2n+1}$$

これと(4)の結果を用いて

$$\frac{f_2}{f_1} = \frac{\lambda_1}{\lambda_2} = \frac{4L_1}{2n-1} \div \frac{4L_1}{2n+1} = \frac{2n+1}{2n-1} \quad \cdots\cdots(答)$$

(7)　音速の式より，気温を上昇させると音速は大きくなる。振動数は一定だから，波の式より，波長は大きくなる。したがって再び共鳴が起こったとき，節の数は1つ減る。$t=0$ [℃]，$n=19$ のときの音速を V_0 [m/s] とし，波長を λ_0 [m] とする。$t=t_1$ のとき $n=18$ となる。(4)の式を用いて波長の比を求めると

$$L = \frac{2\times19-1}{4}\lambda_0 = \frac{2\times18-1}{4}\lambda$$

$$\therefore\quad \frac{\lambda}{\lambda_0} = \frac{37}{35}$$

音速の式を用いて音速の比を求めると

$$\frac{V}{V_0} = \frac{331.5 + 0.6t_1}{331.5}$$

音速は波長に比例するから，上の2式より

$$\frac{331.5+0.6t_1}{331.5}=\frac{37}{35}$$

$$\therefore \quad t_1=\left(\frac{37}{35}-1\right)\times331.5\times\frac{10}{6}$$

$$=\frac{221}{7}=31.5\fallingdotseq32 \text{ [℃]} \quad\cdots\cdots(\text{答})$$

=============== 解　説 ===============

《気柱の共鳴》

(1)　定常波の節と節の間隔は $\frac{1}{2}\lambda$ であり，節と腹の間隔は $\frac{1}{4}\lambda$ である。

(2)・(3)　ピストン側は閉口端であり，定常波は節となる。したがって，ピストンが右端から1番目の節の位置まで来たとき，最初の共鳴が起こる。

(4)　開口端には腹が生じ，腹から節までが4分の1波長である。残りの節 $n-1$ 個の間隔はそれぞれ半波長であるから

$$\frac{\lambda}{4}\times1+\frac{\lambda}{2}\times(n-1)=\frac{2n-1}{4}\lambda$$

(6)・(7)　閉管では，共鳴が起こるとき，開口端で腹，閉口端で節の条件を満たす。この条件式が(4)の式である。これより，閉管の長さが一定のとき，波長を大きくすると節の数は減少し，波長を小さくすると節の数は増加する。また，波の式より，音速が一定のとき振動数と波長は反比例し，振動数が一定のとき音速と波長は比例する。

(1)　極板間の電圧は起電力に等しい。
　　したがって，一様な電場の大きさは

$$E=\frac{V}{d} \quad\cdots\cdots(\text{答})$$

(2)　静電容量は極板間の距離に反比例する。

　したがって

$$\frac{C'}{C}=\frac{d}{d+\varDelta d}$$

$$\therefore \quad C'=\frac{d}{d+\varDelta d}C \quad\cdots\cdots(\text{答})$$

(3)　蓄えられている電気量 Q は変化しないから，動かす前の静電エネル

ギー U' と，動かした後の静電エネルギー U を Q を用いて表すと

$$\Delta U = U' - U = \frac{Q^2}{2C'} - \frac{Q^2}{2C} = \left(\frac{d+\Delta d}{d} - 1\right) \cdot \frac{Q^2}{2C} = \frac{\Delta d}{d} \cdot \frac{1}{2}CV^2$$

……(答)

(4)　電場は一様と見なせるから，A を動かす間，極板間の引力は一定である。引力に逆らって外力がした仕事の分だけ静電エネルギーが変化するから

$$F\Delta d = \frac{\Delta d}{d} \cdot \frac{1}{2}CV^2$$

$$\therefore \quad F = \frac{CV^2}{2d} \quad ……(答)$$

(5)　金属板を挿入したコンデンサーを，静電容量が $3C$ の上側コンデンサーと静電容量 C の下側コンデンサーの直列

接続と考える。十分時間が経過した後，電荷の分布は右図のようになり，それぞれのコンデンサーの電位差は $\dfrac{Q}{3C}$ と $\dfrac{Q}{C}$ になる。AB

間の電位差が起電力に等しいから

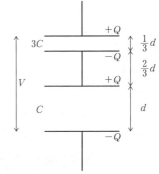

$$\frac{Q}{3C} + \frac{Q}{C} = V$$

$$\therefore \quad Q = \frac{3}{4}CV \quad ……(答)$$

(6)　誘電体を挿入したコンデンサーを，静電容量が $\dfrac{C}{4}$ の左側コンデンサーと比誘電率 5 より静電容量が $\dfrac{5}{4}C$ の右側コンデンサーの並列接続と考

える。並列接続されたコンデンサーの電位差は起電力に等しいから，それぞれのコンデンサーに蓄えられる電気量は $\dfrac{1}{4}CV$ と

$\dfrac{5}{4}CV$ になる。

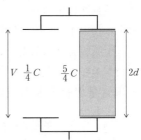

したがって，求める電荷は

$$Q' = \frac{1}{4}CV + \frac{5}{4}CV = \frac{3}{2}CV \quad ……(答)$$

―――――――　解　説　―――――――

《金属板や誘電体を挿入した平行板コンデンサー》

(2)　静電容量の式は

$$C = \frac{\varepsilon_0 S}{d}$$

ここに ε_0 は真空の誘電率，S は極板の面積である。

この式より，$d \to d + \Delta d$ とすると

$$C' = \frac{\varepsilon_0 S}{d + \Delta d} = \frac{d}{d + \Delta d} \cdot \frac{\varepsilon_0 S}{d} = \frac{d}{d + \Delta d} C$$

(3)　スイッチを開いているとき，コンデンサーの両極板は孤立しており，蓄えられた電気量は変化しない。したがってコンデンサーの式 $Q = CV$ より，静電容量と極板間の電位差は反比例する。

(2)の結果から A を動かした後の電位差 V' は

$$V' = \frac{d + \Delta d}{d} V$$

これは次のように考えることができる。ガウスの法則より，極板から出る電気力線の本数は変化しないため，極板間に生じる一様な電場では，極板からの距離によらず電場の強さ E は一定となる。

したがって，一様な電場と電位差の関係 $V = Ed$ から

$$V' = E(d + \Delta d) = \frac{d + \Delta d}{d} \cdot Ed = \frac{d + \Delta d}{d} V$$

静電エネルギーは

$$U = \frac{1}{2} QV = \frac{1}{2} CV^2 = \frac{Q^2}{2C}$$

より，与えられた量と不変な量を考慮して用いるとよい。

(4)　極板間に生じる引力 $F = QE$ は一定。したがって引力に逆らって外力がする仕事 W は $W = F\Delta d$ となる。

(5)　金属板を挿入したコンデンサーは，2 つのコンデンサーが直列接続されたものとみなすことができる。コンデンサーの直列接続では，孤立部分の電気量保存則から充電後の電荷分布が決められる。静電容量の式 $C = \frac{\varepsilon_0 S}{d}$ から，極板間距離 $\frac{1}{3} d$ のコンデンサーの静電容量は $3C$ となる。なお，前問までの設定のようにコンデンサーを充電した後にスイッチを開

いた状態で，さらに極板間距離を $2d$ となるまで A を動かした場合，A と B には電荷が蓄えられていたから，AB 間の電位差は $2V$ となる。しかし，次にスイッチを閉じると，この電荷の一部が電池に向かって逆流して減少し，結局 AB 間の電位差が起電力 V に等しくなるとコンデンサーの充電が完了する。

(6)　誘電体が挿入された部分と挿入されていない部分に分けて，それぞれのコンデンサーが並列接続されたものとみなすことができる。コンデンサーの並列接続では，充電後の各コンデンサーの電位差が起電力に等しいことから電荷分布が決められる。静電容量の式から，極板間距離が $2d$ で極板面積が $\frac{1}{2}S$ のコンデンサーの静電容量は $\frac{1}{4}C$ となる。また，比誘電率 ε_r の誘電体を挿入すると，静電容量は ε_r 倍になる。

//////////////// · memo · ////////////////

//////////////// · **memo** · ////////////////

////////////////// · **memo** · //////////////////

//////////////// · **memo** · ////////////////

//////////////// · **memo** · ////////////////

2022
年度

問題と解答

■海上保安大学校・気象大学校：
　　　　　学科試験・基礎能力試験（多肢選択式）

問題編

▶第 1 次試験

大学校	試験種目	内　　　　　容	配点比率
海上保安大学校	学科試験	数学 I・II・A・B⑬	$\dfrac{2}{7}$
		コミュニケーション英語 I・II⑬	
	基礎能力試験	知能分野 20 問（文章理解⑦，課題処理⑦，数的処理④，資料解釈②） 知識分野 20 問（自然科学⑤，人文科学⑨，社会科学⑥）	$\dfrac{2}{7}$
気象大学校	学科試験	数学 I・II・A・B⑬	$\dfrac{3}{12}$
		コミュニケーション英語 I・II⑬	
		物理基礎，物理⑬	
	基礎能力試験	知能分野 20 問（文章理解⑦，課題処理⑦，数的処理④，資料解釈②） 知識分野 20 問（自然科学⑤，人文科学⑨，社会科学⑥）	$\dfrac{3}{12}$

▶出題範囲

「数学 B」は数列，ベクトルの分野に限る。

▶備　考

・内容欄の◯内の数字は出題予定数。

・第 1 次試験合格者は，「学科試験（多肢選択式）」，「基礎能力試験（多肢選択式）」および「学科試験（記述式）」の成績を総合して決定する。

・基準点（満点の 30%〈気象大学校の学科試験は 16 点〉）に達しない試験種目が一つでもある受験者は，他の試験種目の成績にかかわらず不合格となる。

■学科試験■

◀海上保安大学校▶

（120 分）

〔注意事項〕

　単位の明示されていない量については，全て国際単位系（SI）を用いることとします。

【No. 1】 a を正の定数とする。不等式 $|2x-3| \leqq a$ を満たす整数 x がちょうど 8 個存在するような a の範囲として正しいのはどれか。

1. $5 < a < 10$
2. $5 \leqq a < 9$
3. $7 < a < 9$
4. $7 \leqq a < 9$
5. $7 \leqq a \leqq 10$

【No. 2】 2 次方程式 $x^2 - 2ax + 2a + 3 = 0$ が共に 2 より大きい相異なる実数解をもつための定数 a の範囲として正しいのはどれか。

1. $a < -1,\ 3 < a$

2. $-1 < a < 3$

3. $2 < a < \dfrac{7}{2}$

4. $3 < a < \dfrac{7}{2}$

5. $a > 3$

【No. 3】 AB = 5，AC = 3，∠BAC = 120° の △ABC について、∠BAC の二等分線と辺 BC との交点を D とするとき、線分 AD の長さはいくらか。

1. $\dfrac{9}{8}$

2. $\dfrac{3}{2}$

3. $\dfrac{15}{8}$

4. $\dfrac{9}{4}$

5. $\dfrac{21}{8}$

【No. 4】 a，b，c，d，e の 5 人が三つの部屋 A，B，C に入るとき、空き部屋がない場合の入り方は全部で何通りあるか。

1. 147 通り

2. 150 通り

3. 153 通り

4. 240 通り

5. 243 通り

【No. 5】 等式 $abc - 5ab + 2ac - 10a = 8$ を満たす三つの整数の組 (a, b, c) の個数はいくらか。

1. 30 個

2. 36 個

3. 40 個

4. 44 個

5. 50 個

【No. 6】 平行四辺形 ABCD において、辺 BC, CD の中点をそれぞれ M, N とし、AM, AN と対角線 BD の交点をそれぞれ P, Q とする。AB = 4, BC = 6, BP = 2 であるとき、PQ の長さはいくらか。

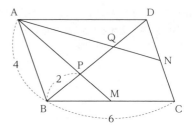

1. $\dfrac{5}{3}$

2. 2

3. $\dfrac{7}{3}$

4. $\dfrac{5}{2}$

5. 3

【No. 7】 $a > 1$ のとき、$a^2 + \dfrac{9}{a^2-1}$ の最小値はいくらか。

1. 3
2. 4
3. 5
4. 6
5. 7

【No. 8】 連立不等式 $x^2+y^2 \leqq 4$, $x+2y+2 \geqq 0$ の表す領域を D とする。点 P(x, y) が領域 D 内を動くとき、$2x+y$ の最大値と最小値の組合せとして正しいのはどれか。

	最大値	最小値
1.	$2\sqrt{5}$	-4
2.	$2\sqrt{5}$	-2
3.	$3\sqrt{5}$	0
4.	$3\sqrt{5}$	-4
5.	$3\sqrt{5}$	-2

【No. 9】 $\cos\theta + \cos^2\theta = 1 \ (0 \le \theta < 2\pi)$ のとき、$\sin^6\theta$ はいくらか。

1. $\dfrac{\sqrt{5}-2}{2}$

2. $\dfrac{\sqrt{5}-1}{2}$

3. $\sqrt{5}-2$

4. $\sqrt{5}-1$

5. $\sqrt{5}$

【No. 10】 $\sqrt[4]{3}, \sqrt[5]{4}, \sqrt[6]{5}$ の大小を比べ、小さい順に並べたものとして正しいのはどれか。

1. $\sqrt[4]{3} < \sqrt[5]{4} < \sqrt[6]{5}$
2. $\sqrt[4]{3} < \sqrt[6]{5} < \sqrt[5]{4}$
3. $\sqrt[5]{4} < \sqrt[4]{3} < \sqrt[6]{5}$
4. $\sqrt[5]{4} < \sqrt[6]{5} < \sqrt[4]{3}$
5. $\sqrt[6]{5} < \sqrt[4]{3} < \sqrt[5]{4}$

【No. 11】 関数 $f(x)$ が等式

$$f(x) = 2x + \int_0^2 tf(t)dt$$

を満たしているとき、$\displaystyle\int_0^2 tf(t)dt$ の値はいくらか。

1. $-\dfrac{16}{3}$

2. -4

3. 0

4. 4

5. $\dfrac{16}{3}$

【No. 12】 数列 $\{a_n\}$ の第 n 項が $a_n = 1+3+3^2+\cdots+3^{n-1} = \sum_{k=1}^{n} 3^{k-1}$ で表されるとき、$\{a_n\}$ の初項から第 100 項までの和はいくらか。

1. $\dfrac{3^{99}-3}{4}$

2. $\dfrac{3^{100}-3}{4}$

3. $\dfrac{3^{100}-203}{4}$

4. $\dfrac{3^{101}-3}{4}$

5. $\dfrac{3^{101}-203}{4}$

【No. 13】 座標空間内の 4 点 A$(0, -1, 1)$, B$(2, 0, 0)$, C$(1, 0, 1)$, D$(t, 2, 0)$ (t は実数) が同一平面上にあるとき、t の値はいくらか。

1. -2
2. 0
3. 2
4. 4
5. 6

【No. 14】 次の㋐〜㋓のうち、下線部の語句を各行右側の（　　　）内の単語に置き換えた場合においても、ほぼ同じ意味の文になるもののみを挙げているのはどれか。

㋐　The <u>unclear</u> question by the student left the teacher confused.　　（vague）

㋑　This cloth has a <u>complex</u> pattern of flowers.　　（splendid）

㋒　It is <u>incredible</u> to me that he accepted the offer.　　（unbelievable）

㋓　We had <u>enough</u> time to call on her.　　（excessive）

1. ㋐、㋑
2. ㋐、㋒
3. ㋐、㋓
4. ㋑、㋒
5. ㋑、㋓

【No. 15】 次のA、B、Cの(　　　)内の㋐、㋑から、より適切なものを選び出したものの組合せとして最も妥当なのはどれか。

A．She believes that honesty (㋐ pays　㋑ receives) in the long run.

B．I want to (㋐ come true　㋑ realize) my dream of traveling through space.

C．He isn't (㋐ answering　㋑ responding) the phone. He must be out.

	A	B	C
1.	㋐	㋐	㋐
2.	㋐	㋐	㋑
3.	㋐	㋑	㋐
4.	㋑	㋐	㋐
5.	㋑	㋑	㋑

【No. 16】 次のA、B、Cの(　　　)内の㋐、㋑から、より適切なものを選び出したものの組合せとして最も妥当なのはどれか。

A．The presentation was given by Nao and Chihiro, both of (㋐ which　㋑ whom) have studied abroad.

B．The award will be given to (㋐ every　㋑ whichever) team makes the best proposal.

C．The program provides special training to help students practice (㋐ what　㋑ which) is taught in the class.

	A	B	C
1.	㋐	㋐	㋑
2.	㋐	㋑	㋐
3.	㋑	㋐	㋐
4.	㋑	㋐	㋑
5.	㋑	㋑	㋐

【No. 17】 次のA、B、Cの(　　　)内の㋐、㋑から、より適切なものを選び出したものの組合せとして最も妥当なのはどれか。

A．He likes white rice better than (㋐ brown one　㋑ brown rice).

B．I have four balls here. One is black and the (㋐ ones　㋑ others) are all white.

C．Something is wrong (㋐ in　㋑ with) this camera.

	A	B	C
1.	㋐	㋐	㋐
2.	㋐	㋑	㋑
3.	㋑	㋐	㋑
4.	㋑	㋑	㋐
5.	㋑	㋑	㋑

【No. **18**】 次のA、B、Cの(　　　)内の㋐、㋑から、より適切なものを選び出したものの組合せとして最も妥当なのはどれか。

　A．The weight of the snow (㋐ caused　㋑ made) the roof to collapse.

　B．The room was so noisy that I didn't hear my name (㋐ called　㋑ calling).

　C．She has to have her homework (㋐ finish　㋑ finished) by Wednesday.

	A	B	C
1.	㋐	㋐	㋑
2.	㋐	㋑	㋐
3.	㋐	㋑	㋑
4.	㋑	㋐	㋐
5.	㋑	㋑	㋑

【No. **19**】 次のA、B、Cの(　　　)内の㋐、㋑から、より適切なものを選び出したものの組合せとして最も妥当なのはどれか。

　A．He notices hardly (㋐ any　㋑ few) difference in their clothes.

　B．Reading books is on no (㋐ account　㋑ way) a waste of time.

　C．The new hypothesis has (㋐ already　㋑ yet) to be proved.

	A	B	C
1.	㋐	㋐	㋐
2.	㋐	㋐	㋑
3.	㋐	㋑	㋑
4.	㋑	㋐	㋐
5.	㋑	㋑	㋑

【No. **20**】 次の英文の空欄A、B、Cに当てはまるものを㋐、㋑、㋒から選び出したものの組合せとして最も妥当なのはどれか。

A crocodile in Indonesia that had a motorcycle tire stuck around its neck for six years has had a huge weight lifted from its shoulders. The crocodile was set free by a 35-year-old animal lover named Tili, in the city of Palu on the island of Sulawesi on Feb. 7, 2022. Like many Indonesians, Tili uses only one name. "I just can't stand to see animals hurt. Even snakes, I will help," said Tili, whose wildlife expertise is self-taught. His efforts are being celebrated by locals — and those who had attempted previous rescues — [A].

It isn't clear how the crocodile, which at four metres*1 is the length of a standard car, originally got the tire stuck around its neck. Wildlife wranglers*2 from all over the world had tried to free the crocodile after it was first spotted in 2016. In 2020, local conservation officials even offered an unspecified reward for anyone who could free the crocodile. That same year, American outdoor adventurer and TV presenter Forrest Galante attempted a rescue.

Galante said that he and his crew spotted the crocodile shortly after landing in Palu, but were forced to leave the island because of the pandemic. They never got the chance to attempt a rescue. "We sat there and watched this crocodile from about 15 feet away for close to an hour before he lazily slinked*3 back into the river. And I was like, 'Oh my god, I'll never get another opportunity like that.'" Galante was one of many who cheered along while watching a live stream of Tili's rescue effort.

Tili set up a basic trap with a rope tied to a log, using chicken and ducks as bait for the crocodile. He tracked the reptile*4 for three weeks, [B]. Once caught, Tili and his friends tied up the crocodile by binding its legs, tail and jaw, then used a hacksaw*5 to remove the tire. "Many people were skeptical*6 about me and thought I was not serious" about capturing the crocodile, said Tili through a translator. Well, he certainly proved them wrong. And he likely saved the animal's life in the process.

Galante said the crocodile would probably have died if the tire hadn't been removed. Eventually "he would have gotten so big that the tire would have begun to asphyxiate*7 him and restrict him taking food in," he said. Of course, [C].

*1 metre = meter

*2 wrangler: 動物の世話をする人

*3 slink: to move somewhere very quietly and slowly

*4 reptile: は虫類

*5 hacksaw: 弓のこ(歯の細かいのこぎり)

*6 skeptical: having doubts that a claim or statement is true or that something will happen

*7 asphyxiate: 窒息させる

出典追記：Finally free! Man removes tire from crocodile's neck after 6 years, CBC Kids News on February 20, 2016

㋐　even though Tili calls himself a self-taught animal expert, don't try this one at home

㋑　as it was thought the crocodile would eventually choke and die as it grew larger

㋒　but the crocodile escaped the trap on two separate occasions before finally being captured

	A	B	C
1.	㋐	㋑	㋒
2.	㋐	㋒	㋑
3.	㋑	㋐	㋒
4.	㋑	㋒	㋐
5.	㋒	㋐	㋑

【No. 21】　次の文の内容に合致するものとして最も妥当なのはどれか。

On Sunday, July 18, 2021, a social media post alerted me that a fire was burning in my hometown of Medford, Oregon, and I immediately called my father to make sure everything was OK. Luckily, the small brush[*1] fire was already contained, and no one was harmed. I felt a rush of relief; good news about fires during the summer is rare.

Just last year, a brush fire ignited roughly a dozen miles south of Medford and quickly spread to the nearby towns of Phoenix and Talent. Dozens of wildfires were burning throughout Oregon and state resources were spread thin, so local fire crews were forced to fight the fire without any reinforcements[*2]. The fire burned around 2,800 buildings, largely destroying two towns and leaving thousands homeless.

Unfortunately, the fire season in 2021 is shaping up to be just as bad. On July 20, Oregon Governor Kate Brown announced at least nine large fires were burning across the state. Currently, the largest wildfire in the US is Oregon's Bootleg Fire; burning just two hours away from my hometown, it has already consumed more than 413,000 acres and is only 53% contained.

After a warm, dry winter that brought less precipitation[*3] than expected, Oregon's fire season started early and will likely get worse as summer continues. But Oregon isn't an outlier[*4]; nearly all of the American west looks the same. From British Columbia to Southern California, the summer has brought a cornucopia[*5] of extreme climate emergencies to the west coast of North America.

During the last week of June, most of the Pacific Northwest saw extreme heatwaves that shattered previous records. In Portland, Oregon, temperatures reached 46.7 degrees Celsius; the city's public transit authority was forced to cancel light rail and streetcar service when power cables literally melted in the heat. That same day, the small town of Lytton in British Columbia, Canada, broke national records for the third day in a row when temperatures rose to 49.6 degrees Celsius. A sudden wildfire destroyed more than 90% of the town shortly after.

    *1 brush: 雑木林

    *2 reinforcement: extra soldiers or police officers etc. who are sent to a place because more are needed

    *3 precipitation: 降水量

    *4 outlier: 異常値

    *5 cornucopia: 非常にたくさんあること

1. 2021 年 7 月 18 日に筆者の故郷で生じた火災は、夏に発生した非常にまれな大規模火災であったが、すぐに鎮火され、けが人もいなかった。

2. 2020 年にオレゴン州の 12 か所で山火事が発生したとき、地域の消防隊の人員が足りず多くの森林が焼けたが、町や住宅への影響はなかった。

3. オレゴン州のブートレッグ火災では、わずか 2 時間で同州の山の面積の 53 ％ に相当する 413,000 エーカー以上が焼けた。

4. 暖かく乾燥した冬の影響で予想よりも春の降水量が少なくなったため、オレゴン州の火災シーズンは夏に状況が悪化すると考えられているが、これは同州のみで懸念される現象である。

5. カナダのブリティッシュコロンビア州の小さな町であるリットンにおける気温が摂氏 49.6 度にまで達し、3 日連続で国の記録を更新した。

【No. 22】　次の文の内容に合致するものとして最も妥当なのはどれか。

　　　How do we know where we are? How can we find the way from one place to another? And how can we store this information in such a way that we can immediately find the way the next time we trace the same path? The 2014 Nobel Laureates have discovered a positioning system, an "inner GPS" in the brain that makes it possible to orient ourselves in space, demonstrating a cellular*1 basis for higher cognitive function.

　　　In 1971, John O'Keefe discovered the first component of this positioning system. He found that a type of nerve cell in an area of the brain called the hippocampus*2 was always activated when a rat was at a certain place in a room. Other nerve cells were activated when the rat was at other places. O'Keefe concluded that these "place cells" formed a map of the room.

　　　More than three decades later, in 2005, May-Britt Moser and Edvard Moser discovered another key component of the brain's positioning system. They identified another type of nerve cell, which they called "grid cells", that generate a coordinate system[*3] and allow for precise positioning and pathfinding. Their subsequent research showed how place and grid cells make it possible to determine position and to navigate.

The discoveries of John O'Keefe, May-Britt Moser and Edvard Moser have solved a problem that has occupied philosophers and scientists for centuries — how does the brain create a map of the space surrounding us and how can we navigate our way through a complex environment?

The sense of place and the ability to navigate are fundamental to our existence. The sense of place gives a perception of position in the environment. During navigation, it is interlinked with a sense of distance that is based on motion and knowledge of previous positions.

Questions about place and navigation have engaged philosophers and scientists for a long time. More than 200 years ago, the German philosopher Immanuel Kant argued that some mental abilities exist as a priori[*4] knowledge, independent of experience. He considered the concept of space as an inbuilt principle of the mind, one through which the world is and must be perceived. With the advent of behavioural[*5] psychology in the mid-20th century, these questions could be addressed experimentally. When Edward Tolman examined rats moving through labyrinths[*6], he found that they could learn how to navigate, and proposed that a "cognitive map" formed in the brain allowed them to find their way. But questions still lingered — how would such a map be represented in the brain?

[*1] cellular < cell: 細胞

[*2] hippocampus: 海馬（記憶に関わる脳の領域）

[*3] coordinate system: 座標系

[*4] a priori: 先天的な

[*5] behavioural = behavioral

[*6] labyrinth: 迷路

1. 人間には GPS 機能が備わっているが、複雑な環境においては自身の位置情報を正確に把握することができない。

2. John O'Keefe は、ラットを部屋に置いたとき、その位置にかかわらず脳内の特定の同じ神経細胞が常に活性化することを発見した。

3. May-Britt Moser と Edvard Moser の研究によって、どのようにして場所細胞とグリッド細胞が空間位置の決定やナビゲーションを可能にしているかが示された。

4. John O'Keefe や May-Britt Moser と Edvard Moser の発見は、脳がどのように空間や道に関する情報を長期間保存しているのかという長年の疑問の回答となるものだった。

5. 200 年以上前に、Immanuel Kant が生物の脳内には「認知地図」が先天的に備わっていると述べており、Edward Tolman はラットがその「認知地図」に従って迷路を抜け出すことを発見した。

【Nos. **23** and **24**】　Answer the two questions No.23 and No.24 about the following passage.

Choice and decision-making are fundamental aspects of life, and the choices people make determine, in part, the quality of life. Bias is a factor in decision-making and can lead to less-than-optimal decisions. We must learn to remove any potential unconscious bias from our choices.

The following are three examples of common decision biases that should be considered in approaching most daily choices.

1. Present bias

Most of our everyday decisions have a time dimension, meaning that they involve tradeoffs between costs and benefits occurring at different times. Such choices pervade[*1] our lives, from daily decisions to ones that can have lifelong consequences, such as saving for retirement, education, and marriage.

For example, the main problem with most bad habits (e.g., overeating or procrastination[*2]) is that 　　　　　　　　　　　　　　. A desire to indulge in immediate pleasures may lead us to overeat or to postpone unpleasant tasks, such as preparing for an exam. The health consequences, such as a shorter life, will come over a long-time horizon that we are unable to realize now.

In general, we want things now rather than later. There is psychological discomfort associated with self-denial. We also tend to think about our future selves as if they are someone else, wholly different from who we are today. Seeing that distant future self as an emotional stranger may result in decisions that prioritize today over tomorrow.

Reorienting[*3] an individual away from immediate gratification[*4] and toward making more future-oriented decisions is a logical step. Myopic[*5] behavior is not set in stone. It can change with experience and education.

2. Erroneous sense-making

We have a universal desire to find meaning and patterns everywhere. Making sense is a deep human motivation, but making sense is not the same as being correct. As the saying goes, "even a broken clock is right twice a day." The world is complex, and appearances fool us.

A lot of what happens to us (e.g., success in our career, our life choices) is as much the result of random factors as the result of preparedness and hard work. For example, a graduating student can be lucky and enter the job market when it is strong, or unlucky and enter the job market in the middle of a recession. Other random factors include where you are born, where you go to school, your health, and so on.

It is important that we recognize this built-in mental bias. Because events do not come labeled random. Instead, this must be inferred. Our intuition[*6] does not grasp the nature of randomness. Our intuitive mind is the sense-making organ, which sees the world as simple, predictable, and coherent. This coherence makes us feel good.

3. Cherry-picking data

Cherry-picking data refers to selecting information that supports a particular view while ignoring relevant contradictory evidence. Belief beats out facts. People tend to embrace information that supports their beliefs and reject information that contradicts them. People can also selectively decide what information to pay attention to from the vast amount of information available to them.

For example, a person who is already skeptical[*7] about vaccine safety would most likely search for information confirming this belief. This bias makes it difficult for new information (the relative risks of vaccination versus the disease) to penetrate existing beliefs. Similarly, a person with low self-esteem is highly sensitive to being ignored by other people, and they constantly monitor for signs that people might not like them.

Seeking to confirm our beliefs comes naturally, while it feels strong and counterintuitive[*8] to look for evidence that contradicts our beliefs. This explains why opinions survive and spread. Disconfirming instances are far more powerful in establishing truth. A key to making a good decision is to treat your beliefs as hypotheses to be tested rather than defending them.

[*1] pervade: to spread through and be noticeable in every part of something

[*2] procrastination < procrastinate: to delay doing something that you ought to do, usually because you do not want to do it

[*3] reorient: to change the focus or direction of somebody or something

[*4] gratification: the state of feeling pleasure when something goes well for you or when your desires are satisfied

[*5] myopic: unwilling or unable to think about the future, especially about the possible results of a particular action

[*6] intuition: the ability to know something by using your feelings rather than considering facts

[*7] skeptical: having doubts that a claim or statement is true or that something will happen

[*8] counterintuitive: the opposite of what you would expect or what seems to be obvious

【No. 23】 Select the most suitable words from those below to fill in the blank space ⬚ .

1. the costs as well as the pleasures from them occur in the present
2. the costs occur in the future, whereas the pleasures from them occur in the present
3. the costs occur in the future, whereas the pleasures from them do not occur in the present
4. the costs occur in the present, whereas the pleasures from them do not occur in the future
5. the costs occur in the present, whereas the pleasures from them occur in the future

【No. 24】 Select the statement which best corresponds to the contents of the passage.

1. There are a variety of biases in life, so we need to learn how to get rid of them when we make decisions.
2. Collecting evidence for a regular pattern is useful in discarding our beliefs.

出典追記：3 Keys to Better Decisions, Psychology Today on January 25, 2022 by Shahram Heshmat

3. People doubt whether or not the clock keeps accurate time.
4. As a lot of random factors influence life, there is no point in making any efforts.
5. We should be free from bias claiming that nature is random and complex.

【No. 25】 次の会話の(　　　)内に㋐～㋗の語句を文意が通るように並べ替えて入れるとき、2番目と5番目に来るものの組合せとして最も妥当なのはどれか。

A：Let's go to this movie at the theater. The movie has Japanese subtitles in case viewers have trouble following the conversation in English.

B：That sounds like it might be fun. I have trouble with subtitles, though.

A：Why is that?

B：I (　　　　　　　　) the character in the movie is really saying. If I understand the English, I know the person who did the subtitles didn't include all the information.

㋐ annoying　㋑ don't　㋒ find　㋓ it　㋔ match　㋕ the subtitles　㋖ what　㋗ when

	2番目	5番目
1.	㋐	㋑
2.	㋒	㋓
3.	㋓	㋑
4.	㋓	㋕
5.	㋔	㋒

【No. 26】 The pie charts below show the number of hours per week spent in a British university library by the total student population, undergraduates, and postgraduates. Select the statement which best corresponds what can be read from the charts.

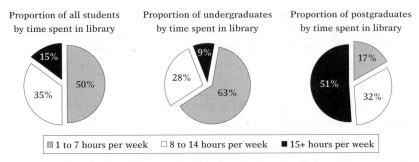

Proportion of all students by time spent in library

Proportion of undergraduates by time spent in library

Proportion of postgraduates by time spent in library

■ 1 to 7 hours per week　　□ 8 to 14 hours per week　　■ 15+ hours per week

1. A minority of undergraduates used the library for fifteen or more hours per week.

2. About a half of undergraduate students as opposed to nearly a third of postgraduate students spent between eight and fourteen hours per week in the library.

3. Undergraduate students were less likely than postgraduate students to use the library, with just under one quarter of the former spending 1 to 7 hours per week in the library.

4. Comparing undergraduates and postgraduates, the percentages of students spending 1 to 7 hours per week and 8 to 14 hours per week in the library were very similar.

5. Overall, the proportion of postgraduate students who spent fifteen hours a week or more in the library was very different from the entire student body who spent 1 to 7 hours a week in the library.

出典追記：Improve Your IELTS Writing Skills by Sam McCarter and Norman Whitby, Macmillan Education

◀気象大学校▶

（180 分）

〔注意事項〕

　単位の明示されていない量については，全て国際単位系（SI）を用いることとします。

【No. 1】 ～ 【No. 26】

◀海上保安大学校▶　No. 1 ～ No. 26 に共通。

【No. 27】　x 軸上を等加速度直線運動している物体があり，時刻 $t = 0\,\mathrm{s}$ の速度は x 軸の正の向きに $12\,\mathrm{m/s}$，時刻 $t = 6.0\,\mathrm{s}$ の速度は x 軸の負の向きに $6.0\,\mathrm{m/s}$ であった。この $6.0\,\mathrm{s}$ 間に物体が移動した距離として最も妥当なのはどれか。

1.　21 m
2.　24 m
3.　27 m
4.　30 m
5.　33 m

【No. 28】　図のように，太さが一様で均質な棒 AB が，水平で粗い床と，鉛直で滑らかな壁に立てかけられて静止している。端 B を右にずらし，棒をさらに傾けたところ，棒と壁のなす角度が θ を超えたとき，棒が滑り始めた。棒と床の間の静止摩擦係数として最も妥当なのはどれか。

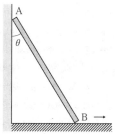

1.　$\dfrac{\sin\theta}{4}$

2.　$\dfrac{\tan\theta}{4}$

3.　$\dfrac{\sin\theta}{2}$

4. $\dfrac{\cos\theta}{2}$

5. $\dfrac{\tan\theta}{2}$

【No. 29】 図のように、滑らかで水平な床の上に、厚さが均一で上面が粗い質量 M の板 A があり、その上に質量 m の小物体 B が置かれている。いま、静止した A の上で B を初速 v_0 で滑らせたところ、B は A の上をしばらく滑った後に A に対して静止した。B が A の上を滑っていた時間として最も妥当なのはどれか。

ただし、A と B の間の動摩擦係数を μ'、重力加速度の大きさを g とする。

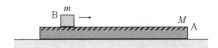

1. $\dfrac{m}{M+m}\dfrac{v_0}{\mu' g}$

2. $\dfrac{M}{M+m}\dfrac{v_0}{\mu' g}$

3. $\dfrac{2m}{M+2m}\dfrac{v_0}{\mu' g}$

4. $\dfrac{M}{M+2m}\dfrac{v_0}{\mu' g}$

5. $\dfrac{2M}{2M+m}\dfrac{v_0}{\mu' g}$

【No. 30】 図のように、滑らかな水平面上に置かれた質量 M、厚さ l の板に、質量 m の弾丸を水平方向から速さ v_0 で板の表面に垂直に撃ち込む。板が水平面上に固定されているとき、弾丸は板の表面から距離 $\dfrac{l}{2}$ のところで止まった。板が水平面上に固定されていないとき、板と弾丸は一体となって水平面上を一定の速さで運動した。このとき、弾丸は板の表面から距離 d のところで止まった。d として最も妥当なのはどれか。

ただし、弾丸が板から受ける抵抗力の大きさは弾丸の速さによらず一定とし、また、弾丸の大きさ及び重力による影響は無視できるものとする。

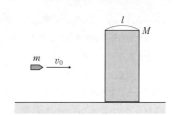

1. $\dfrac{m}{2M + m}l$

2. $\dfrac{M}{2M + m}l$

3. $\dfrac{M + m}{2M + m}l$

4. $\dfrac{m}{2(M + m)}l$

5. $\dfrac{M}{2(M + m)}l$

【No. **31**】　図のように、滑らかな水平面上の点 O の鉛直上方の高さ L の点 P に、ばね定数 k、自然長 L の軽いばねの一端を固定し、ばねの他端に質量 m の小球を取り付けた。いま、小球を水平面上で O を中心に等速円運動させ、その角速度 ω を次第に大きくしたところ、ω がある値 ω_0 を超えたとき、小球は水平面から離れた。ω_0 として最も妥当なのはどれか。

　　ただし、重力加速度の大きさを g とする。

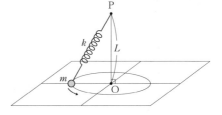

1. $\sqrt{\dfrac{g}{L}}$

2. $\sqrt{\dfrac{g}{2L}}$

3. $\sqrt{\dfrac{2g}{L}}$

4. $\sqrt{\dfrac{k}{m}}$

5. $\sqrt{\dfrac{2k}{m}}$

【No. 32】 図のように、水平面から角 ϕ（$0° < \phi < 90°$）
をなす滑らかな斜面があり、斜面上の点 O に長さ l の糸の
一端を取り付け、糸の他端に質量 m の小球を取り付けた。
いま、斜面上で、糸がたるまないように、糸が斜面の最大
傾斜線となす角が θ となる位置まで小球を移動させ、小球
を静かに放したところ、小球は斜面上で単振動した。この
単振動の周期として最も妥当なのはどれか。

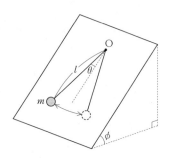

ただし、θ は十分小さいものとし、重力加速度の大きさ
を g とする。

1.　$2\pi\sqrt{\dfrac{l}{g}}$

2.　$2\pi\sqrt{\dfrac{l}{g\sin\theta}}$

3.　$2\pi\sqrt{\dfrac{l}{g\cos\theta}}$

4.　$2\pi\sqrt{\dfrac{l}{g\sin\phi}}$

5.　$2\pi\sqrt{\dfrac{l}{g\cos\phi}}$

【No. 33】 図は、-30.0℃ の氷 200 g に、毎秒一定
量の熱を加えたときの加熱時間と温度の関係を示して
いる。氷は、熱を加え始めてから 21.0 s 後に 0℃ に
達し、融解し始めた。熱を加え始めてから、この氷が
全て融解して 0℃ の水になるまでの時間 T として最
も妥当なのはどれか。

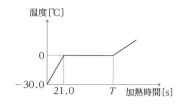

ただし、時間 T までに加えた熱は全て氷の加熱に
使用されるものとし、氷の比熱を 2.10 J/(g·K)、氷の融解熱を 330 J/g とする。

1.　76.0 s

2.　101 s

3.　131 s

4.　186 s

5.　241 s

【No. 34】 熱機関に関する次の記述の㋐、㋑に当てはまるものの組合せとして最も妥当なのはどれか。

「滑らかに動くピストンの付いたシリンダーに単原子分子理想気体を閉じ込めた熱機関において、図のようにA→B→C→D→Aのサイクルで圧力と体積を変化させる。状態Aでの圧力を p、体積を V とすると、1サイクルの過程で気体が外部にする正味の仕事 W は、p, V を用いて [㋐] で表される。また、気体が吸収する熱量 Q は、p, V を用いて [㋑] で表される。この熱機関の熱効率は、$\frac{W}{Q}$ により求めることができる。」

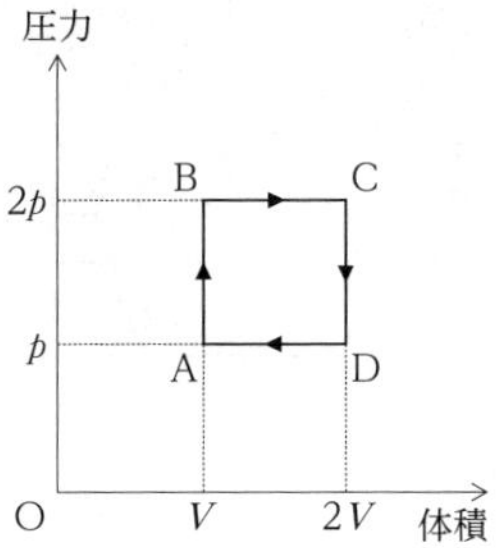

	㋐	㋑
1.	pV	$\frac{11}{2}pV$
2.	pV	$\frac{13}{2}pV$
3.	$2pV$	$\frac{11}{2}pV$
4.	$2pV$	$\frac{13}{2}pV$
5.	$2pV$	$\frac{15}{2}pV$

【No. 35】 右図は、x 軸の正の向きに速さ 1.0 cm/s で進む入射波の、時刻 $t = 0$ s における波形を表している。この波が $x = 0$ で反射するとき、$x = 0$ が自由端と固定端である場合それぞれについて、$t = 4.0$ s における入射波と反射波の合成波の波形を表す図を㋐～㋓から選び出したものの組合せとして最も妥当なのはどれか。

ただし、図の1目盛りが 1.0 cm に対応するものとする。

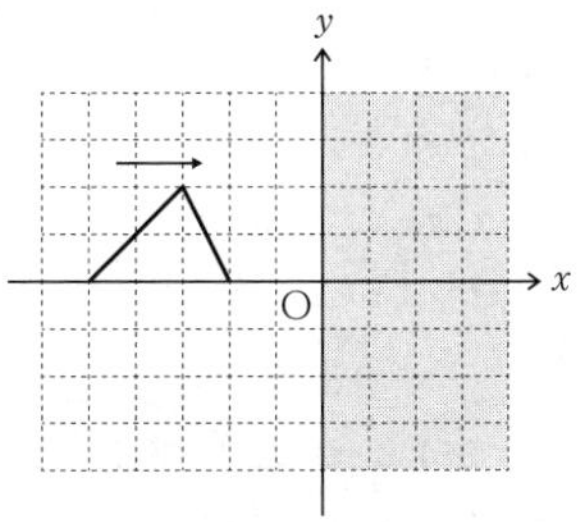

ⓐ

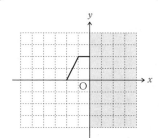

ⓘ

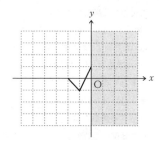

ⓤ

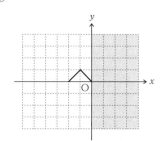

ⓔ

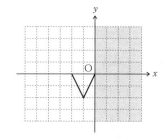

	自由端	固定端
1.	ⓐ	ⓤ
2.	ⓐ	ⓔ
3.	ⓘ	ⓤ
4.	ⓘ	ⓔ
5.	ⓤ	ⓘ

【No. 36】　気柱の共鳴実験に関する次の記述のⓐ、ⓘに当てはまるものの組合せとして最も妥当なのはどれか。

　「図のような装置で、気柱の共鳴実験を行った。スピーカーから 600 Hz の音を出し、水面を徐々に下げていくと、管口から 12.5 cm と 40.5 cm の位置で共鳴が起こった。このとき、音速は　ⓐ　である。なお、音波は縦波であるため、管内の空気の密度は周期的に変化している。水面の位置が管口から 40.5 cm のときに管内で空気の密度変化が最も小さくなる位置は、管口から　ⓘ　の位置である。」

スピーカー

水面

	㋐	㋑
1.	330 m/s	12.5 cm
2.	330 m/s	26.5 cm
3.	336 m/s	12.5 cm
4.	336 m/s	19.5 cm
5.	336 m/s	26.5 cm

【No. 37】　図のように、半径 a の十分に長い円管状の導体表面に、単位面積当たり q の正電荷が一様に分布している。円管の中心軸から距離 $r(r > a)$ の位置における電場の強さとして最も妥当なのはどれか。

ただし、クーロンの法則の比例定数を k とする。

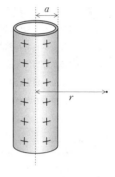

1. $\dfrac{\pi kqa}{r}$

2. $\dfrac{2\pi kqa}{r}$

3. $\dfrac{4\pi kqa}{r}$

4. $\dfrac{2\pi kqa}{r^2}$

5. $\dfrac{4\pi kqa}{r^2}$

【No. 38】　半導体に関する次の記述の㋐～㋓に当てはまるものの組合せとして最も妥当なのはどれか。

「Si 結晶のように抵抗率が絶縁体と導体の中間である物質を半導体という。純粋な Si 結晶のような真性半導体の抵抗率は、一般に温度が上がるにつれて　㋐　なる。

4 個の価電子をもつ Si 結晶に、Al などの 3 個の価電子をもつ物質を不純物として混入すると、キャリアが　㋑　である不純物半導体となる。

キャリアが正孔（ホール）である p 型半導体と、キャリアが電子である n 型半導体を接合し、両側に電極を取り付けたものを半導体ダイオードという。半導体ダイオードは、　㋒　型が　㋓　型よりも高電位となるように電圧を加えると電流が流れるが、逆に　㋓　型が　㋒　型よりも高電位となるように電圧を加えると電流はほとんど流れない。」

	㋐	㋑	㋒	㋓
1.	小さく	正孔（ホール）	p	n

	2. 小さく	電子	n	p
	3. 大きく	正孔(ホール)	p	n
	4. 大きく	正孔(ホール)	n	p
	5. 大きく	電子	n	p

【No. 39】　図のように、xyz 空間において、x 軸の正の向き
に磁束密度の大きさ B の一様な磁場がかかっている。いま、
質量 m、電荷 $q\,(>0)$ の粒子を、原点 O から xy 平面内の x 軸
となす角が $\theta\,(0° < \theta < 90°)$ となる向きに速さ v で発射した
ところ、粒子はらせん軌道を描きながら運動し、x 軸を通過
した。粒子が最初に x 軸を通過するまでに x 軸方向に進んだ
距離として最も妥当なのはどれか。

　　ただし、重力の影響は無視できるものとする。

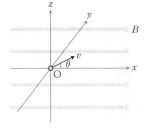

1. $\dfrac{mv\cos\theta}{qB}$

2. $\dfrac{mv\sin\theta}{qB}$

3. $\dfrac{2\pi mv\cos\theta}{qB}$

4. $\dfrac{2\pi mv\sin\theta}{qB}$

5. $\dfrac{mv\cos\theta}{2qB}$

■基礎能力試験■

◀海上保安大学校・気象大学校共通▶

（90 分）

【No. 1】　次の文の内容と合致するものとして最も妥当なのはどれか。

　チェイニーとセイファースの研究によって有名になった東アフリカのヴェルベットモンキーは、鷲、大蛇、豹 の三種の捕食者に対して、異なった警告信号を仲間内で自由に使うことで知られている。これは一つの言語とみなせる。この言語で表現される思考は人間の言語に翻訳するなら、「鷲が来た」（あるいは「逃げろ、鷲だ」）、「大蛇が来た」、「豹が来た」の三つである。この言語はどれだけの表現力を持っているのだろうか。この言語は三つの思考を表現する力しかないのかといえばそうではない。今後ヴェルベットモンキーが環境との適応の中で、第四、第五の信号を獲得する可能性を否定するものは何もない。そして彼らの「語彙数」の生理的限界がいくつなのかは、人間の場合と同様、曖昧にしか決定できないだろう。つまり彼らの言語の表現力とは語彙数の問題ではなく、構造上どのような思考が表現可能で、どのような思考が表現できないかという問題なのである。

　たとえば彼らの信号の数が今後、「ウサギだ」、「芋だ」、「水場だ」……といかに増えようとも、この言語は、信号と信号を「かつ」、「または」、「でない」等の論理的接続詞で結びつけ、別の信号を作るメカニズムを持っていない。だからたとえば、「豹が来れば、大蛇は来ない」という思考を表現できない。従ってこの言語では「豹が来れば、大蛇は来ない。豹が来た。だから大蛇は来ない」という推論も表現できない。つまりヴェルベットモンキー語で思考する生き物には、論理的推論ができないのである。我々には容易に表現できる論理的推論は、構造的に定められたヴェルベットモンキー語の限界の外部にあり、これがヴェルベットモンキーには論理的推論ができないという事態の本質なのである。人間の言語と彼らの言語の表現力の決定的な違いは、両者の構造の決定的違いに由来するのである（数学的にやや専門的に言えば、両者の構造上の決定的違いは回帰性 recursiveness の有無、ということになる）。これが二つの種を隔てている差異である。「命題論理」（およびそれに必要な回帰的構文構造）という機構を持っているため、人間言語はヴェルベットモンキー言語にない表現力を持っているのであり、そのため我々人間は推論できるのである。これはどちらの言語の語彙が多いかということに全く無関係である。

　このようにして様々な言語について、それぞれの構造によって決定されている内在的表現力の大小という問題について考えるなら、可能な最大の表現力を持つ言語というものを想定することがで

きる。もしそんな言語が存在すれば、それは「語ることが可能な全てのことを語りうる言語」である
はずであり、それによって思考する生き物は「考えうる全てのことが思考できる存在者」であろう。
こうした言語を表現力極大言語、あるいは単に極大言語、と呼ぶことにしよう。そしてある言語を
極大言語たらしめる構造的性質を言語の極大性条件と呼ぼう。

鬼界彰夫『ウィトゲンシュタインはこう考えた』

1.　ヴェルベットモンキーの使用する言語には論理的接続詞が含まれていないので、ヴェルベット
　　モンキーは、自らの思考を仲間と共有することができない。
2.　環境との適応を進めていくうちに、ヴェルベットモンキーが人間と同じ極大言語を獲得してい
　　く可能性は非常に高い。
3.　ヴェルベットモンキーは、生理的な限界によって、「豹が来た。だから大蛇は来ない」といった
　　予測ができない。これがヴェルベットモンキー語に三つの信号しかない理由である。
4.　最大の内在的表現力を持つ言語で思考する生き物を想定すると、その生き物は、考えうる全て
　　のことが思考できるはずである。
5.　言語の極大性条件は、語彙数の多さに加え、その言語が論理的推論を支えられる構造を有して
　　いるかによって決まる。

【No.　2】　次の文の内容と合致するものとして最も妥当なのはどれか。

　ごく平凡な普通の人間は、自分が何となく「正しい」あるいは「善い」と思ってやっている行為が、
本当に「正しい」あるいは「善い」という絶対的な確信を持つことはできない。自分の行為を振り返っ
て、不安になることがしばしばある。他人の意見を聞いて確認し、安心しようとするが、他の人た
ちも価値判断について絶対的確信を持っているわけではない。社会の中で生きている人間は他人の
行為や慣習を模倣したり、言語を通じて影響を受けたりしながら、自らの価値基準を形成している
が、個々の人間の内には絶対的な尺度はない。みな、他の誰かを模倣して、自分の価値観を形成し
たのであって、自分自身で価値を作り出したわけではないからである。伝統的に継承されてきた諸
価値の起源を歴史的に遡っていって、元祖に辿り着くことは可能かもしれない。しかしその元祖も
また、「私」たちと同じ〝普通の人間〟であるとすれば、何故、その人間の作り出した価値を、「私」た
ちが受け入れねばならないのか、かえって分からなくなる。

　特定の宗教的な世界観が支配的である社会においては、神のような超越的で絶対的な存在を、そ
れ以上遡る必要のない価値の源泉と見なすことができる。人間の理解を超えた存在、この世界の全
てを見通している絶対的存在がいるとすれば、人々は、その存在が与えてくれる価値の尺度を信用
し、受け入れることができる。具体的には、宗教の教義や慣習、あるいは神を代理する聖職者が、
そうした神的存在に由来する価値の尺度を人々に伝える形になる。それによって、その社会の価値
基準は、一つの絶対的不動点に係留され、安定化する。たとえ、そこで想定される「神」が単なる
「仮象＝見せかけ apparence」であることが本当は分かっていたとしても、社会を安定化させ、そ

こに生きる諸個人の不安を鎮めるには、超越性の外観を帯びた「見せかけ」が必要なのである。

　第一の革命＝啓蒙＝近代化は、「人間」の〝自由〟を拡大するために、これまで不動の係留点として機能してきたものを単なる「見せかけ」と見なして破壊し、価値の絶対的基準がないアナーキーな状態＊を到来させることをも含意している。近代化の帰結としてのアナーキーを克服し、社会の秩序を維持するには、〝誰か〟が――再び「神」に頼ることなく――新たに価値を創造し、「歴史」の進んでいく「方向性」を示し、各人の生に「意味」を与えることが必要になってくる。それは、「私たち」が知っている「人間」の限界を超えた、「超人」とも言うべき存在によってしかなされ得ない仕事である。

　（注）　＊アナーキーな状態：無秩序な状態、無政府状態

仲正昌樹『ポストモダン・ニヒリズム』

1. ごく平凡な普通の人間が、自分の行為に自信を持てないのは、その価値基準の根源が、自分の理解を超えた神的存在であるためである。

2. 近代化により社会の秩序が消失したため、社会の中で生きている人間は、他人の行為や慣習を模倣しなくなった。

3. 「神」が単なる「見せかけ」であり、聖職者が権力と富を得ることを目的にしていることが大衆に暴かれた結果、社会がアナーキーな状態に陥った。

4. 社会の価値基準を、一つの絶対的不動点に係留することが不可能になった現代においては、各人が、自らの行為を振り返ることにより、新たな絶対的な価値を作り出す必要がある。

5. 近代化の帰結として、社会を安定させるためには、「人間」の限界を超えた、「神」ではない「超人」とも言うべき存在が、価値の源泉として必要となると考えられる。

【No.　3】　次の文の内容と合致するものとして最も妥当なのはどれか。

　時間は生命について考える時の大切な切り口なので、これからもしばしば問題にします。というのも、現代社会における自然と人工のずれは、もっぱら時間のもつ意味の違いにあるように思うからです。19 世紀以降の社会は、進歩に価値を置いてきました。そこでは、一つのものさしで測ってどちらが優位にあるかを比べるのですが、その時、主として問題になるのは量です。科学技術が産み出した工業社会では、いかに効率よく均一なものを大量に生産するかが競われます。効率とは、時間を切ることです。物にとって大切なのはその構造と機能であって、それがどのような経緯で生まれ、どんな過程を経て生まれてきたかなどはどうでもよいのです。科学は生物さえ、機械とみなしてその構造と機能を解明することに専念してきました。それゆえに明らかになったこと、たとえば、現代生物学が基本に据える DNA の発見などは、それが行われた時代に居合わせたのは幸運と思うほど素晴らしいことです。しかし、そうはいっても DNA は単なる物質です。物質そのものに、生命のすべてを帰するわけにはいきません。DNA を基本に用いながら、たとえば、ヒトはどのようにしてヒトになってきたのかという「過程」を知ってこそ、生きものとしての本質に近づけるのです。

そもそも進歩という概念が生物には合わない。アリとフクロウとサクラを一列に並べてどちらが進歩しているか、優れているかと順位をつけようとしても無理です。それぞれに特徴がある。「多様さ」こそ生きものの真髄です。

《中　略》

生物ももちろん止まってはいません。常に動いている。そのダイナミズムたるやみごとなものです。ただ、それが一方向へ向かって進んでいくことはありません。さまざまな試みをして多様化していくのです。そのあり様を「展開」または「発展」と呼ぶことにします。近年、sustainable development という言葉が使われますが、ここでの development がまさにそれです。よく日本語で持続的開発といわれますが、適切ではないと思います。展開か発展。自らの内にもうものを望みの方向に伸ばしていくことです。

中村桂子『生命誌とは何か』

1. 19 世紀の工業社会では、量が重要視されていたが、生命や生物の視点から見直され、現在は質が重要視されるようになった。

2. 科学は、生命の基本ともいえる DNA の発見をもたらしたが、生物の本質を理解するためにはその「過程」についても考えていかなくてはならない。

3. 生物が効率よく進歩していったことにより、進化が飛躍的に進み、多様な生物の誕生がもたらされた。

4. アリとサクラは、互いに持続的に刺激を受け合うことで、共に発展し新たな進化をもたらした。

5. 現在の社会で求められている持続的開発は、生物の進化の理解には必要な概念ではなく、生物の世界では、内省的な展開が求められている。

【No. 4】 次の文の [　　　　　] に当てはまるものとして最も妥当なのはどれか。

みなさんはこれまでの生活の中で、さまざまな情報すなわち、刺激にさらされてきた。その刺激の帰結として次の行動が決まるのである。古典的な心理学の立場に、行動主義と呼ばれるものがある。環境からの刺激を受けて、それに対応した行動がなされる。行動を制御するのは、意思ではなく、刺激なのである。

あなたは、無意識のうちに自分自身の脳に操られているのだ。脳があなたの行動をすべて決めている。そして「行為の主体は自分であり、すべての行動は、自分の意思で決めている」という錯覚が与えられているのである。脳にだまされていると言ってもいいのかもしれない。

「やせよう、やせよう」と思ってもやせられないのは、自分の意思の問題なのか。「勉強しよう」と思っても長続きしないのも自分の意思の問題なのだろうか。なぜ、自分の意思はこんなにも脆くはかないのか。その答えは、「[　　　　　　　　　　　]」だ。めんどうくさがるのは、脳の本質なのかもしれない。

　本当にそんなことがあるのか、私は自分の意思で生活している。「この本を取ったのも自分の意思による決断だ」と、そう思われるかもしれない。だが、同時に「意思がないというのは本当だろうか」という自問自答が、みなさんの脳の中で始まっているのではないだろうか。

　行動を操るのも、問いを立てるのも自分の脳なのである。自分の脳について、自問するのも脳なのだ。この不思議な無限に続く輪(ループ)の中に我々人間は生きている。

妹尾武治『脳は、なぜあなたをだますのか』

1. 意思とはすべて錯覚だから
2. 刺激が意思を制御しているから
3. 人間はあまりにも怠惰だから
4. 自問自答を繰り返しているから
5. 他者の影響を強く受けているから

【No.　5】　次の文は、荘子に政務を執らせようとした楚王が、釣りをしている荘子のもとへ二人の大夫(役人)を向かわせたときのものである。内容が合致するものとして最も妥当なのはどれか。なお、訓点は参考までに一例を付したものである。

荘子持レ竿、不レ顧曰、「吾聞、『楚有二神亀一。死已三千歳矣。王、巾笥而蔵二之廟堂之上一。』此亀者、寧其死為レ留骨而貴乎、寧其生而曳レ尾於塗中一乎。」二大夫曰、「寧生而曳二尾於塗中一。」荘子曰、「往矣。吾将曳二尾於塗中一。」

（注）　*¹ 巾笥：布で包んで箱に入れておく　　*² 塗中：泥の中

1．荘子は、神亀を釣ることができたら楚王の申出を受けるつもりだった。
2．荘子は、楚王が神亀を丁重に祭っていることは無意味なことだと言った。
3．荘子は、二人の役人に亀の例え話をして楚王の申出を断った。
4．荘子は、楚王に会うため、二人の役人と共に楚王のもとへ向かった。
5．荘子は、楚王から逃れるため、釣りをやめて泥の中に身を隠した。

【No. 6】 次の文の内容と合致するものとして最も妥当なのはどれか。

A striking parallel between Chinese and western porcelain*¹ production are the blue-and-white pottery*² ranges. The blue colour obtained from cobalt — originally imported into China from Persia — is very effective as an underglaze*³ paint, due to its resistance to high temperatures. Because of this quality, it was used for decorating Chinese pottery from the 14th century and on.

From China, the underglaze blue style spread around the world and blended in with local traditions. One of the most iconic is that of Delft in the Netherlands, where an explosion of gunpowder destroying industrial brewery*⁴ buildings allowed local potters to expand their businesses. The demand for Chinese pottery was high at the time: 'Kraak ware' — china*² produced for the export market — had become hugely fashionable, but trade with China was hindered after the death of the Wanli emperor (Ming dynasty, 1620).

This was a golden opportunity for Delft craftsmen to fill in the gap and produce thin earthenware*⁵, resembling Chinese porcelain but offered at a much lower price. To cater to a market where orientalism was still very much en vogue*⁶, potters decorated their Delftware with Chinese patterns well into the 18th century.

（注）　*¹ porcelain：磁器　　*² pottery, china：陶磁器
　　　　*³ underglaze：陶磁器に上薬を塗る前に施された　　*⁴ brewery：醸造所
　　　　*⁵ earthenware：陶器　　*⁶ en vogue：（フランス語）流行している

1．中国の陶磁器は、当初は人気がなかったものの、18 世紀に入ってから少しずつ人気が出るようになった。
2．中国の陶磁器は、熱に強く、落としても割れないほど丈夫であったため、人々の間で流行した。
3．Delft では陶器の生産が盛んであったが、生産の過程において、しばしば火薬が爆発する事故が発生した。
4．Delft の陶工たちは、市場の需要に応えるため、中国の磁器に似ているがずっと安価な陶器を生産した。

5. 中国で生産された青色の磁器は、長い歴史の中で、簡素で洗練されたデザインへと変化し、価格が安くなった。

【No. 7】　次の文の内容と合致するものとして最も妥当なのはどれか。

　　The Southern Tropical Andes, which comprises areas of Ecuador, Peru, and Bolivia, is one of the world's most biodiverse[1] regions — especially when it comes to amphibians[2]. The area is home to about 980 amphibian species, including over half of the 150-known glass frog species.　Now, two new members of the tiny frogs have joined this ever-growing list.

　　Endemic to southern Mexico, Central America, and South America, glass frogs are fascinating animals.　The agile frogs can jump over ten feet at a time.　Also, unlike other frog species, the males stand guard over their eggs until they hatch and the tadpoles[3] fall into the water.　But the frogs' most unique attribute is their appearance.　While the front is typically bright green, the underside lacks color pigments and is translucent[4].　As a result, the animal's internal organs — beating red heart, white liver and digestive system, and, in the case of females, a cluster of green eggs — are all clearly visible.

　　The new species dubbed Mashpi glass frog and the Nouns' glass frog were found on the southern and northern sides of the Guayllabamba River in the Andes Valley, respectively.　The specimens' identical appearance and size led the team to initially believe that the frogs were members of the same species.　However, a DNA analysis of the amphibians revealed significant genetic differences.

《中　略》

　　Juan Manuel Guayasamin, an evolutionary biologist at Universidad[5] San Francisco de Quito who led the study, has a theory on what keeps the two species, which live 13 miles apart, distinct.　"What we are thinking is that the valley has kept these frogs from mixing with each other," he says.　"When you have populations separated by a geographic barrier, you start having an accumulation of mutations[6] in each group, and in time, they become genetically different."

（注）　[1] biodiverse：生物が多様な　　　[2] amphibian：両生類
　　　　[3] tadpole：オタマジャクシ　　　[4] translucent：半透明の
　　　　[5] universidad：(スペイン語)大学　　　[6] mutation：突然変異

1. 熱帯アンデスの南部は、約 980 種類のカエルの生息地となっており、そのうち 150 種類以上をグラスフロッグが占めている。

2. 他のカエルと異なり、オスのグラスフロッグは、自分の卵がふ化して成体のカエルになるまで守り続ける習性がある。

出典追記：Two New Species Of Glass Frogs Discovered In Ecuador, DOGO News on March 31, 2022 by Ashley Alvarado

　3.　グラスフロッグは、体調が悪いときには色素が不足し、身体が半透明となるため、心臓や肝臓
　　などが容易に見られるようになる。

　4.　今回新たに発見された2種類のグラスフロッグには、外見や大きさに差が見られたが、DNA
　　を分析すると遺伝子に僅かの違いしかないことが判明した。

　5.　研究者によると、今回新たに発見された2種類のグラスフロッグは、互いに交配することは
　　なく、それぞれ突然変異が生じていたと考えられている。

【No.　8】　あるマラソン大会の参加者にアンケート調査を行ったところ、次のことが分かった。

　　○　3位以内に入った者は、大会前日に肉料理を食べた。

　　○　友人と共に参加した者は、大会前の1か月間に毎日10km走っていた。

　このとき、「3位以内に入った者は、大会前の1か月間に毎日10km走っていた。」ということ
が確実にいえるためには、次のうちどの条件があればよいか。

　1.　友人と共に参加しなかった者は、大会前日に肉料理を食べなかった。

　2.　大会前の1か月間に毎日10km走っていた者は、大会前日に肉料理を食べなかった。

　3.　大会前日に肉料理を食べなかった者は、大会前の1か月間に毎日10km走っていなかった。

　4.　大会前日に肉料理を食べなかった者は、友人と共に参加しなかった。

　5.　友人と共に参加した者は、3位以内に入った。

【No.　9】　A～Eの五つのサッカーチームが総当たり戦を行った。試合に勝ったチームには3点、
負けたチームには0点、引き分けた場合は両チームに1点ずつ与えることとし、合計点によって
順位を決めたところ、合計点が同じとなったチームはなかった。各チームについて次のことが分
かっているとき、確実にいえるのはどれか。

　　A：合計点で5位であった。Cと引き分けた。

　　B：合計点は7点であった。

　　C：一度も負けなかった。合計点で1位であった。

　　D：BとCに負けた。

　　E：合計点は5点であった。B及びDと引き分けた。

　1.　Aの合計点は、2点であった。

　2.　Bは、Aに負けた。

　3.　Cの合計点は、10点であった。

4.　Dは、Aと引き分けた。

5.　Eは、Cと引き分けた。

【No. **10**】　A～Dの4人がそれぞれ4個のプレゼントを所持しており、次のルールでプレゼント
の受渡しを行った。

［ルール］

・1回目はAとB、2回目はBとC、その後は順次、CとD、DとA、AとB、BとC、C
　とD、DとA、AとB、…の順でプレゼントの受渡しを繰り返す。

・それぞれの受渡しでは、どちらか一方がもう一方に1個のプレゼントを渡す。

・4人のうち、いずれかの者の所持するプレゼントの数が、0個又は7個になった時点で、
　プレゼントの受渡しは終了する。

次のことが分かっているとき、確実にいえるのはどれか。

○　1回目の受渡しで、BがAにプレゼントを渡した。

○　2回目の受渡しで、BがCにプレゼントを渡した。

○　3回目の受渡しで、DがCにプレゼントを渡した。

○　4回目の受渡しで、AがDにプレゼントを渡した。

○　6回目の受渡しで、CがBにプレゼントを渡した。

○　9回目の受渡し後に、プレゼントの受渡しが終了した。

1.　5回目の受渡しでは、AがBにプレゼントを渡した。

2.　8回目の受渡しでは、DがAにプレゼントを渡した。

3.　9回目のプレゼントの受渡し終了時までの間に、Aが渡したプレゼントは2個であった。

4.　9回目のプレゼントの受渡し後、Bの所持するプレゼントはなくなった。

5.　9回目のプレゼントの受渡し終了時には、Cは、5個のプレゼントを所持していた。

【No. **11**】　A～Fの6人が、それぞれ、犬、猫、トカゲのいずれか1種類の動物を飼っており、
豚肉、魚肉、野菜のいずれか1種類の食べ物を餌として与えている。6人が飼っている動物と餌
について、次のことが分かっているとき、確実にいえるのはどれか。

○　動物と餌の組合せが同じ人はいなかった(例えば、犬を飼っていて、野菜を餌として与えて
　いる人が2人以上いることはなかった。)。

○　野菜を餌として与えられていた動物は、犬だけであった。

○　豚肉を餌として与えていたのは、BとDだけであった。

　　○　猫を飼っていたのは、Aだけであった。

　　○　CとE、DとFは、それぞれ同じ動物を飼っていた。

1. 魚肉を餌として与えていたのは、2人だけであった。

2. AとEは、同じ食べ物を餌として与えていた。

3. Cは、トカゲを飼っていた。

4. DとEは、同じ動物を飼っていた。

5. Fは、魚肉を餌として与えていた。

【No. 12】　図のように、箱Aが五つのスペースに仕切られており、各スペースを左から順に A[1]～A[5]とする。いま、1～5までの数字が1字ずつ書かれた5枚のカードが図のように A[1]～A[5]に入っている。

A[1]	A[2]	A[3]	A[4]	A[5]
2	4	5	1	3

　　ここで、隣接するスペースに入っているカードに書かれた数字の大小を比較し、それらが昇順（数字が小さい順、（例）1→2→3→4→5の順）になっていない場合に、入替えを繰り返してカードを並び替える。この方法を用いて、図の5枚のカード全てを左から昇順に並べる手続が下記のとおり示されている。このとき、図の5枚のカード全てを左から昇順に並べ終わるまでに、手続の4行目におけるカードの入替えは何回行われることになるか。

　　ただし、各手続の先頭に記載されている（　）付きの数字は行番号である。また、手続中のi及びjは、繰り返しの処理に使われる変数である。

カードを昇順に並べる手続

```
(1)      iを1から4まで1ずつ増やしながら
(2)        jを2から6-iまで1ずつ増やしながら
(3)          もしA[j-1]に入っているカードの数字がA[j]に入っているカードの数字より大きいならば
(4)            A[j-1]に入っているカードとA[j]に入っているカードを入れ替える
(5)          を実行する
(6)        を繰り返す
(7)      を繰り返す
```

1. 3 回
2. 4 回
3. 5 回
4. 6 回
5. 7 回

【No. **13**】　図のように、正六角形の一辺の中点 P と頂点 Q があり、点 P は、直線 S から距離 h のところに位置している。この正六角形を、直線 S 上を滑ることなく右方向に進むように、1 回当たり角度 60° ずつ回転させる。このような回転を 105 回行ったとき、点 P 及び点 Q の直線 S からの距離の組合せとして最も妥当なのはどれか。

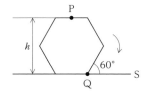

	点 P の直線 S からの距離	点 Q の直線 S からの距離
1.	0	$\frac{h}{2}$
2.	0	h
3.	$\frac{3h}{4}$	0
4.	$\frac{3h}{4}$	$\frac{h}{4}$
5.	$\frac{3h}{4}$	$\frac{h}{2}$

【No. **14**】　図のように、三つの面に直角三角形が描かれた立方体がある。この立方体の展開図として最も妥当なのはどれか。

ただし、直角三角形は立方体の外側に描かれ、内側からは見えないものとする。

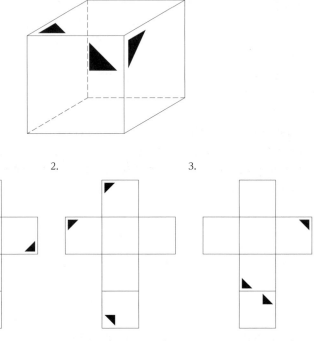

1.　　　　　　　　2.　　　　　　　　3.

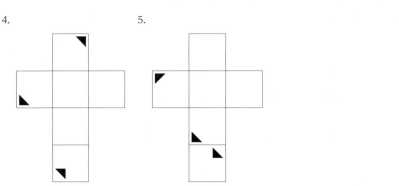

4.　　　　　　　　5.

【No. 15】　0 ～ 3 までの数字が 1 字ずつ書かれた札が全部で 5 枚ある。その内訳は 0 、1 、2 がそれぞれ 1 枚ずつ、3 が 2 枚である。この 5 枚から 3 枚を選んで 3 桁の整数をつくるとき、できる整数は何通りか。

1. 26 通り
2. 28 通り
3. 33 通り
4. 40 通り
5. 48 通り

【No. **16**】　部屋 X を掃除するのに、A、B、C の 3 人が一緒に行うと 8 分かかり、A、B の 2 人が一緒に行うと 10 分かかる。部屋 Y を掃除するのに、A が 1 人で行うと 7 分かかり、B、C の 2 人が一緒に行うと 8 分かかる。

　このとき、部屋 X の掃除を B が 1 人で行うのにかかる時間は何分か。

　ただし、掃除にかかる時間は、A、B、C のそれぞれで一定であるとする。

1. 15 分
2. 30 分
3. 35 分
4. 40 分
5. 56 分

【No. **17**】　図のように、1 段目が 1 であり、それより下の段は、両端が 1 で、それ以外が左上と右上の数字の和となるように数字が並んでいる。11 段目の真ん中(左から 6 番目)にある数字は何か。

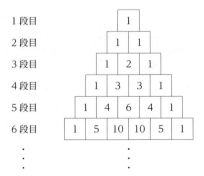

1.　70
2.　126
3.　210
4.　252
5.　462

【No. 18】　図のように、一辺が 40 cm の正方形に、4 本の直線を引いた。このとき、4 本の直線
　で囲まれている部分（網掛け部分）の面積はいくらか。

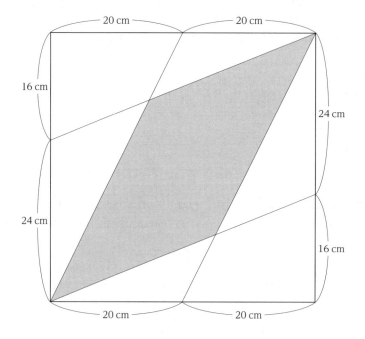

1.　580 cm²
2.　600 cm²
3.　620 cm²
4.　640 cm²
5.　680 cm²

【No. **19**】　図は、我が国における 2000 年度と 2018 年度の物質フロー（物の流れ）を表したもので
あるが、これから確実にいえることとして最も妥当なのはどれか。

　なお、物質フローとは、どれだけの資源を採取、消費、廃棄しているかを知るために作られたも
のである。また、図の数値は四捨五入によるため、合計が一致しない場合がある。

2000 年度

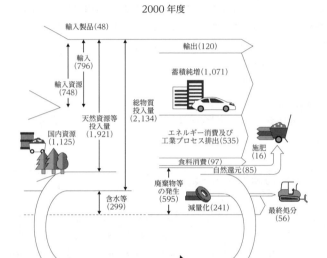

2018 年度

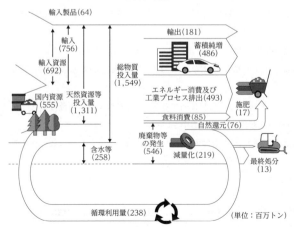

1. 2000 年度と 2018 年度を比較すると、「天然資源等投入量」の減少量は、「総物質投入量」の減少量よりも少ない。

2. 「廃棄物等の発生」に占める「減量化」の割合は、2000 年度、2018 年度共に 30 ％ 未満である。

3. 2018 年度の「天然資源等投入量」と「廃棄物等の発生」の合計に占める「循環利用量」の割合は、2018 年度の「総物質投入量」と「含水等」の合計に占める「循環利用量」の割合よりも高い。

4. 「輸入資源」及び「エネルギー消費及び工業プロセス排出」について、2000 年度に対する 2018 年度の減少率は、それぞれ共に 15 ％ を超えている。

5. 「総物質投入量」に占める「循環利用量」の割合をみると、2000 年度の値(%)と 2018 年度の値(%)の差の絶対値は、3 ポイントよりも大きい。

【No. 20】 表は、我が国における養殖業の品目別の収獲量と主産地の割合を示したものである。これから確実にいえることとして最も妥当なのはどれか。

品　目	収獲量(単位：千トン)			2019 年　主産地の割合(%)					
	2000 年	2010 年	2019 年						
ぶ　り　類	137	139	136	鹿児島	32	愛媛	15	大分	15
ま　だ　い	82	68	62	愛媛	57	熊本	13	高知	10
ほ た て が い	211	220	143	青森	69	北海道	28	宮城	2
こ　ん　ぶ　類	54	43	33	北海道	73	岩手	23	宮城	3
の　り　類	392	329	251	佐賀	26	兵庫	21	福岡	16

1. 2000 年と 2010 年の 5 品目の収獲量の合計を比べると、2010 年は 2000 年の 8 割未満である。

2. 2000 年の収獲量と比べて、2010 年の収獲量が増加した品目は一つである。

3. 2019 年の福岡の「のり類」の収獲量は、2019 年の北海道の「こんぶ類」の収獲量の 2 倍より多い。

4. 5 品目のうち、2010 年の収獲量に対する 2019 年の収獲量の割合 $\left(\dfrac{2019\ 年の収獲量}{2010\ 年の収獲量}\right)$ が、最も大きいのは「ぶり類」であり、最も小さいのは「ほたてがい」である。

5. 2019 年の愛媛の「まだい」の収獲量は、2019 年の北海道の「ほたてがい」の収獲量より多い。

【No. 21】 定数 a が $0 < a < 1$ を満たすとき、定積分 $\displaystyle\int_0^1 |x - a|\,dx$ の値はいくらか。

1. $a + \dfrac{1}{2}$

2. $a^2 + \dfrac{1}{2}$

3. $-a^2 + a - \dfrac{1}{2}$

4. $a^2 - a - \dfrac{1}{2}$

5. $a^2 - a + \dfrac{1}{2}$

【No. 22】　波に関する記述として最も妥当なのはどれか。

1. 図Ⅰは、正弦波のある位置における媒質の変位 y〔m〕と時刻 t〔s〕との関係を表すグラフである。この波の振幅は 2 m、周期は 4 s である。

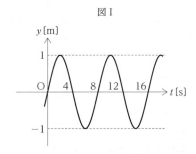

図Ⅰ

2. 図Ⅱは、x 軸の正の向きに進んでいる正弦波の時刻 $t = 0$ における媒質の変位 y と位置 x との関係を表すグラフである。この波の位置 $x = 0$ における y と t との関係を表すグラフは、図Ⅲのようになる。

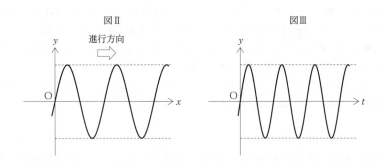

図Ⅱ　　　　　　　　　　　図Ⅲ

3. 音の三要素の一つに、音の高さがある。音の高さは、音の振動数によって決まり、振動数が大きくなるほど音は高くなる。

4. 振幅が少しだけ異なる二つのおんさを同時に鳴らすと音の大きさが周期的に変化して「ワーン、ワーン」というように聞こえる現象を回折といい、ドップラー効果が原因である。

5. 縦波は、媒質の振動方向と波の伝わる方向が垂直である波のことである。縦波は、媒質が固体のときには伝わるが、媒質が液体や気体のときには伝わらない。

【No. 23】　元素に関する記述として最も妥当なのはどれか。

1. 物質を構成している基本的な成分を元素という。現在、約 300 種類の元素が知られているが、地球上に天然に存在する元素は 30 種類程度に過ぎず、残りは人工的に作り出した元素である。

2. 1 種類の元素だけでできている物質を単体といい、同じ元素の単体で性質の異なる物質を互いに同素体という。例えば、炭素の同素体には、黒鉛やダイヤモンドなどがある。

3. 2 種類以上の元素でできている物質を化合物という。化合物は、固体、液体、気体によって成分元素の質量の割合がそれぞれ異なり、水の場合は、気体は固体より水素の割合が高い。

4. 炎色反応を利用し、物質中に含まれる元素を検出できる。例えば、カリウムは青緑色、ナトリウムは赤色、炭素は黒色を示し、その色から元素を確認できる。

5. 沈殿が生じることを利用し、物質中に含まれる元素を検出できる。例えば、食塩水に硫酸銅水溶液を加えると赤紫色の沈殿が生じ、沈殿物に銅とフッ素が含まれていることが確認できる。

【No. 24】　ヒトの体内環境に関する記述として最も妥当なのはどれか。

1. 体内環境を維持する主な中枢は、大脳にある甲状腺である。甲状腺は、体内の水分量や血糖濃度などの変化を感知すると、内分泌系や運動神経を通じて各器官の調節を行う。

2. 自律神経系は、交感神経と副交感神経から成り、交感神経は休息時、副交感神経は興奮時に働く。例えば、気管支は、交感神経が働くと収縮し、副交感神経が働くと拡張する。

3. 体液の塩分濃度が上昇すると、抗利尿ホルモン（バソプレシン）が血液中に分泌される。抗利尿ホルモンには、原尿から再吸収する水分量を減少させ、尿量を増加させる働きがある。

4. 血糖濃度が上昇すると、すい臓からインスリンが分泌され、細胞内へのグルコースの取り込みや、細胞中のグルコースの消費などが促進されることで、血糖濃度が低下する。

5. 皮膚や血液の温度が低下すると、皮膚の血管が拡張し、血流量が増加することで熱の放散量が減少する。さらに、平滑筋が収縮と弛緩を繰り返す震えが起こる。

【No. 25】　次は、地球の形や大きさなどに関する記述であるが、A、B、Cに当てはまるものの組合せとして最も妥当なのはどれか。

地球が球形であることは、紀元前には、既に知られていた。地球の大きさについては、長さの単位であるメートル(m)が、フランス革命後に、パリを通る子午線(北極と南極を結ぶ大円)の北極から赤道までの長さの1000万分の1が1mとなるように、つまり、地球の全周が40000kmとなるように決められた。これらのことから、同じ経度に沿った緯度1度分の長さは、地球の全周の A であり、およそ B であることが分かる。

例えば、地点P(北緯30度、東経150度)から地点Q(北緯75度、東経150度)まで地球表面上で距離が最短となる線を引いたとき、その長さはおよそ C となる。

	A	B	C
1.	180分の1	222 km	5000 km
2.	180分の1	222 km	10000 km
3.	360分の1	111 km	5000 km
4.	360分の1	111 km	10000 km
5.	360分の1	111 km	20000 km

【No. 26】 中南米の歴史に関する記述として最も妥当なのはどれか。

1. 大航海時代、コロンブスは、スペインの援助を受けて太平洋を横断し、南米大陸に到達した後、インカ帝国を滅ぼしてスペインの植民地とした。

2. 18世紀になると、英国は、中米からスペインやフランスの勢力を駆逐して、メキシコからパナマに至る地域を植民地とした。

3. ナポレオン戦争による動乱は、独立運動の好機となり、ポルトガル領ブラジルは、19世紀前半にポルトガルから独立した。

4. 南米大陸では、第一次世界大戦後、民族自決の原則に基づき独立運動が本格化し、カストロらが指導する独立戦争が起こった。

5. ラテンアメリカ諸国の独立が進むと、英国は、モンロー宣言に基づき独立に干渉しようとしたが、フランスは干渉に反対した。

【No. 27】 モンゴル帝国や元に関する記述として最も妥当なのはどれか。

1. 匈奴を滅ぼしてモンゴル高原を統一したチンギス＝ハンは、大征服活動を開始し、モンゴル帝国を作り上げた。チンギス＝ハンは続いて高句麗を滅ぼし、領土を拡大した。

2. チンギス＝ハンの死後、大ハンに即位したバトゥはティムール帝国を滅ぼして東ヨーロッパに進出し、ワーテルローの戦いでフランス軍を破った。

3. 商業を重視したモンゴル帝国は、交易の利益を得るために交通路の整備に努め、幹線道路には駅を設置し、通行者に安全と便宜を図る駅伝制(ジャムチ)を整えた。

4. 大ハンに即位したフビライ＝ハンは、唐を滅ぼし、その首都であった現在の南京の地に新首都を建設し、これを大都と名付け、国号を元とした。

5. 14 世紀前半、元では宮廷の内紛や経済の混乱が目立つようになり、貴族の反乱である黄巾の乱が起こった。この反乱で頭角を現した鄭和が後に元を滅ぼし、明を建国した。

【No. 28】 江戸時代の対外政策に関する記述として最も妥当なのはどれか。

1. 幕府は、17 世紀半ばに、対外関係を、長崎・対馬・水戸の三つの窓口に役割を限定して厳しく規制する方針（鎖国）に転じ、蝦夷地では、対馬藩にアイヌとの交易を認めていた。

2. 17 世紀後半、フランス使節が根室に来航し、漂流民の間宮林蔵を送り届けるとともに通商を求めた。しかし、幕府は鎖国の方針を盾にこれを拒絶した。

3. 幕府は、日本の領土を確定するため、最上徳内に樺太を、近藤重蔵に台湾を調査させた。樺太には「大日本恵登呂府」の標柱を立てさせ、日本の固有の領土であることを宣言した。

4. 19 世紀前半、英国や米国の捕鯨船などが日本近海に出没し、異国船の接近に危機感を持った幕府は、異国船打払令を出した。

5. 19 世紀前半、日本人漂流民返還のために来航したロシア船が砲撃される事件が発生した。蘭学者の大塩平八郎は、事件への幕府の対応を批判したため、幕府は彼を厳しく処罰した。

【No. 29】 アジアやアフリカの自然環境などに関する記述として最も妥当なのはどれか。

1. 西アジアは、年間を通じて雨が降る地域と年間を通じて乾燥した地域に分かれ、インド半島の北東部からカスピ海南部にかけては熱帯雨林が広がり、年間を通じて高温多湿である。

2. 中央アジアでは、ガンジス川などの流域で大規模な灌漑開発が行われ、綿花栽培地が拡大した一方、アドリア海の枯渇など、深刻な環境問題も起こっている。

3. 南アジアでは、ティグリス川、ユーフラテス川などの外来河川の水資源を生かした灌漑農業が営まれ、外来河川のない地域では、地下水を利用するセルバが発達した。

4. 赤道以南のアフリカは、大部分が草原で形成されており、標高が比較的低いのが特徴である。一方、赤道付近には、アフリカ大陸最高峰のモンブラン山がある。

5. 北アフリカには、サハラ砂漠が広がっている。砂漠周辺のステップと呼ばれる草原では、遊牧が行われてきた。

【No. 30】 オセアニア諸国に関する記述として最も妥当なのはどれか。

1. オーストラリアは、森林率が高い国で、熱帯雨林、温帯林などの森林面積が南半球の森林面積の約半分を占めている。沿岸部には、グレートバリアリーフなどのサンゴ礁が広がっている。

2. オーストラリアは、鉱物資源が豊かであり、鉄鉱石、ボーキサイトなどの産出量が多い。鉱床

が浅くて広い場合は、露天掘りが行われている。

3.　オーストラリアの先住民であるマオリは、ニュージーランドから移住したといわれ、現在の
　オーストラリアの人口の約 3 割を占めている。

4.　ニュージーランドは、大部分が乾燥地域であり、掘り抜き井戸を利用した灌漑^{かんがい}によって、羊や
　アルパカなどの牧畜が行われている。

5.　トンガやニュージーランドは、地球温暖化の影響で、海面上昇に伴う浸水や国土の消失が進ん
　でおり、このまま温暖化が進行すると国土の大半が水没すると危惧されている。

【No. 31】　次のA～Fのカタカナに（　）内の漢字を当てたとき、正しく漢字が当てられた四字熟語
のみを挙げているのはどれか。

　　A：シンキイッテン（新機一転）

　　B：イッシンイッタイ（一進一帯）

　　C：イチレンタクショウ（一蓮托生）

　　D：ゼッタイゼツメイ（絶対絶命）

　　E：オンコチシン（温故知新）

　　F：ドクダンセンコウ（独断専行）

　　1.　A、B、C

　　2.　A、D、E

　　3.　B、C、E

　　4.　B、D、F

　　5.　C、E、F

【No. 32】　次のA～Eの慣用句のうち、その意味が妥当なもののみを挙げているのはどれか。

　　A：喉が鳴る ‥‥‥‥‥‥ おいしそうな飲食物を見て、食欲が盛んになること。

　　B：長蛇を逸する ‥‥‥ 惜しいところで大物を取り逃がすこと。

　　C：御託を並べる ‥‥‥ 相手に理解してもらうために丁寧に話すこと。

　　D：舌を巻く ‥‥‥‥‥ あきれて次に言うべき言葉が出てこないこと。

　　E：溜飲が下がる ‥‥‥ 悲しさや悔しさをこらえること。

　　1.　A、B

　　2.　A、C

　　3.　B、D

　　4.　C、E

　5.　D、E

【No.　33】　次のうち、下線部が文法的に正しい英文として最も妥当なのはどれか。

　1.　She was made to go to the shop despite her busy schedule.

　2.　You had better looking over the report again.

　3.　I could not help to smile at his dog playing with a ball.

　4.　He got his son quit eating a lot of chocolate before lunch.

　5.　It was careless from her to leave her umbrella in the taxi.

【No.　34】　次の各組の英文と和文がほぼ同じ意味になるとき、ア、イ、ウに当てはまるものの組合せとして最も妥当なのはどれか。

　　　┌ They came up 　ア 　a new idea.
　　　└ 彼らは新しいアイディアを思い付いた。

　　　┌ Do you have anything to say with regard 　イ 　the subject?
　　　└ その問題に関して何か言うことがありますか。

　　　┌ He asked me to put 　ウ 　his books.
　　　└ 彼は私に本を片付けるよう頼んだ。

　　　　　　ア　　　　イ　　　　ウ
　1.　of　　　　in　　　　on

　2.　of　　　　to　　　　away

　3.　of　　　　to　　　　on

　4.　with　　　in　　　　away

　5.　with　　　to　　　　away

【No.　35】　国民主権や民主主義に関する記述として最も妥当なのはどれか。

　1.　国民主権は、日本国憲法における五大基本原理の一つであり、大日本帝国憲法においても国民主権について規定されていた。

　2.　国民主権に基づく民主政治の原理を示した言葉として、ワシントンが起草したアメリカ独立宣言における「人民の、人民による、人民のための政治」が挙げられる。

　3.　国民の中から代表を選んで議会を組織し、議会が意思決定を行う方法を議会制民主主義(間接民主主義)といい、我が国における憲法改正の国民投票も間接民主主義の一例とされる。

　4.　議会制民主主義における議会は、選挙区や身分(階層)の代表ではなく全国民の代表で構成され

（国民代表の原理）、公開の討論を通じて方針を決定すること（審議の原理）などが求められる。

5. 国民主権の下では、国民の総意に基づいて政治が行われることが原則であり、多数者の意見を全体の意思とする多数決原理は認められていない。

【No. 36】　次は、新しい人権に関する記述であるが、A～Dに当てはまるものの組合せとして最も妥当なのはどれか。

　私生活上の事柄をみだりに公開されない権利として、プライバシーの権利が主張されている。これに関連して、我が国においては、2002 年から住民票にコード番号をつけて一元的に管理し、全国共通の本人確認を可能とする　A　が実施された一方、2003 年には　B　が成立し、民間事業者等が個人情報を適正に取り扱うためのルールが制定された。

　個人が一定の私的な事柄について、権力的な干渉や介入を受けずに自ら決定することができる権利を　C　という。これに関連して、例えば、医療や手術を受ける際に、あらかじめ医師から十分な説明を受けて理解した上で同意するという　D　の重要性が指摘されている。

	A	B	C	D
1.	住民基本台帳ネットワーク	個人情報保護関連法	自己決定権	インフォームド・コンセント
2.	住民基本台帳ネットワーク	個人情報保護関連法	生存権	アクセス権
3.	マイナンバー制度	特定秘密保護法	自己決定権	インフォームド・コンセント
4.	マイナンバー制度	特定秘密保護法	自己決定権	アクセス権
5.	マイナンバー制度	個人情報保護関連法	生存権	インフォームド・コンセント

【No. 37】　経済活動に関する記述として最も妥当なのはどれか。

1. 財を作り出すために必要な資本・労働力・サービス・土地を生産要素という。一般に、財は希少性をもつ一方で、生産要素は希少性をもたない。

2. 経済社会の仕組みを経済体制といい、政府の計画に基づいて財の品目や生産量が決定される資本主義経済や、労働者が自らの労働力を売り、賃金・給与を得る社会主義経済が存在する。

3. 経済活動において、複数の選択肢の中からある選択を行う際に、選ばなかった選択肢が与えてくれたであろう利益のうち最大のものを、機会費用という。

4. 資源に限りがある以上、人々が求める商品の全てを生産できないため、資源配分が不均衡な状況が生じる。これをワーキングプアといい、経済活動の課題となっている。

5. 分業とは、複数の労働者が計画的に共同して生産を行うことをいい、協業とは、生産工程を多
くの段階に分け、それぞれの工程で労働者が役割を分担して製品を完成させることをいう。

【No. 38】 1930～1960 年代における我が国の経済などに関する記述として最も妥当なのはどれか。

1. 日中戦争の開始直後、犬養毅内閣の高橋是清蔵相が金の輸出を解禁した結果、円安となり綿布
などの輸出が増加した。

2. 太平洋戦争が始まると、東条英機内閣は国家総動員法を公布し、戦争目的のために物資や労働
力を動員し、傾斜生産方式により鉄鋼や電力などに資金や資源を集中的に投入した。

3. 第二次世界大戦直後に行われた農地改革においては、小規模の自作農の所有地を政府が買い上
げ、大規模地主に売り渡すことにより農業の効率化を推進した。

4. 吉田茂内閣は、国民所得倍増計画を掲げ、経済成長を進める政策を実施した結果、1950～1960
年代には、実質 GNP が年平均で約 20 ％ 増加する高度経済成長が続いた。

5. 東京オリンピックが開催された 1960 年代半ば頃には、東海道新幹線が開通し、高速自動車道
路網の建設が進められた。

【No. 39】 高度情報化社会に関する記述Ａ～Ｄのうち、妥当なもののみを挙げているのはどれか。

Ａ：インターネットの普及などにより、いつでも、どこでも、誰でも情報にアクセスし、利用で
きる社会をユビキタス社会という。

Ｂ：我が国では、不正アクセス禁止法や製造物責任法(PL 法)が制定されたことにより、ネット
ワークを利用したサイバー犯罪の検挙件数は年々減少している。

Ｃ：個人の発信した情報や購買履歴などの膨大な情報(ビッグデータ)は、集積・分析され、企業
の生産活動など様々な目的で利用されている。

Ｄ：情報リテラシーとは、インターネット上の多言語の情報を読み取ることができる能力をいい、
この能力を持つ人とそうでない人の間の語学力の格差をデジタル・デバイドという。

1. Ａ、Ｂ
2. Ａ、Ｃ
3. Ａ、Ｄ
4. Ｂ、Ｃ
5. Ｃ、Ｄ

【No. 40】 近現代の思想家に関する記述Ａ～Ｄのうち、妥当なもののみを挙げているのはどれか。

Ａ：サルトルは、『種の起源』の中で「人は女に生まれるのではない、女になるのだ」と語り、「女

　性らしさ」は社会の文化や習慣によって人為的につくられたものだと説いた。

　B：レヴィ＝ストロースは、未開社会の人々の「野生の思考」を、一定の規則に基づいた厳密な思考であるとし、その思考をおくれたものとみなす西洋文明中心の考え方を批判した。

　C：シュヴァイツァーは、ワシントン大行進で「私には夢がある」というスピーチを行い、不当な植民地支配に対して、非暴力・不服従の抵抗運動を呼びかけた。

　D：フロイトは、複数の欲求がぶつかり合って葛藤が生じたり、自我の欲求が満たされない欲求不満が起こったりして、心の安定が脅かされると、無意識のうちに防衛機制が働くとした。

1. A、B
2. A、C
3. B、C
4. B、D
5. C、D

解答編

■学科試験■

◀海上保安大学校▶

問題	正答	問題	正答	問題	正答
No. 1	4	No. 10	5	No. 19	2
No. 2	4	No. 11	1	No. 20	4
No. 3	3	No. 12	5	No. 21	5
No. 4	2	No. 13	4	No. 22	3
No. 5	3	No. 14	2	No. 23	2
No. 6	2	No. 15	3	No. 24	1
No. 7	5	No. 16	5	No. 25	4
No. 8	1	No. 17	5	No. 26	1
No. 9	3	No. 18	1		

◀気象大学校▶

問題	正答	問題	正答	問題	正答
No. 1	4	No. 19	2	No. 37	3
No. 2	4	No. 20	4	No. 38	1
No. 3	3	No. 21	5	No. 39	3
No. 4	2	No. 22	3		
No. 5	3	No. 23	2		
No. 6	2	No. 24	1		
No. 7	5	No. 25	4		
No. 8	1	No. 26	1		
No. 9	3	No. 27	4		
No. 10	5	No. 28	5		
No. 11	1	No. 29	2		
No. 12	5	No. 30	5		
No. 13	4	No. 31	1		
No. 14	2	No. 32	4		
No. 15	3	No. 33	3		
No. 16	5	No. 34	2		
No. 17	5	No. 35	2		
No. 18	1	No. 36	5		

解答編

基礎能力試験

◀海上保安大学校・気象大学校共通▶

問題	正答	問題	正答	問題	正答
No. 1	4	No. 15	1	No. 29	5
No. 2	5	No. 16	2	No. 30	2
No. 3	2	No. 17	4	No. 31	5
No. 4	1	No. 18	2	No. 32	1
No. 5	3	No. 19	5	No. 33	1
No. 6	4	No. 20	4	No. 34	5
No. 7	5	No. 21	5	No. 35	4
No. 8	1	No. 22	3	No. 36	1
No. 9	3	No. 23	2	No. 37	3
No. 10	2	No. 24	4	No. 38	5
No. 11	5	No. 25	3	No. 39	2
No. 12	3	No. 26	3	No. 40	4
No. 13	2	No. 27	3		
No. 14	1	No. 28	4		

■海上保安大学校：学科試験（記述式），作文試験

問題編

区　分		内　　容	配点比率
第1次試験	学科試験（記述式）	英語　コミュニケーション英語Ⅰ・Ⅱ	$\frac{1}{7}$
		数学　数学Ⅰ・Ⅱ・A・B	$\frac{1}{7}$
	作文試験	文章による表現力，課題に対する理解力など	＊
第2次試験		人物試験（個別面接）	$\frac{1}{7}$
		身体検査	＊
		身体測定	＊
		体力検査	＊

▶出題範囲

　「数学B」は数列，ベクトルの分野に限る。

▶備　考

- 配点比率欄に＊が表示されている試験種目は，合否の判定のみを行う。
- 第1次試験合格者は，「学科試験（多肢選択式）」，「基礎能力試験（多肢選択式）」および「学科試験（記述式）」の成績を総合して決定する。
- 「作文試験」は，第1次試験合格者を対象に評定した上で，最終合格者決定に反映する。
- 第2次試験の際，人物試験の参考とするため，性格検査を行う。
- 基準点（個別に定める）に達しない試験種目が一つでもある受験生は，他の試験種目の成績にかかわらず不合格となる。

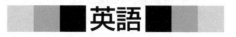

■英語■

(80 分)

【No. 1】　次の文章を読み、問い(1)～(4)に答えよ。

It's been three years in the making, but the world's largest cruise ship is finally ready to welcome passengers. Measuring a staggering[*1] 1,188 feet, Wonder of the Seas was delivered last month and is due to begin its maiden[*2] voyage from Fort Lauderdale, Florida, to the Caribbean. The 18-deck cruise ship was built in Saint-Nazaire, France, and has capacity for 6,988 guests and 2,300 crew members.

"We're excited to introduce guests across the world to Wonder of the Seas and its world-class features after a six-year-long process," Mark Tamis, senior vice president of hotel operations, says. "From planning to delivery, we've utilized[*3] our expertise, as well as incorporating our guest's suggestions and travel partner feedback to create something truly awe-inspiring." The ship will begin operating five- to seven-night cruises from Fort Lauderdale, Florida, to the Caribbean before launching Western Mediterranean cruises from Barcelona and Rome. Wonder of the Seas comprises eight neighborhoods, one of which contains over 20,000 real plants, and its on-board features include what's described as the "tallest slide at sea," as well as a 10-deck-high zip line and a huge poolside movie screen.

"We've always prided ourselves on offering guests the best and most innovative ships to give them a truly extraordinary experience. Wonder encompasses[*4] all of that," adds Tamis. The ship was originally scheduled for delivery in 2021, but this was pushed back due to delays brought about by the global pandemic. The cruise line industry has faced constant disruption[*5] over the past two years as a result of Covid-19. The US Centers for Disease Control and Prevention (CDC) pushed cruise travel up to the highest-risk level in late December, indicating that the risk for Covid-19 was "very high" due to an increase in infections among cruise passengers and crew after the emergence of the Omicron variant[*6]. In January 2022, the health agency's Covid guidance became optional for a large number of cruise ships. This month, the CDC lowered the risk level from Level 4 to Level 3, which means that its advice is now that people should be fully up to date with their Covid vaccinations[*7] before traveling.

　　　The rules under the CDC's conditional sailing order, which ended on January 15, required 95% of both passengers and crew to be fully vaccinated to sail in most circumstances, while some cruise lines required vaccination for all passengers and crew. A cruise line paused operations on some of its ships, including Symphony of the Seas and Serenade of the Seas, in January due to "Covid-related circumstances around the world." The cruise line currently requires all guests aged 12 and over to be fully vaccinated, while those aged over two must submit a negative Covid-19 test before sailing. All guests aged two and up are required to be masked in most public indoor spaces.

　　　The fifth and newest of Oasis Class vessels, Wonder of the Seas is one of several brand new cruise ships that are set to hit the waters in the coming weeks and months. Discovery Princess, the newest addition was <u>handed over</u> in Monfalcone, Italy.

*1 staggering: 驚異的な

*2 maiden: 初めての

*3 utilize: 利用する、活用する

*4 encompass: 含む

*5 disruption: 混乱、崩壊

*6 variant: 変異体

*7 vaccination: ワクチン接種

(1)　クルーズ船「ワンダー・オブ・ザ・シーズ」に備わっている遊戯用の設備のうち二つを挙げ、それぞれの特徴を日本語で記せ。

(2)　米国の疾病予防管理センター（CDC）が、クルーズ船旅行を最も Covid-19 の感染リスクが高いものと位置づけた理由を、本文中から <u>10 語以内</u>で抜き出せ。

(3)　下線部の語句と同じ意味の 1 語を、本文中から抜き出せ。

(4)　「シンフォニー・オブ・ザ・シーズ」や「セレネード・オブ・ザ・シーズ」を運航している企業が、クルーズ船の乗客に対してマスクの着用以外に課している全ての条件を、<u>50 文字以内の日本語</u>で説明せよ。

【No.　2】　次の文章を読み、問い(1)、(2)、(3)に答えよ。

　　　The 2019 Nobel Prize in chemistry has been awarded to a trio of scientists for the development of lithium-ion batteries*1, including Japan's Akira Yoshino, John Goodenough of the United States and Britain's Stanley Whittingham, the Royal Swedish Academy of Sciences said Wednesday. Goodenough, at 97, becomes the oldest winner of a Nobel Prize.

　　　Yoshino is credited as one of the pioneers in developing the widely used power source,

出典追記：【No. 1】The world's biggest cruise ship is making its debut, CNN on February 21, 2022 by Tamara Hardingham-Gill which has become indispensable[*2] for cellphones and other electronic devices today.

　　Lithium-ion batteries are also an important technology in enabling the world to move away from fossil[*3] fuels.

　　The Nobel Committee said: "(A)Lithium-ion batteries have revolutionized our lives and are used in everything from mobile phones to laptops and electric vehicles. Through their work, this year's chemistry laureates[*4] have laid the foundation of a wireless, fossil fuel-free society."

　　"I'm very excited now.⋯(B)People in Stockholm are expecting that lithium-ion batteries will become one solution to environmental issues," said Yoshino at the beginning of a news conference in Tokyo. "I'm pleased that lithium-ion batteries have been awarded in that context. I also hope that this will greatly encourage young researchers."

　　Whittingham developed the first functional lithium-ion battery in the early 1970s. Goodenough doubled the battery's potential in the following decade. Then Yoshino eliminated[*5] pure lithium from the battery, making it much safer to use. He created the first commercially viable lithium-ion battery in 1985.

[*1] lithium-ion battery: リチウムイオン電池

[*2] indispensable: so important or useful that it is impossible to manage without them

[*3] fossil: the remains of an animal or a plant which have become hard and turned into rock

[*4] laureate: someone who has been given an important prize or honor

[*5] eliminate: to completely get rid of something or someone

（注）　この文章は、2019 年に書かれたものである。

(1)　下線部(A)を和訳せよ。

(2)　下線部(B)を和訳せよ。

(3)　本文で述べられているリチウムイオン電池の開発に対して、ヨシノ氏が行った取組を 50 文字以内の日本語で説明せよ。

【No.　3】　次の問い(1)、(2)に答えよ。

(1)　次のＡ～Ｅの文章をそれぞれ英訳せよ。

　Ａ．あなたはなぜそのようなことをしたのか。

　Ｂ．ここからあのビルまでどのくらい距離がありますか。

C. 服を着たまま泳ぐのは危険である。

D. 米国の人口は日本のおよそ 3 倍である。

E. 学べば学ぶほど、自分が無知であることに気づく。

(2) 次の A ～ E の文章を英訳したとき、（　　　）内に入る 1 語をそれぞれ記せ。

A. 彼はそこに長年いるにもかかわらず、何一つ知らない。

In (　　　) of being there for many years, he knows nothing.

B. その本は間違いなく我々を成長させてくれるはずだ。

I have no (　　　) that the book leads to our growth.

C. ここでは決して大声で話をしてはいけない。

By no (　　　) are you allowed to speak in a loud voice here.

D. 世界中で争いがなくなればいいのに。

I (　　　) conflicts would disappear from this world.

E. 彼女は緊急事態において、最もうろたえることがなさそうな人だ。

She is the (　　　) person to be upset during emergency situations.

数学

(80 分)

【No. 1】 以下の設問に答えよ。

(1) 72^{100} の桁数を求めよ。ただし、$\log_{10} 2 = 0.3010$, $\log_{10} 3 = 0.4771$ とする。

(2) 次の和を求めよ。
$$1 \cdot 2 + 2 \cdot 3 + 3 \cdot 4 + \cdots + 50 \cdot 51$$

(3) a, b を定数とする。2 次関数 $y = f(x) = 3x^2 + ax + b$ の点 $(2, f(2))$ における接線の方程式が $y = 2x - 3$ であるとき、a, b の値を求めよ。

(4) 四面体 OABC において、OA = 2, OB = 3, OC = 5, $\angle AOB = \angle BOC = \angle COA = 60°$ とする。また、$\vec{a} = \overrightarrow{OA}$, $\vec{b} = \overrightarrow{OB}$, $\vec{c} = \overrightarrow{OC}$ とする。頂点 C から平面 OAB に下ろした垂線を CH とするとき、$\overrightarrow{OH}$ を $\vec{a}$, $\vec{b}$ を用いて表せ。

【No. 2】 △ABC において、$\angle B = 2\theta$, $\angle C = \theta$, AB = 2 とする。ただし、$0 < \theta \leqq \dfrac{\pi}{4}$ とする。直線 BC 上に、AH $\perp$ BC となる点 H をとる。また、直線 CA 上に、BI $\perp$ CA となる点 I をとる。このとき、以下の設問に答えよ。

(1) 線分 AH の長さを $\cos\theta$, $\sin\theta$ を用いて表せ。

(2) 辺 BC 及び線分 BI の長さを $\sin\theta$ を用いて表せ。

(3) 線分 BI の長さの最大値及びそのときの θ の値を求めよ。

【No. 3】 以下の設問に答えよ。

(1) n が自然数のとき、n^3 が偶数ならば n も偶数であることを証明せよ。

(2) (1)を用いて、2 の 3 乗根 $\sqrt[3]{2}$ が無理数であることを証明せよ。

(3) (2)を用いて、a, b が有理数であるとき、$a + \sqrt[3]{2}\, b = 0$ ならば $a = b = 0$ であることを証明せよ。

■作文■

$$\left(\begin{array}{c}50\,分\\解答例省略\end{array}\right)$$

（課　題）　国民のために働くということについて

解答編

■英語■

1　解答　(1)• 10 デッキ分の高さのあるジップライン
　　　　　• プールサイドで映画鑑賞が楽しめる巨大スクリーン

(2) an increase in infections among cruise passengers and crew（10 語以内）

(3) delivered

(4) 12 歳以上はワクチン接種を完了し，2 歳を超える子供は出航前に Covid-19 の陰性証明を提出すること。（50 字以内）

〔解説〕 《超豪華客船，いよいよ海へ》

(1)第 2 段最終文（Wonder of the Seas …）参照。its on-board features として "tallest slide at sea", a 10-deck-high zip line, a huge poolside movie screen といった記述がある。これらから 2 つを選べばよいが，"tallest slide at sea" は大規模な滑り台である事は推測できるが，実際はどうなのかわかりづらい。より特徴が明確に記されている a 10-deck-high zip line と a huge poolside movie screen を〔解答〕とした方がよい。

(2)クルーズ船旅行の感染リスクに関する CDC の記述は第 3 段第 5 文（The US Centers for …）にある。この部分から「～のために」と理由を表す due to 以下を抜き出せばよい。

(3) hand over は「引き渡す」といった意味である。下線部では受動態で用いられており，「クルーズ船が引き渡された」となっている。第 1 段第 2 文（Measuring a staggering …）が同じような意味の文章となっていることから，受動態で「届けられた」という意味を表す delivered を選べばよい。

(4)クルーズ船の乗客に課しているマスク着用以外の感染対策は，第 4 段第 3 文（The cruise line currently …）に記述がある。マスク着用以外の条件は「12 歳以上はワクチン接種完了」，「2 歳より年長は Covid-19 の陰性

証明提出」となっている。なお，aged over two は厳密に言うと「2歳以上」ではなくて，2歳を含めない上の年以上，つまり「3歳以上」になるので注意が必要。

2 解答

(1)リチウムイオン電池は私たちの生活を劇的に変化させ，携帯電話からノートパソコンや電気自動車に至るまで，あらゆるものに用いられている。

(2)ストックホルムの人々はリチウムイオン電池が環境問題に対する1つの解決策になるということを期待している。

(3)電池から純粋なリチウムを除去して格段に安全性を高め，商品として実用的なリチウムイオン電池を作った。(50 字以内)

〔解 説〕《リチウムイオン電池の開発者にノーベル賞》

(1)主語に対する動詞は have revolutionized と are used の2つ。laptop は日本語でいうところの「ノートパソコン」である。from *A* to *B* で「*A* から *B* まで」となり，この文章では *B* の部分にノートパソコンと電気自動車の2つが並べられている。

(2)ここでの expect は「期待する」の意。solution to *A* で「*A* に対する解決策」などの意になる。

(3)リチウム電池の歴史は最終段にまとめられている。ヨシノ氏の取り組みについては第3文（Then Yoshino eliminated …）および最終文（He created the first …）に述べられているので，この部分をまとめればよい。「純粋なリチウムを取り除いて安全に使用できるようにし，最初の実用可能な電池を生み出した」といった内容である。

3 解答

(1)A．Why did you do such a thing?

B．How far is it from here to that building?

C．It is dangerous to swim with your clothes on.

D．The population of the USA is about three times as large as that of Japan.

E．The more we learn, the more we realize how much we don't know.

(2)A．spite　B．doubt　C．means　D．wish　E．last

［解説］ (1)A. what を主語にして原形不定詞を用い，What made you do such a thing? としてもよいだろう。

B. 距離を尋ねる場合は How far を用いる。from *A* to *B* で「*A* から *B* まで」となる。

C. 「服を着たままで」は付帯状況を用いて表せばよい。with O C で「O が C の状態で」となる。

D. 人口が多い，少ないは large, small で表す。*A* times as *B* as *C* 「*C* の *A* 倍だけ *B* である」という表現を用いればよい。比較を用いる文章では比べる対象を揃えるので，代名詞を用いて that of Japan とすること。

E. the ＋比較級 〜，the ＋比較級 …「〜すればするほど，ますます…」という構文を用いればよい。〔解答例〕ではアインシュタインの名言をベースに文章を作ったが，「無知であること」の部分は how ignorant we are などとすることもできるだろう。

(2)A. in spite of *A* で「*A* にもかかわらず」と譲歩を表す。despite と混同するかもしれないが，despite を使う場合，前置詞 of は必要なく，despite being there …となる。

B. 「間違いない」から「疑いがない」と考える。There is no doubt that …としても同様の内容を表すことができる。

C. by no means は「決して〜ない」と否定を表す表現である。この文章では文頭に置かれているため，倒置が起こり受動態の be 動詞が前に来ている。

D. 助動詞の過去形 would から仮定法の表現だと判断する。I wish ＋仮定法で「〜ならなぁ／であったらなぁ」という意味を表す。

E. the last ＋名詞＋ to *do* で「最も〜しそうにない…」という意味になる。last は「順番が最後」という意味を持つので，「〜しそうな人を順番に並べていったら最後の人＝最も〜しそうにない人」と考えればよいだろう。

数学

1 解答

(1)
$$\log_{10} 72^{100} = 100 \cdot \log_{10}(2^3 \cdot 3^2)$$
$$= 100(3\log_{10} 2 + 2\log_{10} 3)$$
$$= 100(3 \times 0.3010 + 2 \times 0.4771)$$
$$= 185.72$$

ゆえに，$72^{100} = 10^{185.72}$ であるので
$$10^{185} < 72^{100} < 10^{186}$$

したがって，72^{100} の桁数は　　186 桁　……(答)

(2)
$$1 \cdot 2 + 2 \cdot 3 + 3 \cdot 4 + \cdots + 50 \cdot 51 = \sum_{k=1}^{50} k(k+1)$$

ここで

$$\sum_{k=1}^{n} k(k+1) = \sum_{k=1}^{n} (k^2 + k)$$
$$= \frac{1}{6} n(n+1)(2n+1) + \frac{1}{2} n(n+1)$$
$$= \frac{1}{6} n(n+1)\{(2n+1) + 3\}$$
$$= \frac{1}{3} n(n+1)(n+2)$$

したがって

$$1 \cdot 2 + 2 \cdot 3 + 3 \cdot 4 + \cdots + 50 \cdot 51$$
$$= \frac{1}{3} \cdot 50(50+1)(50+2) = 44200 \quad \cdots\cdots(答)$$

(3)　$f(x) = 3x^2 + ax + b$ であるので
$$f(2) = 12 + 2a + b$$

また，$f'(x) = 6x + a$ であるので
$$f'(2) = 12 + a$$

ゆえに，2 次関数 $y = f(x)$ のグラフ上の点 $(2, f(2))$ における接線の方程式は

$$y - (12 + 2a + b) = (12 + a)(x - 2)$$

$$y=(a+12)x+b-12$$

これと，$y=2x-3$ を比較して

$$\begin{cases} a+12=2 \\ b-12=-3 \end{cases}$$

これを解いて

$$a=-10,\quad b=9\quad\cdots\cdots(\text{答})$$

(4)　点 H は平面 OAB 上の点であるから，

s，t を実数として

$$\overrightarrow{\mathrm{OH}}=s\vec{a}+t\vec{b}$$

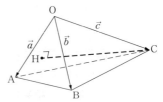

と表される。CH⊥(平面 OAB) から

$$\overrightarrow{\mathrm{CH}}\cdot\overrightarrow{\mathrm{OA}}=0,\quad \overrightarrow{\mathrm{CH}}\cdot\overrightarrow{\mathrm{OB}}=0$$

ここで，$\overrightarrow{\mathrm{CH}}=\overrightarrow{\mathrm{OH}}-\overrightarrow{\mathrm{OC}}=s\vec{a}+t\vec{b}-\vec{c}$ であるので

$$(s\vec{a}+t\vec{b}-\vec{c})\cdot\vec{a}=0,\quad (s\vec{a}+t\vec{b}-\vec{c})\cdot\vec{b}=0$$

$$s|\vec{a}|^2+t\vec{a}\cdot\vec{b}-\vec{c}\cdot\vec{a}=0\quad\cdots\cdots①$$

$$s\vec{a}\cdot\vec{b}+t|\vec{b}|^2-\vec{b}\cdot\vec{c}=0\quad\cdots\cdots②$$

ここで

$$|\vec{a}|^2=4,\quad |\vec{b}|^2=9$$

$$\vec{a}\cdot\vec{b}=2\times3\times\cos60°=3$$

$$\vec{b}\cdot\vec{c}=3\times5\times\cos60°=\frac{15}{2}$$

$$\vec{c}\cdot\vec{a}=5\times2\times\cos60°=5$$

①より　　$4s+3t=5\quad\cdots\cdots③$

②より　　$3s+9t=\dfrac{15}{2}\quad\cdots\cdots④$

よって，③，④より

$$s=\frac{5}{6},\quad t=\frac{5}{9}$$

したがって

$$\overrightarrow{\mathrm{OH}}=\frac{5}{6}\vec{a}+\frac{5}{9}\vec{b}\quad\cdots\cdots(\text{答})$$

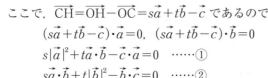

解説　《小問4問》

(1)　桁数の問題は常用対数をとって考えていく。

(2)　和を求めるときは，まずは一般項を考え，その後 $\sum$ の計算をしてい

く。

(3)　点 $(2, f(2))$ が接点であるので，$f'(2)$ が接線の傾きである。

(4)　ある直線が平面に垂直となる条件は，平面上の任意の 2 直線と垂直であることである。

2 　解答　(1)　△ABH において，∠B$=2\theta$，∠AHB$=\dfrac{\pi}{2}$ より

$$AH=AB\sin 2\theta=4\sin\theta\cos\theta$$

……(答)

(2)　△ABH において，∠B$=2\theta$，

∠AHB$=\dfrac{\pi}{2}$ より

$$BH=AB\cos 2\theta=2(1-2\sin^2\theta)$$

△ACH において，∠C$=\theta$，∠AHC$=\dfrac{\pi}{2}$ より

$$CH=\frac{AH}{\tan\theta}=\frac{4\sin\theta\cos\theta}{\tan\theta}=4\cos^2\theta=4(1-\sin^2\theta)$$

よって

$$BC=BH+CH=6-8\sin^2\theta \quad ……(答)$$

また，△BCI において，∠C$=\theta$，∠BIC$=\dfrac{\pi}{2}$ より

$$BI=BC\sin\theta=6\sin\theta-8\sin^3\theta \quad ……(答)$$

(3)　$\sin\theta=x$ とすると，$0<\theta\leqq\dfrac{\pi}{4}$ より

$$0<\sin\theta\leqq\frac{\sqrt{2}}{2} \quad すなわち \quad 0<x\leqq\frac{\sqrt{2}}{2}$$

$f(x)=-8x^3+6x$ とすると，$BI=f(x)$ であり

$$f'(x)=-24x^2+6=-6(2x+1)(2x-1)$$

よって，$0<x\leqq\dfrac{\sqrt{2}}{2}$ における $f(x)$

の増減表は右のようになる。

したがって，BI の長さの最大値は

$$2 \quad ……(答)$$

x	0	$\cdots$	$\dfrac{1}{2}$	$\cdots$	$\dfrac{\sqrt{2}}{2}$
$f'(x)$		$+$	0	$-$	
$f(x)$		↗	2	↘	

このとき　　　$\sin\theta = x = \dfrac{1}{2}$

よって，求める θ は，$0 < \theta \leqq \dfrac{\pi}{4}$ より　　　$\theta = \dfrac{\pi}{6}$ ……(答)

[解説] ≪三角比の利用，三角関数の最大値≫

(1)・(2)　直角三角形が多く含まれる図形なので，三角比の定義を利用して各長さを求めていくとよい。

右図において，$\sin\theta = \dfrac{c}{a}$，$\cos\theta = \dfrac{b}{a}$，$\tan\theta = \dfrac{c}{b}$

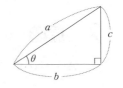

である。

(3)　$\sin\theta = x$ とおくと，x の 3 次関数の最大値を求める問題となるので，微分して増減表を書くとよい。

3 解答

(1)　n を自然数とする。n が奇数であるとき，自然数 m を用いて，$n = 2m-1$ と表される。

このとき

$$n^3 = (2m-1)^3 = 8m^3 - 12m^2 + 6m - 1 = 2(4m^3 - 6m^2 + 3m) - 1$$

ここで，$4m^3 - 6m^2 + 3m$ は整数であるので，n^3 は奇数である。

つまり，「n が自然数のとき，n が奇数ならば n^3 も奇数である」。

この対偶をとって，題意の命題は示された。　　　　　　　　(証明終)

(2)　$\sqrt[3]{2}$ が有理数であると仮定すると，$\sqrt[3]{2} > 0$ であるから，互いに素である自然数 p, q を用いて $\sqrt[3]{2} = \dfrac{p}{q}$ と表される。

このとき　　　$p = \sqrt[3]{2}\,q$

両辺を 3 乗して　　　$p^3 = 2q^3$

ここで，q^3 は自然数であるから，p^3 は偶数であり，(1)より p も偶数である。

ゆえに，自然数 r を用いて，$p = 2r$ と表される。

したがって　　　$(2r)^3 = 2q^3$

整理して　　　$q^3 = 4r^3$

q^3 は偶数であり，(1)より，q も偶数である。

これは p と q が互いに素であることに矛盾する。

したがって，$\sqrt[3]{2}$ は無理数である。　　　　　　　　　　（証明終）

(3)　$b \neq 0$ と仮定すると，$a + \sqrt[3]{2}\,b = 0$ から

$$\sqrt[3]{2} = -\frac{a}{b} \quad \cdots\cdots ①$$

a, b は有理数であるから，①の右辺は有理数である。

ところが，(2)より，①の左辺は無理数であるから，これは矛盾する。

よって　　　$b = 0$

$a + \sqrt[3]{2}\,b = 0$ に $b = 0$ を代入すると　　　$a = 0$

したがって，a, b が有理数であるとき，$a + \sqrt[3]{2}\,b = 0$ ならば $a = b = 0$ である。　　　　　　　　　　（証明終）

[解 説]　≪命題の証明≫

(1)　元の命題を証明することが難しいときは，元の命題の対偶を証明すればよい。元の命題と対偶の命題の真偽は必ず一致する。元の命題の結論部分が「〜でない」，「または」，「少なくとも 1 つの〜」となっているときに役立つことが多い。

(2)　本問は，$\sqrt[3]{2}$ が有理数でないことを示す問題である。「〜でない」，「少なくとも 1 つは〜」といった命題の証明は，背理法が有効であることが多い。また，対偶を利用した証明と違い，$P \Rightarrow Q$ の形でない命題でも証明することができる。

(3)　(2)より，$\sqrt[3]{2} = -\dfrac{a}{b}$ が矛盾した式であるとわかる。このとき，分母が 0 となれないことに注意し，背理法で証明をすすめる。

■気象大学校：学科試験（記述式），作文試験

問題編

区　分			内　　　　　容	配点比率
第1次試験	学科試験（記述式）	英語	コミュニケーション英語Ⅰ・Ⅱ	$\frac{2}{12}$
		数学	数学Ⅰ・Ⅱ・Ⅲ・Ａ・Ｂ	$\frac{2}{12}$
		理科	物理基礎，物理	$\frac{2}{12}$
	作文試験		文章による表現力，課題に対する理解力など	＊
第2次試験			人物試験（個別面接）	＊
			身体検査	＊

▶出題範囲
「数学Ｂ」は数列，ベクトルの分野に限る。

▶備　考
- 配点比率欄に＊が表示されている試験種目は，合否の判定のみを行う。
- 第1次試験合格者は，「学科試験（多肢選択式）」，「基礎能力試験（多肢選択式）」および「学科試験（記述式）」の成績を総合して決定する。
- 「作文試験」は，第1次試験合格者を対象に評定した上で，最終合格者決定に反映する。
- 第2次試験の際，人物試験の参考とするため，性格検査を行う。
- 基準点（個別に定める）に達しない試験種目が一つでもある受験生は，他の試験種目の成績にかかわらず不合格となる。

(80 分)

【No.　1】　Read the following text and answer the questions (1)–(5) **in English**.

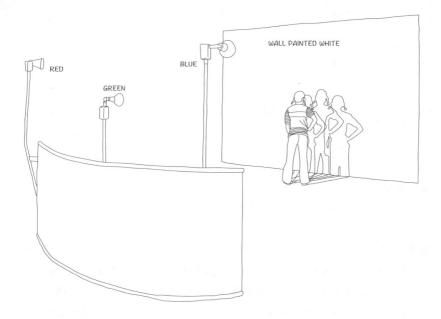

Colored Shadows

　　This exhibit demonstrates very directly that white light can be formed from a mixture made up of equal parts red, blue, and green light.　We are used to mixing colored pigments*, but the opportunity to mix colored lights is less common.　Mixing light generates some pleasant surprises.　For example, you can see that yellow light can be made by adding red and green.

　　This exhibit consists of three pure sources of light in the primary colors (red, blue, and green), projected onto a white wall.　The intensities of the three colors are balanced so that the wall looks white.　The lamps are placed a few feet apart, so that when a visitor stands close to the lamps, his or her body blocks the light from only one of the lamps. Whenever only one light is blocked, the other two lights will mix to make a colored shadow. Consider, for example, the shadow cast when a visitor's body blocks light from the red lamp. The blue light and the green light mix to create a cyan-colored shadow. Cyan is the complementary color to red — that is, the color that mixes with red to make white. When a shadow removes one color from white, it leaves the complementary color. By blocking each of the three lights, visitors cast shadows of three distinct colors: cyan (a mixture of blue and green), magenta (a mixture of red and blue), and yellow (a mixture of [_____] and [_____]).

As the visitor moves toward the wall, the shadows begin to overlap. In the area where two shadows overlap, two lights are blocked by the visitor's body. The remaining light illuminates the area, making a red, green, or blue shadow. If shadows from all three lamps overlap, the overlapping area has no color; it is black. So, when a person passes the wall at the right distance, they see quite an array of colors (three primaries, three complements, white, and black) arranged as three overlapping shadows.

* pigment: a dry colored powder that is mixed with oil, water etc. to make paint

(1) What are the two colors that would fit for the blanks [_____]?
(2) Give the general definition of the "complementary color", following the example of this text.
(3) What is the complementary color to green?
(4) This exhibit uses three color lights to project eight colors on the wall. If you make an exhibit with five different colored lights instead of three, how many colors (or colored shadows) would appear on the wall in theory?
(5) Explain how to derive the answer to the previous question (4) in 60 words or less.

【No. 2】 次の文章を読み、問い(1)〜(4)に答えよ。

One frost-laced fall morning, I went trail hunting with a historian named Lamar Marshall. He was slowly piecing together a map of all the major footpaths of the ancient Cherokee[*1] homeland, and he had a new route he wanted to inspect. Wrapped in layers of warm clothing, which we would gradually peel off as the day wore on, we walked down a gravel road through the forests of the North Carolina foothills.

《中 略》

Few Americans can say with any certainty that they have seen an old Native American

出典追記：【No. 1】Exploratorium Cookbook I: A Construction Manual for Exploratorium Exhibits by Raymond Bruman, Exploratorium trail. (1)But almost everyone has seen the ghost of one and even traveled along it. For example, Marshall told me, the highway we'd taken to get to reach these mountains had once been a noted Cherokee trail, stretching hundreds of miles from present-day Asheville to Georgia. The next road we turned onto had been a trail once, too. As had dozens of other roads in the surrounding hills.

Marshall estimated that eighty-five percent of the total length of the old Native American trails in North Carolina had been paved*2 over. This phenomenon generally holds true across the continent, but more so in the densely forested east. As Seymour Dunbar wrote in *A History of Travel in America*: "Practically the whole present-day system of travel and transportation in America east of the Mississippi River, including many turnpikes*3, is based upon, or follows, the system of forest paths established by the Indians hundreds of years ago."

That system of paths is arguably the grandest buried cultural artifact in the world. For many indigenous people, trails were not just a means of travel; they were the veins and arteries*4 of culture. For societies relying on oral tradition, the land served as a library of botanical, zoological, geographical, etymological*5, ethical, genealogical, spiritual, cosmological, and esoteric*6 knowledge. In guiding people through that wondrous archive, trails became a rich cultural creation and a source of knowledge in themselves. Although (2)that system of knowledge has largely been absorbed by empire and buried in asphalt, threads of it can still be found running through the forest, if one only knows where to look.

《中　略》

(3)Though his research was best known for helping reveal the astonishing degree to which our road network was inherited (or more accurately, stolen) from Native Americans, Marshall's top priority was to find those few remaining ancient Cherokee trails that had remained undisturbed. His motivations were (at least, in part) environmentalist: if he could locate a historical Cherokee footpath, federal legislation mandates that the Forest Service*7 must protect a quarter of a mile of land on either side of the trail until it has undergone a proper archaeological*8 survey (which, in certain cases, can take decades). And if the site is ultimately found to be historically significant, then the state can take steps to ensure that the trail's historical context — which just so happens to be old-growth forest — remains intact. By locating and mapping old Cherokee trails, Marshall had so far been able to protect more than forty-nine thousand acres of public land from logging and mining operations.

《中　略》

Since Cherokee paths often followed game trails, they provide ideal corridors for wildlife to move between ecosystems. The paths also tend to travel along dividing ridgelines, which provide scenic overlooks for future visitors. Even more radically, by showing that human artifacts can serve as the linchpin[*9] of wilderness areas, Marshall was bridging an old divide between culture and environment. That dichotomy[*10] is familiar to Americans today, but it would have been wholly foreign to precolonial Native Americans. (4)Mile by mile, Marshall was incorporating the human landscape back into the natural one.

[*1] Cherokee: チェロキー族(現在の Tennessee、North Carolina 州の地に居住していた先住民)

[*2] pave: 舗装する

[*3] turnpike: 有料(高速)道路

[*4] artery: 動脈

[*5] etymological > etymology: 語源学

[*6] esoteric: 奥義の、秘伝の

[*7] Forest Service: (米国の)森林管理を担う行政機関

[*8] archaeological > archaeology: 考古学

[*9] linchpin: a person or thing vital to an enterprise or organization

[*10] dichotomy: a division or contrast between two things that are or are represented as being opposed or entirely different

(1) 下線部(1)といえるのはなぜか、日本語で説明せよ。

(2) 下線部(2)は具体的に何を指しているか、日本語で記せ。

(3) 下線部(3)を和訳せよ。

(4) 下線部(4)で述べられていることは、具体的にどのような Marshall の活動と行政機関の手続きによって実現しているか、日本語で説明せよ。

【No. 3】 次の文章を読み、下線部(1)～(5)を英訳せよ。

(1)天気は、(数日あるいは数時間という)短い時間に任意の場所において大気中で起こっていることを記述する. Weather descriptions include temperature, humidity, winds, cloudiness, and atmospheric pressure. (2)気候は、こうした気象の諸条件の、数十年間の平均である. The National Weather Service uses 30 years of weather measurements to calculate the average climate for a city, state, or region. An easy way to summarize the difference is "climate is what you expect; weather is what you get," or "weather tells us what kinds of clothes to wear, climate tells us what kinds of clothes to buy."

出典追記：【No. 2】On Trails by Robert Moor, Simon & Schuster

When scientists talk about climate change, they mean that there has been a significant change in the average or extreme (or both) climate conditions, and that (3)この変化が長い時間にわたってずっと続いてきた. We all know that climate conditions (air temperature, precipitation*1, and wind) change with the seasons. There are also natural cycles such as El Niño that cause climate conditions to be different from year-to-year. These differences are part of natural climate variability, (4)しかし、それらは気候変動と同じものではない.

Earth's climate has changed many times in the past, and is changing now. Studies of tree rings show that Earth's average temperature is now as warm or warmer than it has been for at least the past 1,300 years. Scientific weather observations from around the world show that average temperatures have increased rapidly during the past 50 years, especially in the Arctic*2 region. In the past, climate change has happened over periods of decades to thousands of years. (5)わずか 50 年で急速な気温の変化が起こることは極めて珍しい。なぜなら、自然のプロセスがこれほどの速さで気候に影響を与えることはほぼないからだ.

*1 precipitation: rain, snow, etc. that falls; the amount of this that falls

*2 Arctic: related to or happening in the regions around the North Pole

数学

（80 分）

【No.　1】　$\alpha = \sqrt{2} + \sqrt{3}$, $\beta = -\sqrt{2} + \sqrt{3}$ として、数列 $\{a_n\}$ $(n = 1, 2, \cdots)$ を $a_n = \alpha^n + \beta^n$ により定める。以下の設問に答えよ。

(1)　a_2 及び a_4 を求めよ。

(2)　方程式 $x^4 + Ax^3 + Bx^2 + Cx + D = 0$ が $x = \alpha$ を解にもつような整数 A, B, C, D の値の組を一つ求めよ。

(3)　5 以上の自然数 n に対して、a_n を a_{n-2}, a_{n-4} を用いて表せ。

(4)　全ての自然数 m に対して、a_{2m} が整数であることを示せ。

(5)　α^{2022} の整数部分の 1 の位の数を求めよ。ただし、実数 x の整数部分とは、x を超えない最大の整数を指すものとする。

【No.　2】　e を自然対数の底、n を 2 以上の自然数とする。a_n を等式

$$e = 1 + \frac{1}{1!} + \frac{1}{2!} + \cdots + \frac{1}{n!} + \frac{a_n}{(n+1)!}$$

を満たす数とし、関数 $f(x)$ を

$$f(x) = e^x \left\{ 1 + \frac{1-x}{1!} + \frac{(1-x)^2}{2!} + \cdots + \frac{(1-x)^n}{n!} \right\} + \frac{a_n}{(n+1)!}(1-x)^{n+1}$$

で定める。以下の設問に答えよ。なお、必要ならば、$2 < e < 3$ であることは用いてよい。

(1)　$f(0)$ 及び $f(1)$ の値を求めよ。

(2)　$f(x)$ の導関数 $f'(x)$ を a_n, n, x を用いて表せ。

(3)　関係式 $a_n = e^c$, $0 < c < 1$ を満たす実数 c が存在することを示せ。さらに、不等式 $0 < \dfrac{a_n}{n+1} < 1$ が成り立つことを示せ。

(4)　e が無理数であることを示せ。

【No.　3】　xy 平面上に 2 点 A$(1, 0)$, B$(-1, 0)$ をとり、曲線 C を楕円 $\dfrac{x^2}{2} + y^2 = 1$ の $y > 0$ の部分とする。C 上の点 P における C の接線を l とし、2 点 A, B から l に下ろした垂線と l との交点をそれぞれ G, H とする。以下の設問に答えよ。

(1)　$|\overrightarrow{AP}| + |\overrightarrow{BP}|$ の値は、点 P の位置によらず一定であることを示せ。

(2)　点 P の座標を (x_0, y_0) とし、ベクトル $\vec{m}$, $\vec{n}$ を、それぞれ $\vec{m} = (2y_0, -x_0)$, $\vec{n} = (x_0, 2y_0)$ により定める。

(i)　$\vec{m}$ は l の方向ベクトル、$\vec{n}$ は l の法線ベクトルであることをそれぞれ示せ。

(ii)　(i)の結果より、ベクトル $\overrightarrow{BH}$ は実数 s, t を用いて

$$\overrightarrow{BH} = \overrightarrow{BP} + s\vec{m} = t\vec{n}$$

と表すことができる。s, t を x_0, y_0 を用いて表せ。ただし、分母、分子がともに x_0 又は y_0 の高々一次式となるような既約分数式の形で表すこと。

(iii)　$\cos\angle BPH$ の値を、(ii)で導入した s, t を用いて表せ。さらに、(ii)の結果を使って、その値 $(\cos\angle BPH)$ を x_0 を用いて表せ。

(iv)　$\angle BPH = \angle APG$ が成り立つことを示せ。

(3)　直線 AP と直線 BH の交点を Q とする。点 P が曲線 C 上を動くときの点 Q の軌跡を求めよ。

物理

（80分）

（注）　単位の明示されていない量については，全て国際単位系（SI）を用いることとします。

【No. 1】　図 I は電車のレールを上から見た図である。点 P を中心とする半径 R の円形のレールと、そこからのびる直線のレールがあり、その上を電車が走っている。電車は図 II のように、床から天井までの高さは H で、天井から長さ $L(L < H)$ の軽くて伸びないひもで質量 m の小球が吊り下げられており、電車の進行方向と垂直な面内のみで振動できるようになっている。ひもの鉛直方向からの角度を θ として、電車の中にいる人から見た小球の運動について以下の問いに答えよ。ただし、答えのみでなく、考え方や計算の過程も記すこと。

なお、レールの幅及び電車の幅は R と比較して無視できるものとする。また、小球は電車の壁にはぶつからず、ひもの長さ L は R と比較して小さく無視できるものとする（$R + L \fallingdotseq R$）。さらに、レールと電車の床は常に水平で、傾かないものとする。重力加速度の大きさを g とする。

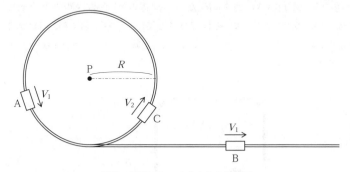

図 I　電車のレールを上から見た図

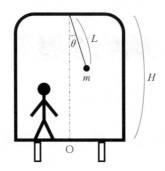

図Ⅱ　電車の進行方向に垂直な断面を電車の後方から見た図

はじめ、円形のレールの上を、電車が速さ V_1 で走っている(図Ⅰの A)。このとき、ひもが鉛直方向からの角度 $\theta = \theta_1$ で静止した。

(1)　電車の速さ V_1 及びひもの張力の大きさ T_1 を、R, L, m, g, θ_1 のうち必要なものを用いてそれぞれ表せ。

この電車は V_1 の速さで直線区間に入り、等速直線運動を続けた(図Ⅰの B)。電車が直線区間に入ったときに小球が振動を始め、その後も振動を続けた。

(2)　振動する小球の速さが最大となるときの大きさ v_{m1} を、R, L, m, g, θ_1 のうち必要なものを用いて表せ。

(3)　(2)のときのひもの張力の大きさ T_2 を、R, L, m, g, θ_1 のうち必要なものを用いて表せ。

(4)　(2)のときにひもが切れて小球が床に落下したとする(図Ⅲ)。ひもの吊り下げ位置の直下の床上の点 O から小球の落下位置までの距離 l を、R, H, L, m, g, θ_1 のうち必要なものを用いて表せ。

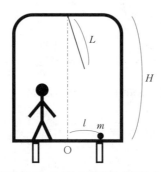

図Ⅲ　図Ⅱと同じ。ただし小球が床に落下したところ。

次に、電車が速さ V_1 で半径 R の円形のレール上を走り(図Ⅰの A)、小球とひもが静止しているときに、電車の速さが瞬間的に V_2 に変わり、その後も速さ V_2 で走り続けた場合を考える(図Ⅰの C)。このとき小球は(1)の静止状態から振動を始め、小球の高さが最も高くなったときのひもの鉛直方向からの角度が $\theta = \theta_2\ (\theta_2 > \theta_1)$ であったとする。

(5) 小球に重力と慣性力が働くと、それらの合力が、慣性系での重力と同じような働きであるとみなすことができる。これを見かけの重力であるとすると、小球の振動は、見かけの重力が $\theta =$ [㋐] の方向に加速度の大きさ $g' =$ [㋑] で働いていると考えることができる。㋐と㋑に当てはまる値を、$R,\ L,\ m,\ g,\ \theta_1,\ \theta_2$ のうち必要なものを用いてそれぞれ表せ。

(6) 電車の速さ V_2 を、$R,\ L,\ m,\ g,\ \theta_1,\ \theta_2$ のうち必要なものを用いて表せ。

(7) 振動する小球の速さが最大となるときの大きさ v_{m2} を、$R,\ L,\ m,\ g,\ \theta_1,\ \theta_2$ のうち必要なものを用いて表せ。

(8) (7)のときのひもの張力の大きさ T_3 を、$R,\ L,\ m,\ g,\ \theta_1,\ \theta_2$ のうち必要なものを用いて表せ。

【No. 2】 波に関する以下のⅠ、Ⅱの設問に答えよ。ただし、答えのみでなく、考え方や計算の過程も記すこと。

Ⅰ. 媒質の変位が図のように描ける、媒質を伝わる波がある。

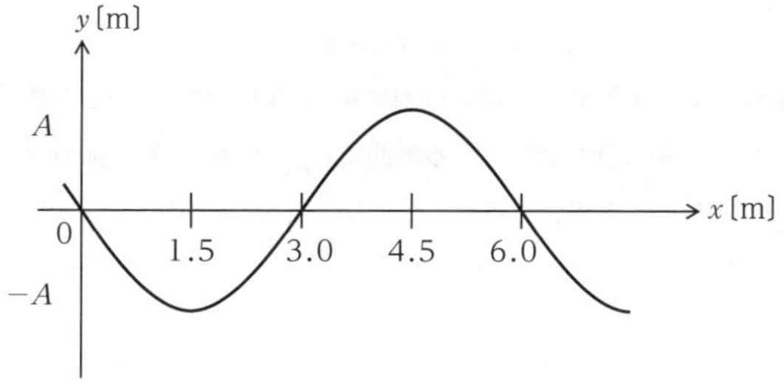

図Ⅰ

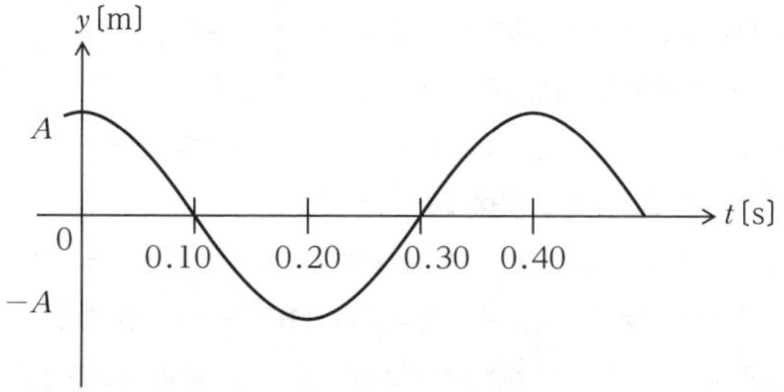

図Ⅱ

媒質の中に定める原点 O から、波が進む向きに座標軸 x の正の向きをとる。波は振幅 $A\,[\mathrm{m}]$ の正弦波で、原点 O での媒質の変位 $y\,[\mathrm{m}]$ が負から正へと時間的に変化する状態で 0 となる瞬間を時刻 $t = 0\,\mathrm{s}$ と定める。

図 I は、時刻 $t = 1.2\,\mathrm{s}$ における媒質の変位 y を座標 x の関数として表したグラフである。

図 II は、位置 $x = 4.5\,\mathrm{m}$ における媒質の変位 y を時刻 t の関数として表したグラフである。

以下の問いに答えよ。答えは、数値を四捨五入の上、有効数字 2 桁にして単位を付けること。

(1) 波の波長 λ と振動数 f を求めよ。

(2) 波が進む速さ v を求めよ。

(3) 座標軸 x 上で負の向きに速さ $1.0\,\mathrm{m/s}$ で進む人が波を見るとき、観測される波長 λ' と周期 T' を求めよ。

(4) 波が縦波である場合を考える。媒質の正の変位が x 軸の正の向きに生じるとき、時刻 $t = 1.7\,\mathrm{s}$ において、$0\,\mathrm{m} \leq x < 6.0\,\mathrm{m}$ の範囲で媒質が最も密になっている位置座標 x を求めよ。

II．時刻 t、座標 x における媒質の変位 y が $y = A\sin(\omega t - kx)$ と書ける、x 軸の正の向きに進む振幅 A の正弦波を考える。ここで、ω 及び k は正の定数である。円周率を π と表し、以下の問いに答えよ。なお、必要ならば、次の公式を用いてよい。

$$\sin\alpha + \sin\beta = 2\sin\left(\frac{\alpha + \beta}{2}\right)\cos\left(\frac{\alpha - \beta}{2}\right)$$

(1) ω 及び k を振動数 f、波長 λ を用いてそれぞれ表せ。

(2) この波に、変位 $y = A\sin(\omega t + kx)$ の波を重ねると、定常波ができる。n を任意の整数として、定常波の節（変位が常にゼロとなる点）の位置座標 x を λ を用いて表せ。

(3) 変位 $y_1 = A\sin(\omega_1 t - k_1 x)$ の波に、同じ振幅を持ち、同じ速さで同じ向きに伝わる別の波 $y_2 = A\sin(\omega_2 t - k_2 x)$ を重ね合わせる。ある瞬間に、二つの波が最も強め合っている点と点の間の最短距離 Δx を k_1, k_2 を用いて表せ。ただし、ω_1 と ω_2 の値の差の大きさは ω_1, ω_2 の値に比べて十分小さいものとする。

【No. 3】 図のように、電圧 V の直流電源、抵抗値 R の抵抗、電気容量がそれぞれ $2C$, C, C の三つのコンデンサー $\mathrm{C_1}$, $\mathrm{C_2}$, $\mathrm{C_3}$、自己インダクタンス L のコイル、三つのスイッチ $\mathrm{S_1}$, $\mathrm{S_2}$, $\mathrm{S_3}$ を接続した回路がある。最初、全てのスイッチは開いており、三つのコンデンサーは全て帯電していないものとする。また、配線に用いた

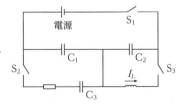

導線の抵抗、コイルの抵抗及び直流電源の内部抵抗は無視できるものとする。円周率を π と表し、以下の問いに答えよ。ただし、答えのみでなく、考え方や計算の過程も記すこと。

まず、スイッチ $\mathrm{S_1}$ を閉じたところ、二つのコンデンサー $\mathrm{C_1}$, $\mathrm{C_2}$ に電荷が蓄えられた。

(1)　スイッチ S_1 を閉じてから十分時間が経過した後に、コンデンサー C_1, C_2 に蓄えられた電気量 Q_1, Q_2 及び C_1, C_2 にかかった電圧 V_1, V_2 を、C, V のうち必要なものを用いてそれぞれ表せ。

　次に、スイッチ S_1 を開けて、スイッチ S_2 を閉じたところ、コンデンサー C_3 にも電荷が蓄えられた。

(2)　スイッチ S_2 を閉じてから十分時間が経過した後に、コンデンサー C_1, C_3 に蓄えられた電気量 Q_1', Q_3' 及び C_1, C_3 にかかった電圧 V_1', V_3' を、C, V のうち必要なものを用いてそれぞれ表せ。

(3)　スイッチ S_2 を閉じる前とスイッチ S_2 を閉じてから十分時間が経過した後とを比べると、コンデンサーに蓄えられた静電エネルギーの差は、抵抗において発生したジュール熱に等しい。このジュール熱の熱量を、C, V, R のうち必要なものを用いて表せ。

　さらに、スイッチ S_2 を開けて、スイッチ S_3 を閉じたところ、回路に電気振動が生じた。

(4)　コイルに流れる最大の電流の大きさを I_{MAX}、電気振動の角周波数を ω、スイッチ S_3 を閉じてからの時間を t とするとき、$t = 0$ においてコイルに流れた電流 I_{L0} の大きさを求めよ。また、図の矢印の向きにコイルを流れる電流 I_L を、I_{MAX}, ω, t を用いて正弦関数で表せ。

(5)　コンデンサー C_2 に蓄えられる静電エネルギー U_C を、C, V, ω, t を用いて三角関数で表せ。

(6)　コイルに蓄えられるエネルギー U_L は、$U_L = \dfrac{1}{2} L I_L^2$ と表すことができる。コイルに蓄えられるエネルギー U_L とコンデンサーに蓄えられる静電エネルギー U_C との和は常に等しいことを踏まえ、コイルに流れる最大の電流の大きさ I_{MAX} を、C, V, L を用いて表せ。

(7)　電流 I_L は、コンデンサー C_2 に蓄えられる電荷を Q_C とすると、$I_L = -\dfrac{\Delta Q_C}{\Delta t}$ と表すことができる。この関係を元に、電気振動の周期を C, V, L のうち必要なものを用いて表せ。ここで、$A = A_0 \sin(\alpha t + \beta)$ のとき、$\dfrac{\Delta A}{\Delta t} = A_0 \alpha \cos(\alpha t + \beta)$ となることを用いてもよい。

■作文■

$$\left(\begin{array}{c}50\ 分\\解答例省略\end{array}\right)$$

（課　題）　未来へ伝えたい大切なこと

解答編

■英語■

1 　**解答**　⑴ red, green （順不同）

⑵ "Complementary color" is a color that mixes with a given color to produce white or black.

⑶ magenta

⑷ thirty-two

⑸ To begin, five primary colors, white and black make seven colors. When one out of the five primaries is blocked, five complementary colors are produced. When two colors are blocked, ten complementary colors are produced. When three colors are blocked, ten complementary colors can also be produced. In total, we could have thirty-two colors in theory. （60 語以内）

解説　≪光が作り出す様々な色の影≫

⑴第 1 段最終文（For example, you can …）参照。「黄色は赤と緑を加えることによって作られる」とある。

⑵第 2 段第 7・8 文（Cyan is the complementary … the complementary color.）参照。本文では光の三原色が扱われているので，上記の箇所で言及されているように「混ぜると白になる」が主体となっているが，本問では補色についての general definition（一般的な定義）を問われているので，色の三原色における補色の定義も含めて「白または黒になる色」とした。書き出しは A complementary color is でもよい。

⑶第 2 段第 7・8 文（Cyan is the complementary … the complementary color.）に「赤，青，緑から赤を取り除き，青と緑を混ぜてできるシアンが赤の補色である」という説明がある。第 9 文（By blocking each …）に「マゼンタは赤と青を混ぜた色」とあることから，「赤と青を混ぜた色＝緑を取り除いた色＝緑の補色」は magenta となる。

(4)・(5)白，黒に加えて，５色の光がブロックされる場合を考える必要がある。４色が重なる場合は５通り，３色が重なる場合は10通り，２色が重なる場合も10通り，１色がふさがれた場合は５通りの組み合わせが考えられる。よって，これらを合計した32色が理論上作り出されることになる。まとめると以下のようになる。

- ５色の光源が１つもふさがれない場合　　→白　　　　１通り
- ライト１つふさいだ影　　　→ふさいだ色の補色　　　　５通り
- ライト２つふさいだ影　　　→ふさいだ２色の補色　　　10通り

　　［５種類から２つ選ぶ組み合わせ　$_5C_2 = \dfrac{5 \times 4}{2 \times 1} = 10$］

- ライト３つふさいだ影　　　→ふさいだ３色の補色　　　10通り

　　［５種類から３つ選ぶ組み合わせ　$_5C_3 = \dfrac{5 \times 4 \times 3}{3 \times 2 \times 1} = 10$］

- ライト４つふさいだ影　　　→ついているライトの色　５通り
- ５色の光源が全部ふさがれた場合　　→黒　　　　１通り

2　解答　(1)現代の人々が通っている高速道路などの多くが，かつてはネイティヴ・アメリカンの道だったため。

(2)交流により文化を生み出し，それ自体が動物学や植物学などの知識の源となった知識の体系としての先住民の道

(3)彼の調査は，現代の道路ネットワークがネイティヴ・アメリカンから継承している（より正確にいえば奪った）驚くべき度合いを明らかにする手助けをしているということで最もよく知られているが，マーシャルの最優先事項は，手つかずのままとなっている数少ない残された古代のチェロキー族の道を見つけることであった。

(4)マーシャルがチェロキー族の歴史的な道を発見すると，連邦法により，森林管理を行う行政機関は道の両側の４分の１マイルを適切な考古学的な調査が行われるまで保全しなければならない。その道が歴史的に重要なものであると判明した場合，環境が損なわれないように対策を講じることが可能になる。そうすることで，公有地が森林伐採などから保護されることになる。

解説　≪チェロキー族の道の発見が導く環境保護≫

(1)下線部直後の第２段第３文（For　example, …）以下が具体例になって

いる。「筆者たちがハイクを行う山にたどり着くために通った高速道路は，かつてチェロキーの道だった」，第 4 文（The next road …）「次に入った道もかつてはそうだった」といった記述をまとめればよい。第 3 段最終文（As Seymour Dunbar wrote…）「今日のアメリカにおけるミシシッピ川東部の交通システムは，何百年も前のインディアンが作った森の道に基づいている」までの内容を含めてもよいだろう。

(2)第 4 段第 1 ～ 4 文（That system of paths … knowledge in themselves.）参照。「道はただの交通手段ではなく，文化の動脈であった」，「土地は植物学など様々な知識を保管する役割を果たしていた」，「人をそのアーカイブを通じて導くことにより，道は豊かな文化を生み出し，知識の源となった」とある。これらをまとめて道と知識の両方に言及する内容にすればよい。

(3)Though は「～であるが」と譲歩を表す。be 動詞 +best known で「最もよく知られている」，help reveal は「明らかにする手助けをする」，astonishing degree は「驚くべき度合い」で，to which 以下がその内容を説明している。undisturbed は「手つかずのままで，乱されていない」といった意味であり，関係代名詞節 that 以下が trail を修飾している。

(4)Marshall の活動と行政の関係については第 5 段第 2 文（His motivations were …）に記述がある。「マーシャルがチェロキー族の道を発見すると，連邦法により調査を行う必要が生じ，その期間は道の両側が保護される。歴史的に重要であると認められれば，そのままの状態を保つための措置を講じることが可能となる」ということ。また，彼の活動の結果として，第 5 段最終文（By locating and mapping …）「公有地を伐採や採掘から保護することができた」ことも記載するとよいであろう。

3 解答例

(1)Weather describes what is happening in the atmosphere at a given location over a short period of time (days or hours).

(2)Climate refers to an average over several decades of those conditions.

(3)the change has been continuing for a long time.

(4)however, they are not the same as climate change.

(5)It is quite rare that rapid change in temperature occurs in just fifty years because natural processes scarcely affect climate so rapidly.

[解説]　≪地球の気候は変化しつつあるが…≫

(1)「天気は…記述する」という表現は，直後に Weather descriptions という表現があるので，これを節にして用いた。「大気中で起こっていること」は，〔解答例〕では「大気中で何が起こっているのか」と表現した。「任意の場所に」は at a given location を用いるとよい。

(2)「である」という部分の動詞は，refers to のかわりに is や represents を用いることもできる。「数十年間」は「10 年」を表す decade を用いて表せばよいだろう。

(3)「長い時間にわたってずっと続いてきた」とあり現在も続いているので，動作動詞 continue を使い現在完了進行形で書く。よりシンプルな表現として keep on，go on なども使うことができるが，本問のようなアカデミックな内容の文章ではフォーマルな表現の方がふさわしい。

(4)〔解答例〕では前文までの内容を受けて「それらは気候変動と同じものではない」とした。not the same as A「A と同じではない」という表現の代わりに，be different from A「A とは異なる」といった表現を用いてもよいだろう。

(5)前半部分 it is A that S V は，it is A for B to do「B が〜することは A だ」という構文を代わりに用いて表現してもよいし，rarely「めったにない」という副詞を用いて「急速な気温の変化」を主語にしてもよいだろう。just のかわりに only を使ってもよい。後半部分では，A affect B「A が B に影響を与える」という表現を用いて文章を組み立てている。なお，変化が急激である場合の「速い」は rapid（副詞は rapidly）であることに注意が必要。

数学

1 **解答**　条件より

$$\alpha+\beta=(\sqrt{2}+\sqrt{3})+(-\sqrt{2}+\sqrt{3})=2\sqrt{3}$$

$$\alpha\beta=(\sqrt{2}+\sqrt{3})(-\sqrt{2}+\sqrt{3})=1$$

(1)　　$a_2=\alpha^2+\beta^2=(\alpha+\beta)^2-2\alpha\beta=(2\sqrt{3})^2-2\cdot1=10$　……（答）

　　　　$a_4=\alpha^4+\beta^4=(\alpha^2+\beta^2)^2-2\alpha^2\beta^2=10^2-2\cdot1^2=98$　……（答）

(2)　　$\alpha=\sqrt{2}+\sqrt{3}$　より

$$\alpha^2=(\sqrt{2}+\sqrt{3})^2=2+2\cdot\sqrt{2}\cdot\sqrt{3}+3=5+2\sqrt{6}\quad……①$$

$$\alpha^3=(\sqrt{2}+\sqrt{3})^3=2\sqrt{2}+3\cdot2\cdot\sqrt{3}+3\cdot\sqrt{2}\cdot3+3\sqrt{3}$$

$$=11\sqrt{2}+9\sqrt{3}\quad……②$$

$$\alpha^4=(5+2\sqrt{6})^2=25+2\cdot5\cdot2\sqrt{6}+24=49+20\sqrt{6}\quad……③$$

α は方程式 $x^4+Ax^3+Bx^2+Cx+D=0$ の解であるから

$$\alpha^4+A\alpha^3+B\alpha^2+C\alpha+D=0$$

これに①，②，③を代入して，整理すると

$$(49+5B+D)+(11A+C)\sqrt{2}+(9A+C)\sqrt{3}+(20+2B)\sqrt{6}=0$$

$49+5B+D$，$11A+C$，$9A+C$，$20+2B$ は整数，$\sqrt{2}$，$\sqrt{3}$，$\sqrt{6}$ は無理数であるから

$$\begin{cases} 49+5B+D=0 \\ 11A+C=0 \\ 9A+C=0 \\ 20+2B=0 \end{cases}$$

これを解くと

$$A=0,\ B=-10,\ C=0,\ D=1\quad……（答）$$

(3)　(2)より　　$\alpha^4-10\alpha^2+1=0$

よって

$$\alpha^4=10\alpha^2-1$$

同様にして，β が方程式 $x^4+A'x^3+B'x^2+C'x+D'=0$ の解となるように，A'，B'，C'，D' の値を求める。

$\beta=-\sqrt{2}+\sqrt{3}$ を方程式 $x^4+A'x^3+B'x^2+C'x+D'=0$ に代入して，整理すると

$$(49+5B'+D')-(11A'+C')\sqrt{2}+(9A'+C')\sqrt{3}-(20+2B')\sqrt{6}=0$$

$49+5B'+D'$，$11A'+C'$，$9A'+C'$，$20+2B'$ は整数，$\sqrt{2}$，$\sqrt{3}$，$\sqrt{6}$ は無理数であるから

$$\begin{cases} 49+5B'+D'=0 \\ 11A'+C'=0 \\ 9A'+C'=0 \\ 20+2B'=0 \end{cases}$$

これを解くと

$$A'=0,\quad B'=-10,\quad C'=0,\quad D'=1$$

よって，$\beta^4-10\beta^2+1=0$ より

$$\beta^4=10\beta^2-1$$

したがって，5 以上の自然数 n について

$$a_n=\alpha^n+\beta^n=\alpha^{n-4}\cdot\alpha^4+\beta^{n-4}\cdot\beta^4=\alpha^{n-4}(10\alpha^2-1)+\beta^{n-4}(10\beta^2-1)$$
$$=10(\alpha^{n-2}+\beta^{n-2})-(\alpha^{n-4}+\beta^{n-4})$$
$$=10a_{n-2}-a_{n-4} \quad\cdots\cdots(答)$$

(4)　a_{2m} は整数である　……（＊）

とおく。

(i)　$m=1$, 2 のとき

$a_2=10$, $a_4=98$ より，$m=1$, 2 のとき（＊）は成り立つ。

(ii)　$m=k$, $k+1$（k は自然数）のとき，（＊）が成立すると仮定すると，a_{2k}, a_{2k+2} は整数である。

$m=k+2$ のとき　　$a_{2m}=a_{2k+4}$

(3)より

$$a_{2k+4}=10a_{2k+2}-a_{2k}$$

a_{2k}, a_{2k+2} は整数であることより，a_{2k+4} は整数であるから，（＊）は $m=k+2$ のとき成立する。

(i)，(ii)より，数学的帰納法によって，全ての自然数 m で（＊）は成り立つ。

（証明終）

(5)　$(1+\sqrt{2})^2-(\sqrt{3})^2=2\sqrt{2}>0$ より　　$(1+\sqrt{2})^2>(\sqrt{3})^2$

$1+\sqrt{2}>0$, $\sqrt{3}>0$ より　　$1+\sqrt{2}>\sqrt{3}$

すなわち　　$1>-\sqrt{2}+\sqrt{3}>0$

よって，$0<\beta<1$ より $0<\beta^{2022}<1$ であるから，$a_{2022}=\alpha^{2022}+\beta^{2022}$ は

$$a_{2022}-1<\alpha^{2022}<a_{2022}\quad\cdots\cdots④$$

$a_{2i+4}=10a_{2i+2}-a_{2i}\ (i=1,\ 2,\ 3,\ \cdots)$ であるから

$$a_{2i+4}\equiv -a_{2i}\ (\mathrm{mod}\,10)$$

$$a_2\equiv a_6\equiv a_{10}\equiv\cdots\equiv a_{2022}\equiv 0\ (\mathrm{mod}\,10)$$

$$a_{2022}-1\equiv 9\ (\mathrm{mod}\,10)$$

したがって，④より α^{2022} の整数部分と $a_{2022}-1$ は等しいから，α^{2022} の整数部分の 1 の位の数は　　9　……(答)

［解説］《無理数の計算，数列の漸化式，数学的帰納法，合同式》

(1) $a_n=\alpha^n+\beta^n$ は α，β についての対称式であるから，基本対称式 $\alpha+\beta$，$\alpha\beta$ で表して，a_2，a_4 の値を求めればよい。

(2) A，B，C，D が整数であることに注意して，A，B，C，D についての 4 つの方程式を導き出せばよい。

(3) $\alpha^4=10\alpha^2-1$，$\beta^4=10\beta^2-1$ を用いて，α^n，β^n をそれぞれ α^{n-2}，α^{n-4} および β^{n-2}，β^{n-4} で表せばよい。

(4) 漸化式 $a_n=10a_{n-2}-a_{n-4}\ (n\geqq 5)$ を用いて，数学的帰納法による証明を行う。すなわち，隣接する 3 つの偶数項の関係より，a_2，a_4 の証明を行い，a_{2k}，a_{2k+2} で成り立つと仮定することに気づきたい。

(5) $0<\beta<1$ より $0<\beta^{2022}<1$ であるから，$a_{2022}-1$ と α^{2022} の整数部分は等しい。また，$10a_{2i+2}\equiv 0\ (\mathrm{mod}\,10)$ より，$a_{2i+4}\equiv -a_{2i}\ (\mathrm{mod}\,10)$ となる。

2 解答　(1)　$f(x)=e^x\left\{1+\dfrac{1-x}{1!}+\dfrac{(1-x)^2}{2!}+\cdots\right.$

$$\left.+\dfrac{(1-x)^n}{n!}\right\}+\dfrac{a_n}{(n+1)!}(1-x)^{n+1}\quad\cdots\cdots①とおく。$$

①に $x=0$ を代入すると，$e=1+\dfrac{1}{1!}+\dfrac{1}{2!}+\cdots+\dfrac{1}{n!}+\dfrac{a_n}{(n+1)!}$ より

$$f(0)=1\cdot\left(1+\dfrac{1}{1!}+\dfrac{1}{2!}+\cdots+\dfrac{1}{n!}\right)+\dfrac{a_n}{(n+1)!}\cdot 1$$

$$=1+\dfrac{1}{1!}+\dfrac{1}{2!}+\cdots+\dfrac{1}{n!}+\dfrac{a_n}{(n+1)!}$$

$$= e \quad \cdots\cdots (\text{答})$$

①に $x=1$ を代入すると

$$f(1) = e \cdot 1 = e \quad \cdots\cdots (\text{答})$$

(2)　①の両辺を x で微分すると

$$f'(x) = e^x\left\{1 + \frac{1-x}{1!} + \frac{(1-x)^2}{2!} + \cdots + \frac{(1-x)^{n-1}}{(n-1)!} + \frac{(1-x)^n}{n!}\right\}$$

$$+ e^x\left\{-1 - \frac{1-x}{1!} - \cdots - \frac{(1-x)^{n-1}}{(n-1)!}\right\} - \frac{a_n}{n!}(1-x)^n$$

$$= e^x\frac{(1-x)^n}{n!} - a_n\frac{(1-x)^n}{n!}$$

$$= (e^x - a_n)\frac{(1-x)^n}{n!} \quad \cdots\cdots (\text{答})$$

(3)　関数 $f(x)$ は $0 \leqq x \leqq 1$ で連続，$0 < x < 1$ で微分可能，$f(0) = f(1)$ であるから，平均値の定理より

$$f'(c) = (e^c - a_n)\frac{(1-c)^n}{n!} = \frac{f(1) - f(0)}{1 - 0} = 0$$

となる実数 c が $0 < x < 1$ に少なくとも 1 つ存在する。

$0 < c < 1$ より，$\dfrac{(1-c)^n}{n!} \neq 0$ であるから

$$e^c - a_n = 0 \quad \therefore \quad e^c = a_n$$

したがって，$a_n = e^c$，$0 < c < 1$ を満たす実数 c は存在する。

（証明終）

$0 < c < 1$ より，$e^0 < e^c < e$ であるから

$$1 < a_n < e$$

$n \geqq 2$ より，$n+1 \geqq 3$ から辺々を $n+1$ で割って

$$\frac{1}{n+1} < \frac{a_n}{n+1} < \frac{e}{n+1}$$

$2 < e < 3$ より，$\dfrac{e}{n+1} < \dfrac{3}{n+1} \leqq 1$，$\dfrac{1}{n+1} > 0$ であるから

$$0 < \frac{a_n}{n+1} < 1 \qquad\qquad （証明終）$$

(4)　e が有理数とすると

$$e = \frac{q}{p} \quad （p と q は互いに素な自然数）$$

とおける。

$$e=1+\frac{1}{1!}+\frac{1}{2!}+\ \cdots\ +\frac{1}{n!}+\frac{a_n}{(n+1)!}\ \ \text{より}$$

$$\frac{q}{p}=1+\frac{1}{1!}+\frac{1}{2!}+\ \cdots\ +\frac{1}{n!}+\frac{a_n}{(n+1)!}$$

両辺に $n!$ をかけると

$$n!\cdot\frac{q}{p}=n!\left(1+\frac{1}{1!}+\frac{1}{2!}+\ \cdots\ +\frac{1}{n!}\right)+\frac{a_n}{n+1}\ \ \ \cdots\cdots②$$

p 以上の自然数 n をとると

$$n!\cdot\frac{q}{p},\ \ n!\left(1+\frac{1}{1!}+\frac{1}{2!}+\ \cdots\ +\frac{1}{n!}\right)$$

は自然数である。

しかし，(3)の結果より，$0<\dfrac{a_n}{n+1}<1$ であるから，②の左辺は自然数，右辺は自然数ではないことから矛盾である。

したがって，背理法により，e は無理数である。　　　　　　　(証明終)

[解 説]　≪関数の値，導関数，平均値の定理，e が無理数であることの証明≫

(2)　積 の 微 分 公 式 $\{f(x)g(x)\}'=f'(x)g(x)+f(x)g'(x)$ と $\left\{\dfrac{(1-x)^n}{n!}\right\}'$

$=\dfrac{1}{n!}\times n(1-x)^{n-1}\times(-1)=-\dfrac{(1-x)^{n-1}}{(n-1)!}$ となることを用いて，導関数 $f'(x)$ を求めればよい。

(3)　平均値の定理を用いるとよい。

(4)　(3)で得られた結果である $0<\dfrac{a_n}{n+1}<1$ を効果的に利用する。すなわち，e が有理数であるとすると，②の左辺は整数，右辺が小数となることから矛盾であることを示し，背理法を用いて証明すればよい。n を p 以上の自然数にとっておけば，$n!\cdot\dfrac{q}{p}$ は約分できて自然数になる。

3　[解答]　(1)　$P(x_0,\ y_0)$ とおくと

$$|\overrightarrow{AP}|+|\overrightarrow{BP}|=\sqrt{(x_0-1)^2+y_0{}^2}+\sqrt{(x_0+1)^2+y_0{}^2}$$

点 $P(x_0, y_0)$ は楕円 $\dfrac{x^2}{2}+y^2=1$ 上の点であるから, $\dfrac{x_0{}^2}{2}+y_0{}^2=1$ より

$$\begin{aligned}
|\overrightarrow{AP}|+|\overrightarrow{BP}| &=\sqrt{(x_0-1)^2+\left(1-\dfrac{x_0{}^2}{2}\right)}+\sqrt{(x_0+1)^2+\left(1-\dfrac{x_0{}^2}{2}\right)} \\
&=\sqrt{\dfrac{1}{2}(x_0{}^2-4x_0+4)}+\sqrt{\dfrac{1}{2}(x_0{}^2+4x_0+4)} \\
&=\sqrt{\dfrac{1}{2}(x_0-2)^2}+\sqrt{\dfrac{1}{2}(x_0+2)^2} \\
&=\dfrac{\sqrt{2}}{2}|x_0-2|+\dfrac{\sqrt{2}}{2}|x_0+2|
\end{aligned}$$

$y_0{}^2=1-\dfrac{x_0{}^2}{2}>0$ より, $-\sqrt{2}<x_0<\sqrt{2}$ であるから

$$|\overrightarrow{AP}|+|\overrightarrow{BP}|=-\dfrac{\sqrt{2}}{2}(x_0-2)+\dfrac{\sqrt{2}}{2}(x_0+2)=2\sqrt{2}\quad(\text{一定})$$

（証明終）

別解　楕円 $\dfrac{x^2}{2}+y^2=1$ の焦点の座標は $(\pm\sqrt{2-1},\ 0)=(\pm1,\ 0)$（複号同順）より, 点 A, B である。

楕円の定義より, 楕円 $\dfrac{x^2}{2}+y^2=1$ 上の任意の点 P について, 2 つの焦点からの距離の和が一定値（長軸の長さ）$2\sqrt{2}$ になるから

$$|\overrightarrow{AP}|+|\overrightarrow{BP}|=AP+BP=2\sqrt{2}\quad(\text{一定})$$

(2)　(i)　接線 l の方程式は

$$\dfrac{x_0x}{2}+y_0y=1$$

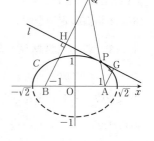

傾きは $y_0\neq0$ より $-\dfrac{x_0}{2y_0}$ であるから, 方向ベクトルは $\vec{m}=(2y_0,\ -x_0)$ である。

また, $\vec{n}=(x_0,\ 2y_0)$ について, $\vec{m}\neq\vec{0}$, $\vec{n}\neq\vec{0}$ で

$$\vec{m}\cdot\vec{n}=2y_0\times x_0+(-x_0)\times2y_0=0$$

よって, $\vec{m}\perp\vec{n}$ であるから, $\vec{n}$ は接線 l の法線ベクトルである。

（証明終）

(ii)　$\overrightarrow{BH}=\overrightarrow{BP}+s\vec{m}$ より

$$\overrightarrow{BH}\cdot\vec{m}=(\overrightarrow{BP}+s\vec{m})\cdot\vec{m}=\overrightarrow{BP}\cdot\vec{m}+s|\vec{m}|^2\quad\cdots\cdots①$$

$\overrightarrow{\mathrm{BH}}=t\vec{n}$ より

$$\overrightarrow{\mathrm{BH}}\cdot\vec{m}=(t\vec{n})\cdot\vec{m}=t(\vec{m}\cdot\vec{n})=0 \quad\cdots\cdots②$$

①，②および $|\vec{m}|\neq0$ より

$$\overrightarrow{\mathrm{BP}}\cdot\vec{m}+s|\vec{m}|^2=0, \quad s=-\frac{\overrightarrow{\mathrm{BP}}\cdot\vec{m}}{|\vec{m}|^2}$$

$\overrightarrow{\mathrm{BP}}=(x_0+1,\ y_0)$ であるから

$$s=-\frac{(x_0+1)\times2y_0+y_0\times(-x_0)}{(2y_0)^2+(-x_0)^2}=-\frac{y_0(x_0+2)}{x_0{}^2+4y_0{}^2}$$

$y_0{}^2=1-\dfrac{x_0{}^2}{2}$ より

$$s=-\frac{(x_0+2)y_0}{4-x_0{}^2}=\frac{(x_0+2)y_0}{(x_0+2)(x_0-2)}=\frac{y_0}{x_0-2} \quad\cdots\cdots(答)$$

また，$\overrightarrow{\mathrm{BH}}=\overrightarrow{\mathrm{BP}}+s\vec{m}$，$\overrightarrow{\mathrm{BH}}=t\vec{n}$ より

$$\overrightarrow{\mathrm{BH}}\cdot\vec{n}=(\overrightarrow{\mathrm{BP}}+s\vec{m})\cdot\vec{n}=\overrightarrow{\mathrm{BP}}\cdot\vec{n} \quad\cdots\cdots③$$

$$\overrightarrow{\mathrm{BH}}\cdot\vec{n}=(t\vec{n})\cdot\vec{n}=t|\vec{n}|^2 \quad\cdots\cdots④$$

③，④より

$$\overrightarrow{\mathrm{BP}}\cdot\vec{n}=t|\vec{n}|^2$$

よって，$|\vec{n}|\neq0$ より

$$t=\frac{\overrightarrow{\mathrm{BP}}\cdot\vec{n}}{|\vec{n}|^2}=\frac{(x_0+1)\times x_0+y_0\times2y_0}{(x_0)^2+(2y_0)^2}=\frac{x_0{}^2+2y_0{}^2+x_0}{x_0{}^2+4y_0{}^2}$$

$y_0{}^2=1-\dfrac{x_0{}^2}{2}$ より

$$t=\frac{2+x_0}{4-x_0{}^2}=\frac{2+x_0}{(2+x_0)(2-x_0)}=\frac{1}{2-x_0} \quad\cdots\cdots(答)$$

(iii)　$\overrightarrow{\mathrm{BH}}=\overrightarrow{\mathrm{BP}}+s\vec{m}=t\vec{n}$ より

$$\overrightarrow{\mathrm{PH}}=\overrightarrow{\mathrm{BH}}-\overrightarrow{\mathrm{BP}}=s\vec{m}, \quad \overrightarrow{\mathrm{PB}}=s\vec{m}-t\vec{n}$$

$\vec{m}=(2y_0,\ -x_0)$，$\vec{n}=(x_0,\ 2y_0)$ より

$$|\vec{m}|=|\vec{n}|=\sqrt{x_0{}^2+4y_0{}^2}, \quad \vec{m}\cdot\vec{n}=0$$

よって

$$|\overrightarrow{\mathrm{PB}}|^2=|s\vec{m}-t\vec{n}|^2$$
$$=s^2|\vec{m}|^2-2st(\vec{m}\cdot\vec{n})+t^2|\vec{n}|^2$$
$$=(s^2+t^2)|\vec{n}|^2$$

$|\overrightarrow{\mathrm{PB}}| > 0$ より

$$|\overrightarrow{\mathrm{PB}}| = \sqrt{s^2 + t^2}\,|\vec{n}|$$

$-\sqrt{2} < x_0 < \sqrt{2}$, $y_0 > 0$ より，$s = \dfrac{y_0}{x_0 - 2} < 0$ であるから

$$|\overrightarrow{\mathrm{PH}}| = |s\vec{m}| = |s||\vec{m}| = |s||\vec{n}| = -s|\vec{n}|$$
$$\overrightarrow{\mathrm{PB}} \cdot \overrightarrow{\mathrm{PH}} = (s\vec{m} - t\vec{n}) \cdot s\vec{m} = s^2|\vec{m}|^2 - st(\vec{m} \cdot \vec{n})$$
$$= s^2|\vec{m}|^2 = s^2|\vec{n}|^2$$

よって

$$\cos\angle\mathrm{BPH} = \frac{\overrightarrow{\mathrm{PB}} \cdot \overrightarrow{\mathrm{PH}}}{|\overrightarrow{\mathrm{PB}}||\overrightarrow{\mathrm{PH}}|}$$

$$= \frac{s^2|\vec{n}|^2}{\sqrt{s^2 + t^2}\,|\vec{n}| \times (-s|\vec{n}|)} = \frac{-s}{\sqrt{s^2 + t^2}} \quad \cdots\cdots(\text{答})$$

$s < 0$ であるから　　$-s > 0$

よって

$$\cos\angle\mathrm{BPH} = \frac{-s}{\sqrt{s^2 + t^2}} = \frac{1}{\sqrt{\dfrac{s^2 + t^2}{(-s)^2}}} = \frac{1}{\sqrt{1 + \left(\dfrac{t}{s}\right)^2}}$$

$$\frac{t}{s} = \frac{\dfrac{1}{2 - x_0}}{\dfrac{y_0}{x_0 - 2}} = -\frac{1}{y_0}$$

$y_0 > 0$ より

$$y_0 = \sqrt{1 - \frac{x_0{}^2}{2}} = \frac{\sqrt{2 - x_0{}^2}}{\sqrt{2}}$$

$$y_0{}^2 + 1 = \frac{2 - x_0{}^2}{2} + 1 = \frac{4 - x_0{}^2}{2}$$

したがって

$$\cos\angle\mathrm{BPH} = \frac{1}{\sqrt{1 + \left(-\dfrac{1}{y_0}\right)^2}} = \frac{y_0}{\sqrt{y_0{}^2 + 1}} = \frac{\dfrac{\sqrt{2 - x_0{}^2}}{\sqrt{2}}}{\dfrac{\sqrt{4 - x_0{}^2}}{\sqrt{2}}}$$

$$= \frac{\sqrt{2 - x_0{}^2}}{\sqrt{4 - x_0{}^2}} \quad \cdots\cdots(\text{答})$$

(iv)　$\overrightarrow{\mathrm{AG}} = \overrightarrow{\mathrm{AP}} + s'\vec{m} = t'\vec{n}$　(s', t' は実数) とおく。(ii)と同様にして，s',

t' を x_0, y_0 を用いて表すと，$\overrightarrow{AP}=(x_0-1,\ y_0)$ より

$$s'=\frac{y_0}{x_0+2},\quad t'=\frac{1}{2+x_0}$$

(iii)と同様にして，$s'>0$ より

$$|\overrightarrow{PA}|=\sqrt{s'^2+t'^2}\,|\vec{n}|,\quad |\overrightarrow{PG}|=|s'|\,|\vec{m}|=s'|\vec{n}|$$
$$\overrightarrow{PA}\cdot\overrightarrow{PG}=s'^2|\vec{n}|^2$$

よって

$$\cos\angle APG=\frac{s'^2|\vec{n}|^2}{\sqrt{s'^2+t'^2}\,|\vec{n}|\times(s'|\vec{n}|)}=\frac{s'}{\sqrt{s'^2+t'^2}}$$

$s'>0$ より

$$\cos\angle APG=\frac{1}{\sqrt{1+\left(\dfrac{t'}{s'}\right)^2}}$$

$$\frac{t'}{s'}=\frac{\dfrac{1}{2+x_0}}{\dfrac{y_0}{x_0+2}}=\frac{1}{y_0}$$

よって

$$\cos\angle APG=\frac{1}{\sqrt{1+\left(\dfrac{1}{y_0}\right)^2}}=\frac{y_0}{\sqrt{y_0{}^2+1}}\quad\cdots\cdots ⑤$$

(iii)の結果と⑤より

$$\cos\angle BPH=\cos\angle APG$$

$0<\angle BPH<\pi,\ 0<\angle APG<\pi$ より

$$\angle BPH=\angle APG$$

（証明終）

(3)　$\triangle PBH$ と $\triangle PQH$ において

$$PH=PH\quad\cdots\cdots⑥$$

$$\angle PHB=\angle PHQ=\frac{\pi}{2}\quad\cdots\cdots⑦$$

対頂角の関係より

$$\angle APG=\angle QPH$$

(2)(iv)の結果より，$\angle BPH=\angle APG$ であるから

$$\angle BPH=\angle QPH\quad\cdots\cdots⑧$$

⑥〜⑧より，1辺とその両端の角がそれぞれ等しいから

$\triangle \text{PBH} \equiv \triangle \text{PQH}$

BH＝HQ より

$$\overrightarrow{\text{OQ}} = \overrightarrow{\text{OB}} + \overrightarrow{\text{BQ}} = \overrightarrow{\text{OB}} + 2\overrightarrow{\text{BH}} = \overrightarrow{\text{OB}} + 2t\vec{n}$$

$Q(X,\ Y)$ とおくと

$$(X,\ Y) = (-1,\ 0) + \frac{2}{2 - x_0}(x_0,\ 2y_0)$$

$$= \left(\frac{-2 + 3x_0}{2 - x_0},\ \frac{4y_0}{2 - x_0} \right)$$

よって

$$\begin{cases} X = \dfrac{-2 + 3x_0}{2 - x_0} & \cdots\cdots ⑨ \\[3mm] Y = \dfrac{4y_0}{2 - x_0} & \cdots\cdots ⑩ \end{cases}$$

⑨より

$$(X + 3)x_0 = 2(X + 1)$$

$X \neq -3$ より

$$x_0 = \frac{2(X + 1)}{X + 3}$$

これを⑩に代入して

$$Y = \frac{4y_0}{2 - \dfrac{2(X + 1)}{X + 3}}, \quad y_0 = \frac{Y}{X + 3}$$

$\dfrac{x_0{}^2}{2} + y_0{}^2 = 1$ より

$$\frac{1}{2} \times \left\{ \frac{2(X + 1)}{X + 3} \right\}^2 + \left(\frac{Y}{X + 3} \right)^2 = 1$$

整理すると

$$X^2 - 2X + Y^2 = 7$$

よって

$$(X - 1)^2 + Y^2 = 8$$

ただし，$-\sqrt{2} < x_0 < \sqrt{2}$，$y_0 > 0$ であるから，⑩より

$$Y > 0$$

逆に，$(X - 1)^2 + Y^2 = 8$　$(Y > 0)$ 上の任意の点 $Q(X,\ Y)$ は条件を満たす。

したがって，求める点 Q の軌跡は

　　　　円 $(x-1)^2+y^2=8$ の $y>0$ の部分　……(答)

[解 説] ≪楕円, 方向・法線ベクトル, 空間ベクトルの内積, 軌跡≫

(1)　$\dfrac{x_0{}^2}{2}+y_0{}^2=1$ および 2 点間の距離の公式を用いて求めればよい。

〔別解〕では楕円の定義「2 定点 $(\sqrt{a^2-b^2},\ 0),\ (-\sqrt{a^2-b^2},\ 0)$ からの

距離の和が一定値 $2a$ となる点の軌跡は, 楕円 $\dfrac{x^2}{a^2}+\dfrac{y^2}{b^2}=1\ \ (a>b>0)$

である」を用いて求めた。

(2)　(i)　一般に, 直線 $ax+by+c=0$ において, ベクトル $(b,\ -a)$,
$(a,\ b)$ はそれぞれ方向ベクトル, 法線ベクトルの 1 つである。本問では,
接線 l の方程式が $x_0x+2y_0y-2=0$ であるから, $\vec{m}=(2y_0,\ -x_0)$,
$\vec{n}=(x_0,\ 2y_0)$ はそれぞれ l の方向ベクトル, 法線ベクトルになる。

(ii)　$\overrightarrow{\mathrm{BH}}=\overrightarrow{\mathrm{BP}}+s\vec{m}$, $\overrightarrow{\mathrm{BH}}=t\vec{n}$ より, $\overrightarrow{\mathrm{BH}}\cdot\vec{m}$ を 2 つの式で表し,
$|\vec{m}|=|\vec{n}|$ および $\vec{m}\cdot\vec{n}=0$ を用いて s の値を求めればよい。t についても,
$\overrightarrow{\mathrm{BH}}\cdot\vec{n}$ を計算し, 2 つの式を連立させて求めればよい。

(iii)　$\cos\angle\mathrm{BPH}=\dfrac{\overrightarrow{\mathrm{PB}}\cdot\overrightarrow{\mathrm{PH}}}{|\overrightarrow{\mathrm{PB}}||\overrightarrow{\mathrm{PH}}|}$ から求めればよい。

(iv)　$0<\angle\mathrm{BPH}<\pi,\ 0<\angle\mathrm{APG}<\pi$ より, $\cos\angle\mathrm{BPH}=\cos\angle\mathrm{APG}\ \Leftrightarrow$
$\angle\mathrm{BPH}=\angle\mathrm{APG}$ に留意したい。

(3)　$\triangle\mathrm{PBH}\equiv\triangle\mathrm{PQH}$, あるいは $\triangle\mathrm{PBQ}$ において, $\angle\mathrm{BPH}=\angle\mathrm{QPH}$ よ
り頂角 $\angle\mathrm{BPQ}$ の二等分線が底辺 BQ と垂直であることから, $\triangle\mathrm{PBQ}$ は
$\mathrm{PB}=\mathrm{PQ}$ の二等辺三角形となる。すなわち, $\mathrm{BH}=\mathrm{HQ}$ がいえる。いずれ
にしても, 交点 Q が $\overrightarrow{\mathrm{OQ}}=\overrightarrow{\mathrm{OB}}+2\overrightarrow{\mathrm{BH}}=\overrightarrow{\mathrm{OB}}+2t\vec{n}$ と表せることに着目す
ることがキーポイントになる。

物理

1 解答

(1) レールに沿って円運動する電車の中にいる人から見ると，小球には慣性力（遠心力）がはたらき，この力を含めて，小球にはたらく力のつりあいが成り立つ。

水平方向：$T_1 \sin\theta_1 = \dfrac{mV_1{}^2}{R}$ ……①

鉛直方向：$T_1 \cos\theta_1 = mg$ ……②

上の 2 式の辺々を割ると

$$\tan\theta_1 = \frac{V_1{}^2}{gR}$$

これより

$$V_1 = \sqrt{gR\tan\theta_1} \quad ……（答）$$

②より

$$T_1 = \frac{mg}{\cos\theta_1} \quad ……（答）$$

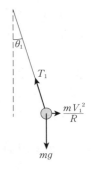

(2) 小球の最下点を含む水平面を重力による位置エネルギーの基準面とすると，力学的エネルギー保存則より

$$\frac{1}{2}mv_{m1}{}^2 = mgL(1-\cos\theta_1)$$

これより

$$v_{m1} = \sqrt{2gL(1-\cos\theta_1)} \quad ……（答）$$

(3) 小球は鉛直面内で円運動するから，(2)のとき，中心（ひもの吊り下げ位置）方向の運動方程式より

$$\frac{mv_{m1}{}^2}{L} = T_2 - mg$$

(2)の結果を用いて

$$T_2 = mg(3-2\cos\theta_1) \quad ……（答）$$

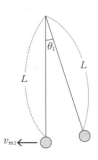

(4) 小球は，床からの高さ $H-L$ の位置から初速度の大きさ v_{m1} の水平投射運動をする。鉛直方向の運動については自由落下の式より，床に落下

するまでの時間 t を求められる。ひもが切れたときの小球の位置を原点とし，鉛直下向きを正とすると

$$H-L=\frac{1}{2}gt^2$$

$$\therefore \quad t=\sqrt{\frac{2(H-L)}{g}}$$

小球は水平方向には等速度運動をするから

$$l=v_{m1}t$$

t と v_{m1} をそれぞれ代入して

$$l=2\sqrt{L(H-L)(1-\cos\theta_1)} \quad \cdots\cdots(答)$$

(5) ㋐ 小球は見かけの重力の方向（$\theta=\theta'$ とする）を振動の中心として単振り子の運動をする。題意より

$$\theta_1<\theta'<\theta_2$$

振動し始めたときの方向（$\theta=\theta_1$）および最高点の方向（$\theta=\theta_2$）が，振動の両端（折り返し点）となるから

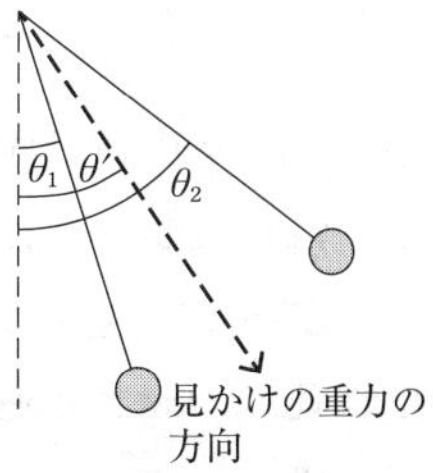

$$\theta=\theta'=\frac{1}{2}(\theta_1+\theta_2) \quad \cdots\cdots(答)$$

㋑ 重力と慣性力の合力の向きが $\theta=\theta'$ の方向だから，上図より

$$g'=\frac{g}{\cos\theta'}=\frac{g}{\cos\frac{\theta_1+\theta_2}{2}} \quad \cdots\cdots(答)$$

(6) 右図より

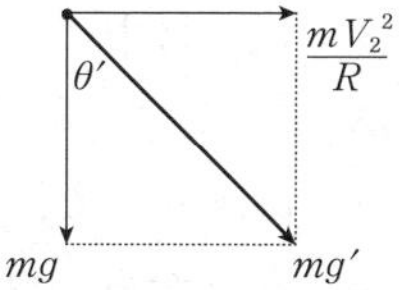

$$mg\tan\theta'=\frac{mV_2{}^2}{R}$$

これより

$$V_2=\sqrt{gR\tan\frac{\theta_1+\theta_2}{2}} \quad \cdots\cdots(答)$$

(7) 小球の速さが 0 となるのは見かけの重力の方向からの角度が $\theta=\theta_2-\theta'=\theta'-\theta_1$ のとき，速さが最大となるのは $\theta=\theta'$ のときである。振動の中心の小球の位置を含む見かけの重力の方向に垂直な平面を，見かけの重力による位置エネルギーの基準面とすると，(2)と同様，力学的エネ

ルギー保存則より

$$\frac{1}{2}mv_{m2}{}^2 = mg'L\{1-\cos(\theta'-\theta_1)\}$$

⑸の結果を代入して

$$v_{m2} = \sqrt{\frac{2gL\left(1-\cos\dfrac{\theta_2-\theta_1}{2}\right)}{\cos\dfrac{\theta_1+\theta_2}{2}}} \quad \cdots\cdots(答)$$

⑻　⑶と同様，小球の円運動の中心方向の運動方程式より

$$\frac{mv_{m2}{}^2}{L} = T_3 - mg'$$

これより

$$T_3 = \frac{mg\left(3-2\cos\dfrac{\theta_2-\theta_1}{2}\right)}{\cos\dfrac{\theta_1+\theta_2}{2}} \quad \cdots\cdots(答)$$

[解説]　≪円運動する電車内につるした小球の運動≫

⑴　電車はレールに沿って円運動するから，中心方向に加速度が生じる。したがって，電車の中にいる観測者の立場は非慣性系である。非慣性系では加速度の向きと逆向きの慣性力を考慮すれば，力のつりあいや運動方程式が成り立つ。

⑵　電車が直線区間に入ると慣性力がはたらかなくなるため，電車内で静止していた小球は運動し始める。直線区間を走る電車は慣性系であるから，力学的エネルギー保存則が成り立ち，最下点で小球の速さが最大となる。

⑶　電車の中にいる人から見ると，小球は鉛直面内で単振り子の運動をする。

⑸　$\theta_2>\theta_1$ より，$V_2>V_1$ である。電車の速さが大きくなると遠心力が大きくなるから，つりあいの位置が $\theta=\theta_1$ から $\theta=\theta'$ へ変化する。見かけの重力とひもの張力との合力が単振り子の復元力としてはたらくため，$\theta_1\leqq\theta<\theta'$ の範囲で小球は θ が大きくなる向きへ加速し，$\theta'<\theta\leqq\theta_2$ の範囲で θ が小さくなる向きへ加速する。これは電車内の人の立場から見ると，鉛直線が見かけの重力の方向に，水平面が見かけの重力と垂直な方向に変化したと考えることができる。

(7)　題意より，電車の幅およびひもの長さ L は R と比較して小さく無視できるから，単振り子運動による小球の位置の変化に関わらず，この電車内で小球にはたらく慣性力 $\dfrac{mV_2{}^2}{R}$ は一定と見なせる。したがって，この力は質量に比例し重力と同じく一様な保存力と見なすことができ，位置エネルギーを定義することができる。同様に，重力とこの慣性力の合力についても位置エネルギーを定義することができる。

2 解答

Ⅰ.（1）　図Ⅰから波長を読み取って
$$\lambda=6.0\,\text{[m]}\quad\cdots\cdots\text{(答)}$$

図Ⅱから周期 T〔s〕を読み取って
$$T=0.40\,\text{[s]}$$

したがって
$$f=\frac{1}{T}=\frac{1}{0.40}=2.5\,\text{[Hz]}\quad\cdots\cdots\text{(答)}$$

（2）　波の式より
$$v=f\lambda$$

(1)で得られた値を代入して
$$v=2.5\times6.0=15\,\text{[m/s]}\quad\cdots\cdots\text{(答)}$$

（3）　この人から見た波が進む速さ v'〔m/s〕は，相対速度の式より
$$v'=v-(-1.0)=15+1.0=16\,\text{[m/s]}$$

一方，観測される波長は観測者の運動状態によらないから
$$\lambda'=\lambda=6.0\,\text{[m]}\quad\cdots\cdots\text{(答)}$$

観測される振動数を f' として，波の式 $v'=f'\lambda'$ より
$$f'=\frac{v'}{\lambda'}=\frac{16}{6.0}$$

したがって
$$T'=\frac{1}{f'}=\frac{6.0}{16}=0.375\fallingdotseq0.38\,\text{[s]}\quad\cdots\cdots\text{(答)}$$

（4）　図Ⅰより，$t=1.2$〔s〕において $x=0$〔m〕の位置は密である。この波形が，(2)で求めた速さ 15〔m/s〕で正の向きに移動するから，$t=1.7$〔s〕において
$$x=0+15\times(1.7-1.2)=7.5\,\text{[m]}$$

の位置は密である。隣り合う密の位置どうしの間隔は(1)で求めた波長 6.0 [m] であるから，$0 \leqq x < 6.0$ の範囲で最も密になっている位置は

$$x = 7.5 - 6.0 = 1.5 \text{ [m]} \quad \cdots\cdots\text{(答)}$$

Ⅱ. (1)　正弦波の式

$$y = A \sin 2\pi\left(\frac{t}{T} - \frac{x}{\lambda}\right) = A \sin\left(2\pi f t - \frac{2\pi x}{\lambda}\right)$$

与式 $y = A \sin(\omega t - kx)$ と比較して

$$\omega = 2\pi f \quad \cdots\cdots\text{(答)}$$

$$k = \frac{2\pi}{\lambda} \quad \cdots\cdots\text{(答)}$$

(2)　波の重ね合わせの原理より，題意の定常波の変位 y' は

$$y' = A \sin(\omega t - kx) + A \sin(\omega t + kx)$$

三角関数の公式を用いると

$$y' = 2A \sin \omega t \cos kx$$

定常波の節では，t の値に関わらず $y' = 0$ となるから，その条件は

$$\cos kx = 0$$

となることである。つまり，n を整数として

$$kx = \left(n + \frac{1}{2}\right)\pi$$

(1)の結果を用いて

$$\frac{2\pi}{\lambda} x = \left(n + \frac{1}{2}\right)\pi$$

これより

$$x = \left(n + \frac{1}{2}\right)\frac{\lambda}{2} \quad (n \text{ は整数}) \quad \cdots\cdots\text{(答)}$$

(3)　(2)と同様に，重ね合わせて生じた波の変位 y_3 は

$$y_3 = A \sin(\omega_1 t - k_1 x) + A \sin(\omega_2 t - k_2 x)$$

$$= 2A \sin\left(\frac{\omega_1 + \omega_2}{2}t - \frac{k_1 + k_2}{2}x\right)\cos\left(\frac{\omega_1 - \omega_2}{2}t - \frac{k_1 - k_2}{2}x\right)$$

ここで，sin 関数の部分は 2 つの波の平均（角）振動数で変位を増減させる因子である。一方，cos 関数の部分の（角）振動数は，題意より，ω_1，ω_2 に比べて十分小さい。すなわち，周期が十分長く，ゆるやかに変化するため，ある瞬間の 2 つの波の干渉はこの因子からの寄与が大きい。した

がって，強め合う点の条件は

$$\cos\left(\frac{\omega_1-\omega_2}{2}t-\frac{k_1-k_2}{2}x\right)=\pm1$$

となる。よって，m を整数として，ある時刻 t において，強め合いの点の位置 x_m が満たす式は

$$\frac{\omega_1-\omega_2}{2}t-\frac{k_1-k_2}{2}x_m=m\pi$$

また，同じ時刻 t において，次の強め合いの点の位置 x_{m+1} が満たす式は

$$\frac{\omega_1-\omega_2}{2}t-\frac{k_1-k_2}{2}x_{m+1}=(m+1)\pi$$

以上 2 式の辺々を引いて

$$\frac{k_1-k_2}{2}(x_{m+1}-x_m)=-\pi$$

ここで $\varDelta x=|x_{m+1}-x_m|$ を用いれば

$$\varDelta x=\frac{2\pi}{|k_2-k_1|}\quad\cdots\cdots(答)$$

解説 ≪正弦波の重ね合わせ≫

I．(2)　波は 1 周期の間に 1 波長の距離だけ進む。

(3)　波長は波の同位相の 2 点間の最短距離であり，観測者の運動状態によらない。他方，振動数は 1 秒間に観測者を通過する波の振動回数であり，観測者の運動にともなって変化する。これが，観測者が動く場合のドップラー効果である。ドップラー効果の式を用いると同様の結果が得られる。

$$f'=\frac{15-(-1.0)}{15}f=\frac{16}{6.0}$$

(4)　正弦波の式は

$$y=A\sin2\pi\left(\frac{t}{T}-\frac{x}{\lambda}\right)$$

(1)で得られた値を用いると

$$y=A\sin2\pi\left(\frac{t}{0.40}-\frac{x}{6.0}\right)$$

$t=1.7$〔s〕において，$0\leqq x<6.0$ の範囲で $y=0$ となる x を求めればよい。

$$\left(\frac{1.7}{0.40}-\frac{x}{6.0}\right)=0,\ 1,\ 2,\ \cdots$$

$$\therefore\ x=25.5,\ 19.5,\ 13.5,\ 7.5,\ 1.5,\ -4.5,\ \cdots$$

したがって，$x = 1.5$ 〔m〕を得る。

Ⅱ．(1) $\omega = 2\pi f$ は角振動数，$k = \dfrac{2\pi}{\lambda}$ は単位長さあたりの波の数の 2π 倍（角波数という）を意味する。

(2) 定常波の隣り合う節の間隔は $\dfrac{\lambda}{2}$。

(3) y_3 の cos 関数の部分は，sin 関数の部分に比べて周期が十分長く，ゆるやかに変化するため，小刻みに変化する sin 関数部分の波に対する振幅ととらえることができる。したがって，強め合う点の条件は，〔解答〕のようになる。

別解 重ね合わせた波をある 1 点（すなわち $x =$ 定数）で観測すると，1 秒間の振動回数が $\dfrac{1}{2\pi}(\omega_1 - \omega_2)$ のうなりの現象を示す。このことを用いると，以下のように解くことができる。

2 つの波の速さを V とおく。波の式より

$$V = \frac{\omega_1}{k_1} = \frac{\omega_2}{k_2}$$

$$\therefore\quad \omega_1 = k_1 V, \quad \omega_2 = k_2 V$$

振動数がわずかに異なる 2 つの波が重なるとうなりが生じ，単位時間に強め合う位置が，ある地点を通過する回数 N は

$$N = \left| \frac{\omega_1}{2\pi} - \frac{\omega_2}{2\pi} \right| = \frac{V}{2\pi} |k_1 - k_2|$$

とかける。単位時間に波が移動する距離を考えて

$$N \Delta x = V$$

$$\therefore\quad \Delta x = \frac{V}{N} = \frac{2\pi}{|k_1 - k_2|}$$

3 **解答**

(1) 回路の孤立部分で電気量が保存する。

$$-Q_1 + Q_2 = 0 \quad \therefore\quad Q_1 = Q_2$$

コンデンサーの両端の電圧の和が電源電圧に等しくなるまで電流が流れるから

$$V_1 + V_2 = V$$

コンデンサーの式より

$$Q_1 = 2CV_1$$
$$Q_2 = CV_2$$

以上 4 式より

$$\left.\begin{array}{l} Q_1 = \dfrac{2}{3}CV \\[2ex] Q_2 = \dfrac{2}{3}CV \\[2ex] V_1 = \dfrac{V}{3} \\[2ex] V_2 = \dfrac{2}{3}V \end{array}\right\} \cdots\cdots(答)$$

(2)　電気量保存則より

$$Q_1' + Q_3' = \frac{2}{3}CV$$

2 つのコンデンサーの両端の電圧が等しくなるまで電流が流れるから

$$V_1' = V_3'$$

コンデンサーの式より

$$Q_1' = 2CV_1'$$
$$Q_3' = CV_3'$$

以上 4 式より

$$\left.\begin{array}{l} Q_1' = \dfrac{4}{9}CV \\[2ex] Q_3' = \dfrac{2}{9}CV \\[2ex] V_1' = \dfrac{2}{9}V \\[2ex] V_3' = \dfrac{2}{9}V \end{array}\right\} \cdots\cdots(答)$$

(3)　スイッチを閉じる前の静電エネルギー U と，スイッチを閉じて十分時間が経過した後の静電エネルギー U' は

$$U = \frac{1}{2} \times 2C \times V_1{}^2 + 0 = \frac{1}{9}CV^2$$

$$U' = \frac{1}{2} \times 2C \times V_1'{}^2 + \frac{1}{2} \times C \times V_3'{}^2 = \frac{2}{27}CV^2$$

求めるジュール熱は

$$U-U'=\frac{1}{9}CV^2-\frac{2}{27}CV^2=\frac{1}{27}CV^2 \quad \cdots\cdots(\text{答})$$

(4)　$t=0$ のとき　　$I_{L0}=0$　……(答)

電流は，はじめ矢印の方向に流れることに注意して

$$I_L=I_{MAX}\sin\omega t \quad \cdots\cdots(\text{答})$$

(5)　電気振動によりコンデンサー C_2 にかかる電圧 V_C は振動する。三角関数を用いて表すと

$$V_C=V_2\cos\omega t$$

したがって

$$U_C=\frac{1}{2}C{V_C}^2=\frac{1}{2}C{V_2}^2\cos^2\omega t=\frac{2}{9}CV^2\cos^2\omega t \quad \cdots\cdots(\text{答})$$

(6)　回路に蓄えられる電気エネルギーは一定に保たれるから

$$\frac{1}{2}C{V_2}^2=\frac{1}{2}L{I_{MAX}}^2$$

$$I_{MAX}=V_2\sqrt{\frac{C}{L}}=\frac{2}{3}V\sqrt{\frac{C}{L}} \quad \cdots\cdots(\text{答})$$

(7)　コンデンサーの式に(5)の V_C を用いると

$$Q_C=CV_C=CV_2\cos\omega t$$

題意より，$A=A_0\sin(\alpha t+\beta)$ のとき

$$\frac{\Delta A}{\Delta t}=A_0\alpha\cos(\alpha t+\beta)$$

ここで，$\beta=\dfrac{\pi}{2}$ とすれば，$A=A_0\cos\alpha t$ のとき

$$\frac{\Delta A}{\Delta t}=-A_0\alpha\sin\alpha t$$

が成り立つ。よって

$$I_L=-\frac{\Delta Q_C}{\Delta t}=CV_2\omega\sin\omega t$$

(4)と(6)の結果より

$$I_L=V_2\sqrt{\frac{C}{L}}\sin\omega t$$

2式を比較して

$$\omega C=\sqrt{\frac{C}{L}}$$

$$\therefore \quad \omega = \frac{1}{\sqrt{LC}}$$

これより，求める周期 T は

$$T = \frac{2\pi}{\omega} = 2\pi\sqrt{LC} \quad \cdots\cdots(\text{答})$$

解説 ≪コンデンサーを含む回路，電気振動≫

(4) S_3 を閉じても，コイルの自己誘導のため電流の変化を妨げるような誘導起電力が生じるので，コイルを流れる電流は急激には増加しない。すなわち，コンデンサーに蓄えられた電気量は，急激には減少しない。

(6) 電気振動では，コンデンサーに蓄えられるエネルギーとコイルに蓄えられるエネルギーが時間とともに互いにやりとりされ，回路のエネルギーの総和は保存される。振動回路のエネルギーは一般に

$$U_C + U_L = \frac{1}{2}CV_2{}^2\cos^2\omega t + \frac{1}{2}LI_{MAX}{}^2\sin^2\omega t$$

(7) 電気振動の固有周期 T が

$$T = 2\pi\sqrt{LC}$$

すなわち固有周波数 f_0 は

$$f_0 = \frac{1}{T} = \frac{1}{2\pi\sqrt{LC}}$$

//////////////// · **memo** · ////////////////

//////////////// · **memo** · ////////////////

///////////////// · **memo** · /////////////////

教学社 刊行一覧

2025年版　大学赤本シリーズ

374大学556点 全都道府県を網羅

国公立大学（都道府県順）

全国の書店で取り扱っています。店頭にない場合は，お取り寄せができます。

医 医学部医学科を含む
総推 総合型選抜または学校推薦型選抜を含む
DL リスニング音声配信　新 2024年 新刊・復刊

掲載している入試の種類や試験科目、収録年数などはそれぞれ異なります。詳細については，それぞれの本の目次や赤本ウェブサイトでご確認ください。

akahon.net

赤本 ｜ 検索

難関校過去問シリーズ

出題形式別・分野別に収録した
「入試問題事典」
20大学 73点
定価2,310~2,640円(本体2,100~2,400円)

先輩合格者はこう使った！
「難関校過去問シリーズの使い方」

61年，全部載せ！
要約演習で、総合力を鍛える

東大の英語
要約問題 UNLIMITED

DL リスニング音声配信
新 2024年 新刊
改 2024年 改訂

いつも受験生のそばに—赤本

大学入試シリーズ＋α
入試対策も共通テスト対策も赤本で

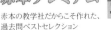

2025年版　大学赤本シリーズ　No. 175

海上保安大学校
気象大学校

2024 年 6 月 10 日　第 1 刷発行
ISBN978-4-325-26252-7
定価は裏表紙に表示しています

編　集　教学社編集部
発行者　上原　寿明
発行所　教学社
　　　　〒606-0031
　　　　京都市左京区岩倉南桑原町56
電　話　075-721-6500
振　替　01020-1-15695
印　刷　加藤文明社